KB236207

재테크
리스타트

재테크

리스타트

전병국 이승호 지음

Restart!

매일경제신문사

2008년 10월 27일 892.16포인트까지 내려갔던 종합주가지수가 반등에 반등을 거듭하여 금융위기 이전 수준을 회복했다.

이 책의 집필을 결심할 당시는 모든 것이 불투명하고 불안하기만 했던 2009년 1~2월경이었던 것으로 기억한다. 연말에 잠시 꺾였던 환율은 다시 1,500원을 넘어섰다. 언론은 연일 해외 언론과 투자은행들이 발표하는 한국에 대한 부정적인 분석들을 보도했고, 정부의 반박 또한 이어지고 있었다. 주식시장, 부동산시장 등 대부분의 자산시장이 언제 바닥을 형성하고 가격 회복을 할지에 대해서는 누구 하나 선뜻 자신 있게 나서기 힘든 상황이었다.

당시 필자는 2분기 정도에 이르면 자산시장이 어느 정도 회복이 가능할 것으로 보았다. 이에 따라 빠른 시간 내에 정말로 도움이 되는 알찬 내용들을 담아 적절한 시기에 출간하기 위해 온 힘과 열정을 쏟았다. 다만 시기상 약간 늦은 부분이 있을 수 있고, 개인투자자들에게는 생소한 내용들이 상당수 존재하고 있을 것이라 생각된다.

이 책이 위기 이후 큰 상처를 입은 개인투자자들이 어떤 관점에서 자산시장을 바라보아야 하며, 어떤 무기와 마인드로 투자에 임해야 하는지를 판단하는 데 조금이나마 도움이 되었으면 한다.

우선 큰 그림을 보기를 권하고 싶다. 기존의 재테크 서적에서 많이 다루었던 청약저축의 한도가 어떻고, 펀드란 무엇이고, 보험을 싸게 드는 방법은 어떤 것인지 등 인터넷에서 검색어 하나로 수십 페이지에 달하는 검색결과를 얻을 수 있는 정보들은 제외했다.

그리고 혼돈의 2008년을 보낸 개인투자자들이 절실히 느꼈겠지만, 자산의 선택과 투자 시기, 그리고 전략 등에서 실패하면 큰 고통을 겪게 된다. 소득공제로 연 100만 원 환급받았지만 펀드투자에서 200만 원 잃은 사람이 부지기수다. 열심히 아껴 모아 내집마련을 했지만 집값 하락으로 인해 결국에는 깡통 아파트가 되어버린 사람들도 있었다. 따라서 이 책에서는 기존의 전통적인 재테크 바이블식의 투자의견에 대해서 약간 다른 관점에서 생각해보길 요구하고 있다.

주식, 채권, 부동산 등으로만 이루어진 투자 대상을 조금 더 확대하여 미술품부터 와인, 달러(USD)선물, 채권선물 등에 이르기까지 발상의 전환을 강조하고 싶었다. 물론 지면 상의 한계, 개인투자자들에 대한 전달 상의 애로사항으로 인해서 삭제하거나 수정한 부분들이 있다. 여기서 필자들이 말하고자 하는 것은 투자의 다양성과 사고의 유연성이다.

지식만큼 중요한 것이 경험이라고들 한다. 그만큼 중요한 것 중 하나가 창의적인 발상의 전환과 투자에 임하는 태도라 할 수 있다. 필자들역시 이런 부분을 늘 가슴에 새기고 지금 이 순간까지도 노력하고 있다. 또한 지식과 경험, 그리고 생각들을 함께 공유하고 싶은 마음에 이책을 쓰게 되었다.

말이 되었든 글이 되었든 간에 한 번 내뱉거나 쓰고 나면 주워 담기가 쉽지 않다. 그렇기에 최대한 정확한 의미 전달과 효과적인 지식 공유를 위해서 노력했다. 그러나 늘 그랬듯이 쓰고 나면 부끄러운 경우가대부분이다. 아무쪼록 이 책을 읽는 독자들이 이런 부분들을 넓은 마음으로 이해해주길 바란다.

끝으로 이 책이 나오는 과정을 도맡아 수고한 공동저자 이승호 과장에게 감사의 마음을 전한다. 그리고 아들딸 진우·지우야, 사랑한다.

저자 전병국

목차

PART 1 위기 이후의 전략 수정

PART 2 위기 이후의 주식투자

PART 3 위기 이후의 펀드투자

PART 4 위기 이후의 금리투자

위기 이후의 전략 수정

투자자가 매달 펀드에 넣는 돈은 동일할지라도 펀드 기준가로 보았을 때 매월 투자되는 단위는 달라질 수 있다는 말이다. 즉 매월 10만 원을 넣는다고 하였을 때 펀드 단가로 10만 원을 매입할 수 있지만 펀드 기준가가 상승하게 될 경우에는 그보다 더 적게 매입할 수 있고, 기준가가 하락하게 될 경우에는 기존의 기준가보다 더 많이 매입할 수 있다.

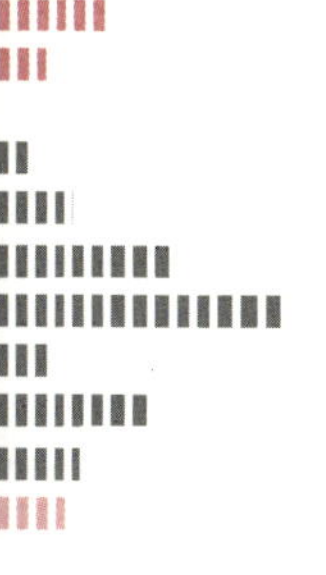

평균매입단가 인하효과 뒤집어 보기

초보 펀드투자자가 흔히 빠지기 쉬운 함정이 있다. '평균매입단가 인하효과', 혹은 '매입단가 인하효과Dollar Cost Average Effect' 가 그것이다. 펀드의 개념도 잘 이해하지 못한 투자자들에게는 '매입단가 인하효과' 라는 것이 엄청난 혜택을 주는 요술방망이로 들릴 수 있다. 마치 펀드에 탑재되어 있는 고성능 수익률 향상 전략처럼 느낄 수 있을 것이다.

판매자들은 대부분 매입단가 인하효과를 설명하면서 '시장이 하락해도 평균적으로 싸게 살 수 있으니 후에 주식시장이 상승을 하게 되면 수익으로 돌아온다' 고 말한다. 마치 펀드투자가 새로운 투자전략인 듯 설명하지만, 실은 은행의 적금과 투자전략이 동일하다. 단지 은행 적금의 경우 이자율이 고정되어 있을 뿐이다.

듣기에는 그럴싸해 보이는 평균매입단가 인하효과도 약점을 갖고 있다. 일단 용어부터 고쳐야 한다. '평균매입단가 인하효과' 가 아니라 '매입단가 평준화 효과' 로 쓰는 것이 옳다. '평균매입단가 인하효과'

라고 하면 상승장에서나 하락장에서나 모두 매입단가가 인하될 것으로 인식될 수 있다. 해외의 유수 펀드 사이트인 모닝스타나 뱅가드 등을 둘러보아도 '에버리지 다운Average Down'이라는 단어는 찾아 볼 수 없다. 물론 '매입단가 평준화 효과'라는 옳은 표현을 사람들도 있지만, 아직까지도 '매입단가 인하효과'라는 용어가 더 알려져 있다.

국내 펀드시장이 본격화된 시기가 대략 2004년 전후다(펀드 수탁고가 폭발적인 증가를 한 시기는 2005년경부터). 이때부터 한국의 펀드시장은 꾸준한 상승 추세에 접어들게 된다. 물론 시기를 분할해서 보게 되면 조정기도 있었지만, 전반적인 추세는 상승으로 보는 것이 맞을 것이다. 그런 관점에서 본다면 사실상 국내 투자자들은 평균매입단가 '인하'의 효과는 전혀 누리지 못했다. 오히려 '인상'의 효과를 누렸다고 볼 수 있다.

적립식 펀드의 맹점 중에 하나가 바로 여기에 있는데, 상승시장에 투자를 하게 되면 시장의 상승 폭에 비례해서 매월 적립한 펀드의 평균매입단가가 상승하게 되는 것이다. 이것이 왜 문제가 되느냐고 생각할 수 있지만, 2008년 결국 이 문제가 터지고 말았다.

투자자가 매달 펀드에 넣는 돈이 동일할지라도 펀드 기준가로 보았을 때 매월 투자되는 단위는 달라질 수 있다. 즉, 매월 10만 원을 넣는다고 했을 때 펀드 단가로 10만 원을 매입할 수 있지만, 펀드 기준가가 상승하게 될 경우에는 매입단위가 더 적어진다. 반대로 기준가가 하락하게 될 경우에는 기존의 기준가보다 더 많이 매입할 수 있다. 이렇게 등락을 거듭하면서 평균매입단가가 나오게 되는데, 매입단가가 높을수록 투자자에게는 좋지 않다. 바로 매입단가가 투자의 손실과 이익의 갈림길에 놓여있는 기준점Break Even Point이기 때문이다.

[표 1-1]을 한번 보자. 이 표에서는 상승하는 형태의 시장과(물론 중간에는 등락이 있을 수 있다) 하락 후 재상승하는 시장의 모습을 보여주고 있다. 상승하는 시장을 A시나리오, 조정 후 재상승하는 시장을 B시나리오로 보자. 투자수익률은 당연히 A시나리오가 좋다. 시장이 전반적으로 상승했기 때문이다.

하지만 매입단가를 따져보자. 두 시나리오 모두 매월 100달러를 투자했을 때, A시나리오의 매입단가는 20.83달러, B시나리오의 매입단가는 12.75달러다. 수익률은 A시나리오의 경우가 좋지만, 매입단가는 B시나리오의 경우가 더 싸다. 가정 상 A시나리오와 B시나리오에 투자한 투자자가 매입을 중단했다고 생각하자(매입 중단 후 두 시장 모두 동일한 지수 영역에 위치했다). 그리고 2008년 서브프라임 모기지 사태와 같은 금융위기가 왔을 경우 A시나리오에 투자한 투자자는 얼마 못 버티고 큰 손실을 내게 된다. 평균매입단가가 너무 높기 때문이다. 반대로 B시나리오 투자자의 경우에는 상당 부분 시장의 충격을 버틸 수 있다.

그뿐 아니다. 평균적인 매입단위Units Purchased를 비교해보자. A시나리오의 경우 평균적으로 매입단위가 5를 넘기 못하는 반면, B시나리오

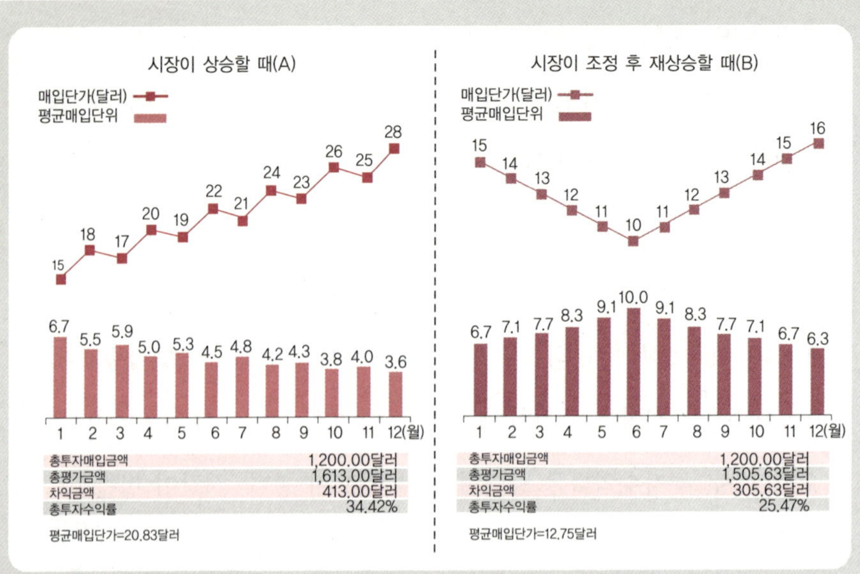

총투자매입금액	1,200.00달러
총평가금액	1,613.00달러
차익금액	413.00달러
총투자수익률	34.42%

평균매입단가=20.83달러

총투자매입금액	1,200.00달러
총평가금액	1,505.63달러
차익금액	305.63달러
총투자수익률	25.47%

평균매입단가=12.75달러

자료: 더 에디컬 펀즈 컴퍼니

표 1-1 매입단가 인하효과

매달 100달러를 투자한다고 가정해보자. 왼쪽에 있는 시나리오는 시장이 상승하는 경우(A), 오른쪽에 있는 시나리오는 시장이 조정 후 재상승하는 경우(B)다. 총투자수익률은 시장이 상승할 경우 34.42%이고, 시장이 조정 후 재상승할 경우 25.47%다. 상승률 측면에서는 당연히 시장이 상승할 때가 유리하다. 하지만 시장상승기(A)에 적립식 투자를 했을 경우 평균매입단가는 20.83달러고 시장조정기(B)에 적립식 투자를 했을 경우에는 평균매입단가가 12.75달러다. 평균매입단가라는 것은 쉽게 말해 자신의 투자 손실과 수익의 분기점이라고 보면 된다. A의 경우 시장이 하락해서 매입단가가 20달러 밑으로 하락하면 바로 손실이 발생하고, B의 경우에는 12달러까지는 손실이 나지 않는다.

의 경우 평균매입단위가 7이 넘는다. 이렇게 될 경우 지수가 폭락을 했다가 반등이 나올 때 B시나리오 투자자의 회복 속도가 더 빠르다. 물론 평균매입단가가 낮기 때문에 회복속도가 빠르기도 하지만, 평균적인 매입단위가 훨씬 크기 때문에 수익률이 더 좋게 나오는 것이다.

삼성전자 주식 10주를 가진 사람과 5주를 가진 사람이 있을 경우, 삼성전자가 50만 원에서 100만 원이 되면 어떤 사람의 순자산이 더 큰지 생각해보면 쉽게 이해할 수 있을 것이다.

2008년 서브프라임 모기지 사태로 인해서 글로벌 증시가 폭락을 할 때 대한민국 상당수의 투자자들은 A시나리오의 경우가 가장 많았다. 이 때문에 거치식 투자자는 물론이고 적립식 펀드투자자들마저 손실이 커진 것이다. 우리보다 펀드투자 문화가 일찍 자리 잡은 유럽이나 북미의 경우 '매입단가 평준화 효과' 에 대해서 논의가 많이 되어왔다. 우리에게는 '매입단가 평준화 효과' 가 긍정적인 기능만 알려져 있지만, 시장 여건에 따라서 부정적인 기능을 할 수 있다는 것이 그들의 논리다. 즉, 매입단가가 인하되는 긍정적 효과만 볼 것이 아니라 매입단가가 인상되는 부정적인 측면도 보라는 것이다.

주가가 상승하게 되면 펀드투자자들은 흥분을 하게 된다. 자신의 잔고를 확인할 때마다 빨간색 숫자로 선명하게 수익률이 기록되기 때문이다. 상승장이 길어질수록 투자자들은 손실에 대해 점점 더 무감각해

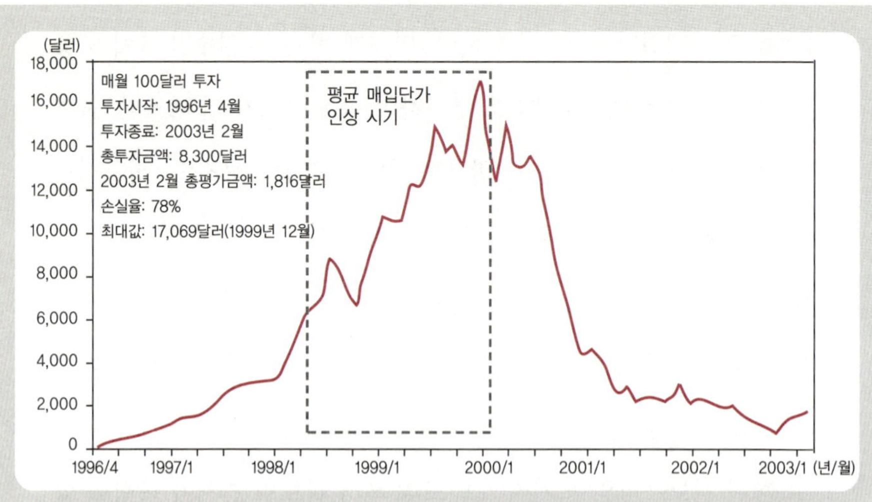

자료: '비용평준화 효과는 항상 좋은 결정만은 아니다'

표 1-2 매입단가 평준화 효과의 단점

2006년 프랑스 알카텔 사와 합병을 한 미국의 루센트 테크놀로지의 1996년 4월부터 2003년 2월까지의 주가흐름을 나타낸 표다. 매월 100달러를 투자했다고 가정할 경우 총투자금액은 8,300달러다. 하지만 2003년 2월 기준으로 보면 자산은 1,816달러로 감소해있다. 78%의 투자 손실이 난 것이다. 투자 기간 동안 1만 7,069달러까지 상승했었지만 매입단가가 인상됨과 동시에 주가가 하락하게 되면서 큰 손실을 보게 된다.

진다. 반대로 하락장에서 투자자들은 손실에 대해서 극도의 공포감을 갖게 된다. 하락장에서 극도의 공포감을 갖는 것도 문제가 될 수 있지만, 상승장에서 손실에 대해 무감각해지는 것 또한 문제가 될 수 있다. 적립식 펀드투자자에게는 '매입단가 평준화 효과' 라는 것이 양면의 날이 될 수 있다는 것을 명심하자.

내 초콜릿은 남의 것보다 맛있어야 한다

여기 3개의 실험 집단이 있다. A집단에는 커피머그잔을 주고 초콜릿과 교환하게 했다. B집단에는 초콜릿을 주고 커피머그잔과 교환하게 했다. 마지막 C집단은 커피머그잔과 초콜릿 중에 아무것이나 고를 수 있도록 했다.

실험결과 A집단의 89%는 커피머그잔을 초콜릿과 교환하지 않았다. B집단의 90%는 초콜릿과 커피머그잔을 바꾸지 않았다. 그렇다면 초콜릿이나 커피머그잔 중에 본인들 마음대로 택할 수 있게 했던 C집단은 어떤 결과가 나왔을까? 거의 50:50의 비율로 커피머그잔과 초콜릿을 선택했다고 한다.

《승자의 저주》라는 책으로 유명한 미국의 행동경제학자 리처드 세일러Richard Thaler 교수는 이런 현상을 '보유효과Endowment Effect' 라고 설명했다. 그런데 놀라운 것은 이런 현상이 영장류에서도 비슷하게 일어난 것이다. 미국에서 영장류인 침팬지에게 땅콩버터와 주스를 가지고 실험을 했을 때 이와 비슷한 결과가 나타났다.

보유효과는 결코 물건에 대한 애착에서 나오는 것이 아니라고 한다. 단지 남에게 자신이 보유하고 있는 소유물을 넘기게 될 경우 손실이 발생한다고 느끼는 심리상태 때문에 생기는 것이라고 한다. 손실의 고통이 이득의 기쁨보다 강하기 때문에 소유하고 있던 물건의 상실감을 보상받기 위해 구매자가 희망하는 가격보다 높은 가격에 물건을 팔기를 원하는 것이다. 이는 '손실 혐오Loss Aversion'와 연결 지어 생각해 볼 수 있다.

투자자 입장에서는 조건이 동일하다면 100만 원의 이익을 볼 때 느끼는 기쁨보다 100만 원을 잃을 때의 고통이 더 크다고 한다. 실제로 자산가치의 변동성이 큰 자산에 투자를 해본 투자자라면 이런 경험들을 한 번 이상은 겪었을 것이라 생각된다. 이런 '보유효과'와 '손실 혐오' 현상으로 인해서 괴로움이 컸던 대표적인 시기가 바로 2008년이다.

2008년 한 해 동안의 신문 내용들을 보게 되면 유독 '손실 펀드 정리해야 할까', 아니면 '지속적으로 보유해야 할까' 라는 기사들이 많았다는 사실을 기억할 것이다. 펀드뿐 아니라 주식, 부동산 등에 이르기까지 대부분의 자산들이 동반적으로 가치 하락 현상을 겪었기 때문에 유사한 질문들이 1년 내내 신문 지면을 도배했었다.

손실이 나는 것을 알고 있지만 본전 욕심에, 손실에 대한 두려움에, 그리고 자신이 들고 있는 투자자산에 대해 본인 스스로가 평가한 높은 가치 등으로 인해서 로스컷Loss-cut(손절매) 혹은 스톱 로스Stop Loss를 한다는 것은 투자자 입장에서 볼 때는 결코 쉽지 않았을 것이다. 하지만 손절매를 하지 못한 것에 대한 대가는 너무나 가혹했을 것이다.

손절매는 포트폴리오 전략의 일종이다. 목적은 당연히 손실을 최소화해 장기적으로 누적 수익률을 향상시키는 데 있다. 일반적으로 손절매의 가격대는 현재 자산가치나 투자자 입장에서 보았을 때 투자자가 자산을 매입한 가격을 기준으로 정해진다.

많은 투자자들이 범하는 실수 중 하나가 초기에 손절매가격을 설정한 후 자산가치가 상승하게 될 경우에도 이를 바꾸지 않는다는 것이다. 손절매가격을 바꾸지 않는다기보다는 손절매 자체를 잊어버린다고 보는 게 맞을 것이다.

예를 한번 들어보자. 한 투자자가 NHN 주식을 주당 10만 원에 매입했다고 가정해보자. 손절매 구간이 −10%라면 이 투자자는 9만 원이 깨지게 되면 주식을 정리해야 한다. 그런데 NHN 주식 매입 후 주가가 상승해 15만 원까지 올라가게 된다. 이로 인해 투자자의 기분은 뛸 듯이 좋았지만, 얼마 후 주가가 12만 원까지 내려가게 되자 손실의 큰 아픔을 경험하게 된다(물론 원금과 대비해서 보면 수익이 20% 난 것이다).

이런 사례는 상당히 많은 개인투자자들 사이에서 목격할 수 있다. 중국 펀드가 고점을 찍었을 때 수익률이 수십 퍼센트를 기록했음에도 결국에는 원금 손실이 발생한 후 펀드를 환매한 투자자들, 2007년 말 주식시장의 고점 가까이에 뒤늦게 뛰어들었지만 잠깐의 플러스 수익을 구경한 뒤에 내리 손실만을 기록하고 있는 개인투자자 등이 이런 경우에 해당된다고 볼 수 있다.

위의 사례에서 나타난 투자자의 실수는 초기에는 손절매 구간을 정했지만, 뒤 이어 주가가 상승할 때는 손절매 구간을 재설정하지 않은 것이다. 손절매의 기본 원칙 중에 하나가 자산가격이 상승하면 손절매 가격대도 같이 올려서 재설정하는 것이다. 사례에서 보면 15만 원까지 주가가 상승했을 경우 −10%가 손실 허용 구간이었다면 이 투자자는 13만 5,000원에 손절매를 설정했어야 한다. 따라서 주가가 15만 원까지 올라갔더라도 13만 5,000원이 깨졌다면 자신의 원칙대로 매도하는 것이 맞다.

사실 손절매전략이 최고의 투자전략이냐고 묻는다면, 답변하기가 어려운 문제일 수 있다. 투자에 있어서는 다양한 전략이 있고, 최고의 수익을 내기 위한 길도 여러 가지가 있을 수 있다. 어떤 전략이라도 절대적으로 우위에 있는 전략은 사실상 찾기가 쉽지 않다. 투자자들 개개인의 특성이 다르기 때문이다. 하지만 손절매전략의 경우 보편적으로 권해지는 최고는 아니지만 최선의 전략 중에 하나로 손꼽히고 있다.

2008년 금융위기의 사례에서도 보았듯이 손실이라는 것은 그 기간과 폭이 과거의 경험과 너무나 다르게 나오는 경우가 많다. 즉, 투자 행위에서 일어나는 일련의 사건들은 과거의 경험에 비추어 볼 때 확률 상 추정이 가능한 영역에 있는 것이 대부분이다. 하지만 가끔 가다가 이런 확률의 영역을 너무나 크게 벗어나는 경우가 생기곤 한다. 이를 미국의 투자컨설턴트이자 작가인 나심 니콜라스 탈레브Nassim Nicholas Taleb는 '검은 백조'에 비유했다.

과거에는 백조는 모두 백색의 동물이라는 정설이 너무나 당연했기 때문에 그에 대해서는 의심조차 하지 않았다. 그러나 검은 백조를 발견한 순간 백조가 흰색이라는 정설은 여지없이 무너졌다. 이때 검은 백조는 일종의 통계적 극단치다. 과거의 경험이나 자료에서는 전혀 찾아 볼 수 없는 이런 현상은 그동안의 모든 정설들을 송두리째 바꾸어 놓는 결과로 이어지게 된다.

2008년 미국의 서브프라임 모기지 사태로 시작된 금융위기, 그리고 이어진 글로벌 경기침체는 이 말도 안 되는 아주 작은 확률 값(검은 백조)이 우리의 투자자산에 얼마나 큰 영향을 미치는지 목격할 수 있는 매우 좋은 사례가 되었다. 최근 불완전 판매로 언론을 떠들썩하게 했던 모 금융상품의 경우 판매직원이 '대한민국이 망하지 않는 확률로' 라고 표현하며 상품을 판매했다고 한다. 손실 가능성이 작다는 표현을 그렇게 한 것이라 생각되는데, 그 작은 확률이 결국 투자자들과 금융기관의 소송으로까지 이어지는 중대한 문제를 발생시킬 수 있다.

이런 손실의 확률, 즉 통계의 극단치 값에 해당되는 일들은 확률 상으로는 적을 수 있지만, 한 번 발생하면 투자자산에 미치는 손실이 측정할 수 없을 정도로 크다. 또한 애석하게도 이런 극단치의 위험에 대해서 예측하는 일은 인간의 능력으로서는 결코 쉽지 않다.

예측도 힘들고, 통계적으로도 측정이 힘든 값이라면 손실을 막기 위한 최선의 방법 중에 하나는 수동적인 방어 본능을 키우는 것이다. 그 중에 스톱 로스Stop Loss전략, 즉 손절매전략이 있다고 생각하면 된다.

'혹시 내가 손절매를 하고 나면 주가가 오르는 것 아닐까' 라는 생각은 하지 말자. 손절매를 해본 사람은 그 어려움을 알기 때문에 다음 투자 시에 더 신중해질 수도 있고, 손절매를 하고 나서 주가가 더 떨어질 경우에는 안도의 한숨을 내쉴 수도 있는 것이다.

세계적인 투자의 거장 워렌 버핏의 투자원칙은 매우 단순하다.

'Rule No 1: Don't lose money. Rule No 2: Don't forget Rule No 1(원칙 1: 돈을 잃지 말라, 원칙 2: 원칙 1을 잊지 말자).'

손실의 고통 때문에 소유하고 있던 자산의 상실감을 보상받으려는 심리는 버리자. 내가 소유한 자산에 대해 과대평가하지도 말자. 투자는 냉정하게 해야 하며, 손실 통제가 어렵다면 반드시 손절매 원칙을 수립해보자. 손절매가 힘들다면 자산 가치가 변동할 가능성이 있는 투자는 피해야 한다.

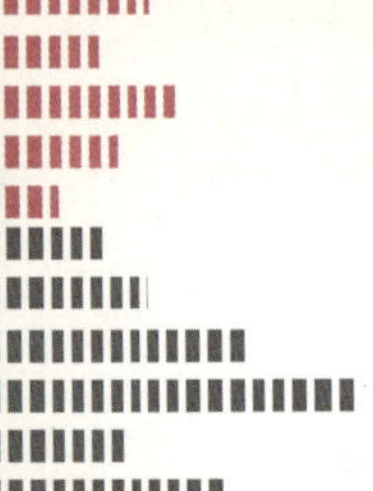

비자발적 장기투자와 스톡데일 패러독스

베트남 전쟁이 한창일 때 '하노이 힐턴' 전쟁포로수용소에서 실제로 있었던 일이다. 전쟁 포로로서의 권리도 존재하지 않았고, 정해진 석방 일자도 없었으며, 고문과 죽음의 문턱을 넘나드는 비참한 포로수용소 생활은 육체적으로 강한 훈련을 받은 군인들에게도 너무나 힘든 것이었다. 이런 생활이 지속되자 가장 먼저 쓰러진 사람들은 낙관적인 사람들이었다고 한다.

일반적으로 우리가 생활하는 데 있어서 낙관주의자들에 대한 평은 상당히 좋은 편이다. 아니 후하다고 할 수 있다. 낙관주의자들은 대개 진취적이며, 긍정적이고, 주변 사람들에게도 활력을 불어넣는 역할을 하는 경우가 많기 때문이다. 하지만 이런 낙관주의자들이 어떤 환경에서나 좋을 수는 없다고 한다.

위의 사례는 1965년부터 1973년까지 8년간 수용소에 갇혀 있는 동안 아무 권리도 인정받지 못한 채 20여 차례의 고문을 당하던 상황에서 수용소 내의 통솔 책임을 맡아서 가능한 한 많은 포로들이 큰 부상 없이 살아남을 수 있도록 했던 제임스 스톡데일James Stockdale 장군의 실제 이야기다.

그의 말에 의하면 낙관적인 사람들의 경우 '크리스마스 때까지는 나갈 거야' 라고 생각을 했다가 크리스마스가 지나게 되면 '부활절까지는 나갈 거야' 라고 생각하고, 다시 부활절이 지나면 그 다음에는 추수감사절, 그리고 다시 크리스마스를 거치면서 상심에 지쳐 죽었다고 한다.

냉혹한 현실을 냉정히 직시하면서, 최종 승리에 대한 흔들림 없는 믿음과 현실 극복을 맹세하는 이중성을 '스톡데일 패러독스Stockdale's Paradox' 라고 한다.

2008년은 투자자들에게 너무나 힘든 한 해였다. 2000년대 들어서 8년간 이어진 IT버블, 자산버블, 그리고 원자재버블에 이르기까지 모든 자산들의 상승폭이 단 몇 개월 만에 무너져 버렸다. 뒤늦게 그런 투자에 참여한 투자자들은 회복하기 힘든 마이너스 수익률을 기록하게 된다.

Tip

제임스 스톡데일James Stockdale 장군은 후에 많은 미군 포로들과 함께 하노이 힐턴 수용소에서 풀려나 가족들을 다시 만났고, 해군 역사상 기장과 의회 명예 훈장을 동시에 단 최초의 3성 장군이 되었다.

50%의 자산 손실을 기록하면 그 손실을 회복하기 위해서는 100%의 플러스 수익률이 필요하다. '−50% = (+100%)' 라는 이상한 등식이 성립하는 세계가 투자의 세계다. 수익을 내는 것보다 더 중요한 것 중에 하나가 손실 폭을 줄이는 것인데, 2008년도에 실패한 투자자들의 대다수는 이런 손실 관리를 제대로 하지 못한 경우가 대부분이다.

왜 이런 일들이 발생했을까? 우선은 급격한 시장의 하락에 냉철한 판단을 내리지 못한 것이 원인이었다. 당시의 신문 기사를 몇 개 살펴보기로 하자.

- '1분기 바닥권 등락 예상, 평상심을 지켜라' – 2008년 1월 19일 토요일, 당시 코스피 지수 1700포인트대
- '설 연휴 주식 들고 가라, 글로벌 증시 회복 추세' – 2008년 2월 5일 화요일, 당시 코스피 지수 1600포인트대
- '코스피 2000 회복 낙관, 주식형 비중 높여라' – 2008년 6월 5일 목요일, 당시 코스피 지수 1800포인트대
- '코스피 주가 방어력 세졌다' – 2008년 6월 27일 금요일, 당시 코스피 지수 1600포인트대
- '코스피 바닥 다지나, 1460 선이 저점 분석 많아' – 2008년 8월 28일 목요일, 당시 코스피 지수 1496포인트

지수가 새롭게 하향 설정될 때마다 꾸준히 나오는 것 중 하나가 '바닥', '저점' 등의 단어다. 이 중 상당수 논리는 '과대 낙폭'과 '밸류에이션 매력'이라는 것으로 설명이 가능한 것들이었다. 즉, '많이 빠졌으니, 더 빠지진 않을 것 같다'라는 의견이나 '밸류에이션 매력이 있기 때문에 상승할 가능성이 높다'라는 의견들이 상당 부분을 차지했다는 것이다.

그러나 현실은 안타깝게도 '바닥'이나 '저점' 등과는 거리가 멀었다. 지속적으로 하락한 주가지수는 1000포인트까지도 깨고 내려갔다. 당시 지속적으로 하락했던 지수에도 문제가 있었지만 당시 투자자들의 투자 패턴에도 문제가 있었다. 학습효과도 그중에 하나였다. 과거의 IMF, IT버블, 카드채 등의 경제 혼란 뒤에 오는 'V자' 반등을 기억하는 투자자들은 하락하고 있는 지수 하에서 주식을 사기 시작했다. 주식이 빠질 만큼 빠졌으니까 싼 가격에 살 수 있는 좋은 기회라고 생각한 것이다.

실제로 이는 매물대(거래량을 가격대별로 표시한 것) 분석을 하게 되면 알 수 있는데, 증시에 있어서 심리적인 지지선이라 생각했던 지수대 부근에서 유독 거래가 많이 되었던 것을 볼 수 있다. '심리적 지지선 밑으로는 내려가지 않겠지', 심리적 지지선이 깨졌을 때는 '이제는 싸게 살 수 있겠지'라는 생각들로 인해서 거래량이 늘어난 것이다.

현실을 제대로 읽기보다 지나친 낙관(주식시장이 반등을 한다)으로 인해서 실제로 그 시기에 개인투자자들은 물론이고 재야의 고수들부터 제 도권의 유명 투자자들까지 막대한 손실을 입게 되었다.

다음으로 자산들의 상관관계 변화도 하나의 요인이 되었다. 상관관계란 두 자산 사이에 있어서 같은 방향으로 움직이는 정도(두 자산가격에 있어 한 자산의 가격이 상승 또는 하락하면 다른 자산의 가격이 상승 또는 하락하는 경향)를 말한다. 상관관계가 높으면 자산의 움직임이 유사하기 때문에 실질적으로 분산투자 효과가 떨어진다고 본다. 그러므로 자산 포트폴리오에서 위험을 감소시키기 위해서는 상관관계가 낮은 자산이 편입되어 있어야 효과적이라 할 수 있다.

실제로 그런 맥락에서 볼 때 많은 은행이나 증권사 등에서 펀드나 자산 포트폴리오를 추천할 때 여러 자산에 나누면서 투자 비중을 조절하는 작업들이 있었다. 하지만 문제는 이 상관관계라는 것이 항상 일정한 것은 아니라는 것이다. [표 1-3]에서 코스피와 MSCI 신흥시장 지수 MSCI GEM의 상관관계를 보면, 1990년대 마이너스에서 2000년대에는 0.8까지 근접하는 것을 볼 수 있다. 기존에는 한국이 글로벌 신흥시장과 미미한 상관관계를 보였는데, 시간이 지날수록 강한 양(+)의 상관관계로 바뀌었다는 것이다.

2008년의 경우에는 사실상 대부분의 자산 간에 상관관계가 매우 강하게 나타났었다. 주식, 부동산, 금융상품, 그리고 실물자산에 이르기

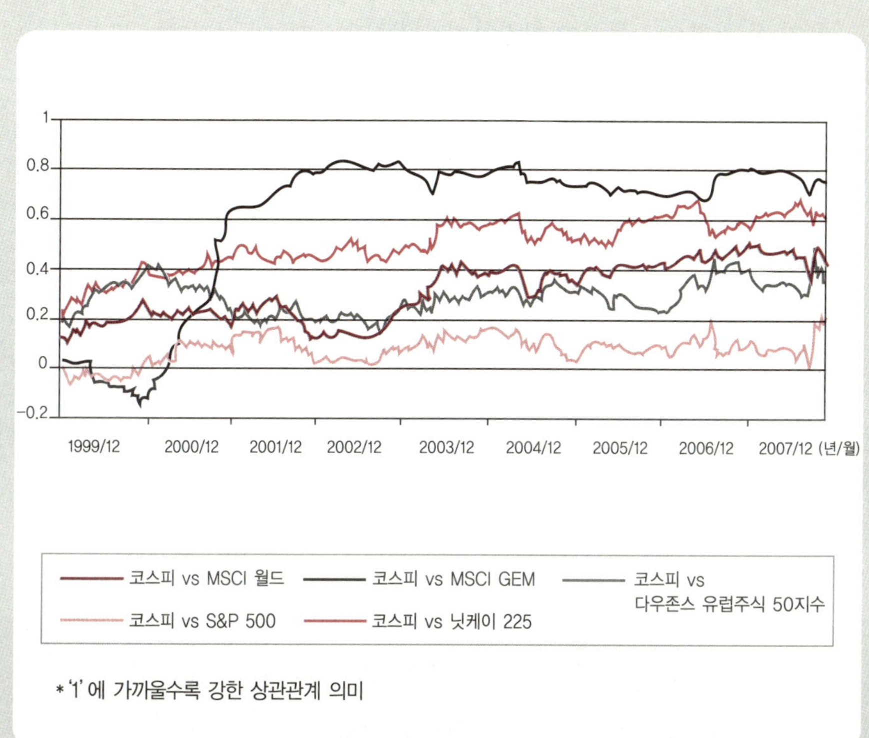

* '1'에 가까울수록 강한 상관관계 의미

자료: BNP 파리바 인베스트먼트 파트너, 블룸버그

표 1-3 ▶ 시간에 따른 자산 간 상관관계(미국 달러 기준)

우리가 분산투자를 하는 데 있어서 상관관계라는 것에 대해서 가끔은 신경을 쓴다. 적어도 상관관계가 너무 높으면 분산투자 효과가 떨어진다는 것을 짐작은 할 수 있지만, 상관관계라는 것도 시간이 바뀌면 변한다는 정보에 대해서 알고 있는 투자자들은 그리 많지 않다. 상관관계가 크게 변한다는 것은 분산투자의 효과가 나도 모르게 떨어지고 있다는 것을 의미한다.

까지 한 방향으로 동시에 하락하기 시작하였으며, 이 시기에는 그 어떤 상관관계도, 분산투자 효과라는 것도 존재하지 않았다. 다만 현금 비중이 얼마였느냐에 따라서 피해가 컸는지, 작았는지를 가늠할 수 있을 뿐이었다. 이렇게 되다 보니 개인들은 어쩔 수 없이 울며 겨자 먹기로(비자발적) 장기투자의 길에 접어들게 되었다.

증시 격언에 이런 말이 있다.

'곰Bear Market(약세시장)도 돈을 벌고, 황소Bull Market(강세시장)도 돈을 벌지만, 탐욕스런 돼지는 도살당한다.'

지나친 낙관론은 현실에 대한 판단을 흐리게 하고, 결국에는 자신이 원치 않았던 장기투자의 길로 들어서게 한다. 그리고 경험상 이런 투자자들의 상당수는 결국에 얻는 돈보다는 잃는 돈이 많아진다.

강세시장이든, 약세시장이든 자신의 판단 기준을 세우자. 그리고 지나친 낙관은 배제하고 현실을 직시하도록 하자. 시장은 우리가 생각하는 것보다 영리하며, 민첩하다고 생각하자. 시장을 이기려는 욕심보다는 시장에 순응하는 자세가 투자에 더욱 도움이 될 것이다.

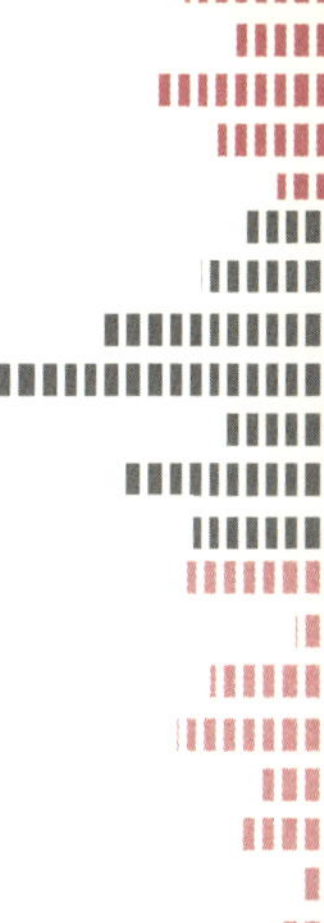

신의 영역에 도전한다

개인투자자들이 가장 이상적으로 생각하는 투자전략은 어떤 것일까? 실제로 예전에 이에 대해 조사한 설문을 본 적이 있었다. 미리 짐작은 하고 있었지만, 대부분 가치투자, 그리고 장기투자를 이상적인 투자전략으로 생각하고 있었다. 여기서 이상적이라 함은 본인들이 실제로 하고 있는 투자가 아닌, 말 그대로 '이런 투자가 좋을 것이다'라고 생각하는 것에 대해 물은 것이었다.

장기투자와 가치투자, 너무나 훌륭한 투자전략들임이 틀림없다. 투자의 대가들이나 언론에 나오는 투자전문가들이 자주 강조하는 내용이기도 하며, 장기투자에 관한 성공 사례는 심심치 않게 찾아볼 수 있다. 현대중공업 우리사주를 오랜 기간에 걸쳐 사모아서 큰 수익을 낸 사례, 포스코 국민주 사례, 그리고 펀드의 장기투자 사례 등 조금만 알아보면 찾을 수 있는 성공 사례들이 많다.

실제로 필자 또한 장기투자 우수성에 대해서는 공감하고 있다. 한번 상승장에서의 장기투자의 성공사례를 살펴보기로 하자. 2008년 국내의 모 신문에서 국내의 대표적인 D펀드의 투자 기간별 투자자의 수익을 조사해본 사례가 있다.

동일한 투자상품이라 하더라도 투자 기간별로 어떤 차이가 나는지를 잘 소개한 것이다. 해당 상품의 당시 수익률이 152%였는데, 이런 펀드에 같이 투자하고도 손실이 난 투자자의 투자 기간을 조사해보면 평균

투자 기간	투자 기간에 따른 수익률
1년 미만	20%
1~2년	38%
2~3년	57%
3년 이상	76%

표 1-4 국내 D펀드의 기간별 투자 수익률(2008년 2월 기준)

2001년 7~9월과 2005년 1월 가입한 707명의 펀드투자 수익률을 추적하여 조사해 보았다. 동 기간 해당 펀드의 3년 수익률은 152%가 되었는데, 3년 전 가입자 538명 중에 이 수익률을 다 챙긴 사람은 20명(4%)에 불과한 것으로 나타났다. 수익률 100% 이상을 챙긴 사람도 43명(8%)에 불과했다.

242일 미만이라고 한다. 반대로 평균적으로 우수한 성과를 낸 사람들은 투자 기간이 길었던 투자자들이었다.

하지만 정말로 그럴까? 무조건 장기로 투자하는 것이 옳은 것일까? 위의 사례는 상승장에서의 실제 상품에 대한 것이다. 장기투자자는 일반적으로 '시간에 투자하는 사람들'이라고 부른다. 투자할 자산의 평가를 끝내고 투자를 실행하게 되면 그때부터는 긴 시간과의 싸움에 접어들기 때문이다. 따라서 본인의 투자 철학 없이 단순히 남의 말을 듣고 투자를 한 사람에게 장기투자는 처음부터 정말로 어려운 투자가 될 수 있다는 말이다.

[표 1-5]를 보도록 하자. 코스피에 2000년 11월부터 2008년 11월까지 투자하였다고 가정했을 경우의 투자 수익률을 나타내고 있다. 96개월이라는 기간 중 훌륭한 수익률을 달성한 달이 있었을 것이다. 그 최고 수익률을 기록한 달을 몇 번 놓치느냐에 따라서 수익률의 편차를 이해하기 쉽게 나타내고 있다. 최고 수익률을 기록한 달을 몇 번 놓치느냐에 따라 수익률이 반 토막이 나기도 하고, 심지어는 마이너스가 나기도 한다.

이런 위험에서 회피하기 위해서는 최고 수익률을 기록한 달에 투자를 하고 있어야 하는데, 결코 쉽지 않은 일이다. 매매의 타이밍, 즉 시장을 예측하는 능력은 신의 영역이기 때문이다.

다시 말해 인간에게는 결코 쉽지 않은 능력이므로 매매의 타이밍을

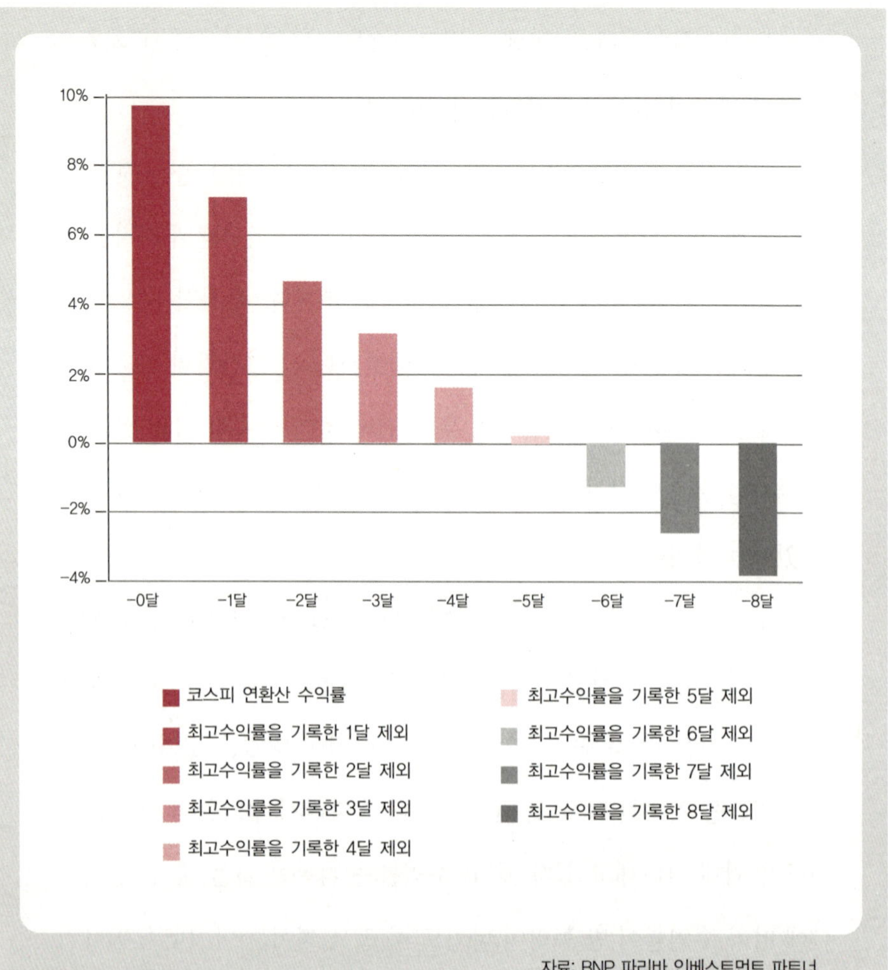

자료: BNP 파리바 인베스트먼트 파트너

표 1-5 96개월간 코스피 연환산 수익률 비교(2000년 11월~2008년 11월)

96개월간 최고 수익률을 보인 2개월만 제외해도 수익률은 절반으로 축소되는 것을 볼 수 있다. 최고 수익률을 보인 6개월을 제외하게 될 경우에는 오히려 마이너스 수익률까지 발생한다.

잡기보다는 장기투자를 통해서 수동적으로 '최고 수익률을 기록한 달'에 투자하는 전략을 취하자는 것이다. 이것이 장기투자의 핵심 중에 하나라고 할 수 있다. 시장을 예측할 수 있다는 욕심을 버리고 시장에 순응하여 장기적으로 성공할 수 있는 확률 높은 게임을 하자는 것이다. 낚시대 하나로 자신이 원하는 물고기를 잡기 힘들다면, 그물을 써서 원하는 물고기를 잡자는 것이다. 물론 그 그물에는 내가 원하는 물고기뿐 아니라 원치 않았던 다른 어패류들이 함께 잡혀 있긴 하겠지만 말이다.

1928년에 미국의 대형주 중심의 S&P 500 지수에 10달러를 투자했을 경우 장기투자전략으로 2000년까지의 수익률을 보게 되면, 1만 7,020달러가 된다. 엄청난 수익률을 기록하는 것이다. 하지만 만약 투자자가 가장 많이 상승한 30개월을 놓친다면 동일한 해에 투자했더라도 투자 총자산은 240달러에 불과하게 된다. 절대수익률상으로는 큰 수익이 났겠지만, 이를 연환산 수익률로 바꾸게 되면 투자에 성공했다고 말하기는 어렵다.

반대로도 한번 생각해보자. 수익률이 가장 좋았던 달을 제외하게 되면 총 자산이 급격하게 줄어드는 것을 확인할 수 있었다. 그렇다면 수익률이 가장 안 좋았던 시기를 피할 수만 있다면 더 높은 수익률을 달성할 수 있을까? 그렇다. 더 높은 정도가 아니라 비교할 수 없을 정도로 높은 수익률을 달성할 수 있다. 10달러가 1만 7,020달러가 되는 장

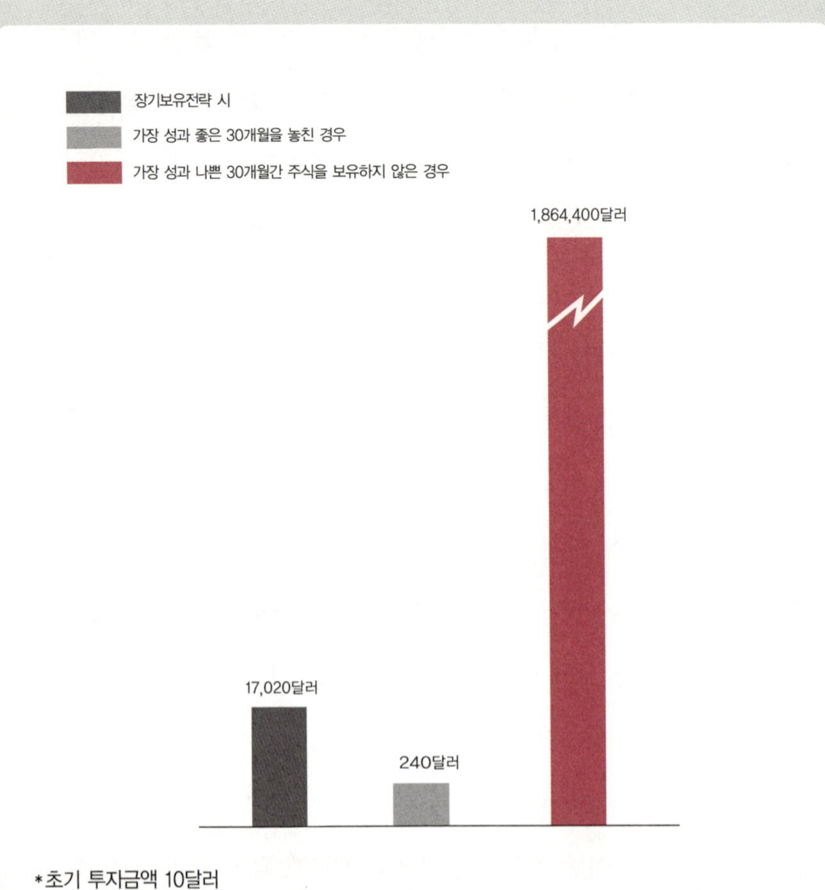

표 1-6 S&P 500에 10달러 투자 시 수익률 변화(1928~2000년)

S&P 500에 1928년부터 2000년까지 10달러를 투자하였다고 가정했을 경우의 수익률 차이를 나타내고 있다. 장기보유전략Buy & Hold을 선택했을 경우 1928년에 투자한 10달러는 72년 뒤에 1만 7,020달러가 된다. 하지만 반대라면 어떤 결과가 나올까?

기투자와 달리 마이너스 수익률이 심한 기간을 피하게 되면 10달러가 186만 4,400달러가 된다.

물론 이 결과치는 가상의 수익률이다. 실제로 이런 수익률을 달성하는 것은 확률상 극히 미미하며 아마도 불가능에 가까울 것 같다. 하지만 여기서 시사하는 바는, 장기투자가 수익률을 높이는 데 있어 결코 최고의 방법은 아니라는 점이다.

필자 역시 장기투자의 장점에 대해 충분히 공감하고 있고, 권유하는 투자전략 중 하나다. 하지만 일반투자자들이 생각하듯이 장기투자가 '최고의 투자전략' 이라는 생각에는 동의하지 못한다는 것이다. 장기투자의 우수한 성과가 투자 대가들이나 여러 언론을 통해서, 또 실제로 일반투자자들 사이에서 충분히 입증되었다고 하더라도 장기투자가 곧 최고의 투자전략이라는 등식은 성립하기 어렵다는 의미다.

장기투자라는 것은 투자자들이 투자의 성공을 높일 수 있는 확률이 매우 높은 투자전략일 뿐이다. 또한 전문적 지식이 상대적으로 부족한 개인투자자들에게 있어서는 최선의 투자전략이 될 수는 있다. 그러나 수익률을 고려하고, 투자기간 동안의 기회비용과 시장 하락 시기의 투자자들의 심리적 스트레스 등을 감안한다면 장기투자만이 능사는 아닐 것이다.

장기투자는 나쁜 전략은 결코 아니다. 하지만 투자전략이라는 것은 개인의 투자철학과 매매 스타일에 따라 달라질 수 있는 부분이다. 특히 투자의 중심이 약한 일반투자자들의 경우에는 자발적 장기투자냐, 비자발적 장기투자냐의 사이에서 늘 갈등하고 있다. 자신을 스스로 위안하기 위한 장기투자는 결코 장기투자가 아니고, 수익률을 극대화하기 위해서 장기투자를 한다는 것도 옳은 것이 아니다.

투자의 타이밍은 신의 영역이다. 하지만 손실을 제한하는 것은 인간의 영역이다. 신의 영역에 도전하지는 못하더라도 인간의 영역은 우리가 통제할 수 있다는 것을 기억하자. 올바른 장기투자도 좋지만, 더 좋은 것은 자신의 투자철칙을 세우는 것이 아닐까?

트렌디스트

개인적으로 필자의 직업을 함축적으로 표현할 때 퍼스널 펀드매니저 Personel Fund Manager 다음으로 많이 사용하는 것이 트렌디스트다. 트렌디스트는 한 발짝, 아니 반 발짝 앞서 시대의 흐름, 증권시장의 흐름을 읽어 나가는 사람이라는 의미로 생각하면 된다.

1990년대 후반, 미국에서 시작된 인터넷 혁명을 남보다 한 발짝 앞서 생각한 사람은 큰돈을 벌 수 있었다.

2000년대 초반 애니콜로 대변되는 한국 휴대폰업체들의 성장을 증권인들이 조금만이라도 앞서 예견했더라면, 그리고 이러한 휴대폰 제조업체와 부품업체 중심으로 투자했다면 초과 수익률을 기록했을 것이다. 디지털TV가 미국식으로 최종 결정되었다는 보도가 나왔다. 디지털 방송혁명이 곧 시작되고 이에 따라 앞으로 닥칠 방송과 통신, 그리고 인터넷 비즈니스의 거대한 통합·융합과정을 예견하고 이에 따른 비즈니스 방향에 잘 대비하는 사람들은 또 한 번 큰돈을 벌 기회가 있을 것이다.

이렇듯 주식투자에 있어서는 트렌드를 예측하고, 활용하는 것이 가장 큰 덕목이고, 이는 상상력(또는 창의력)을 가지고 있어야 가능한 것이다. "상상력이 지식보다 중요하다"고 말한 아인슈타인의 말은 주식장이에게 있어 가슴에 새겨둘 필요가 있는 잠언이라 할 수 있겠다.

앙드레 코스톨라니 선생의 채권투자 대박의 신화를 보면 상상력의 결과가 얼마나 컸는가를 알 수 있다. 앙드레 코스톨라니는 확실한 채무자의 채권이 아닌, 지불되지 않았고 이미 지불 대상에서 제외된 채권에 투자를 감행했다.

1989년 고르바초프와 레이건이 몇 번에 걸친 정상회담을 하고 두 세력 간 긴장 완화가 뚜렷해질 즈음, 코스톨라니는 고르바초프가 서방 국가에 10억 달러의 채권을 발행해줄 것을 요청하리라 예상했다. 또한 그 당시 러시아가 짜르 시대의 채무를 어떤 식으로든 정리해야만 그 채권 발행이 이루어질 수 있을 것으로 예상했다. 그는 소위 무가치성 채권을 취급하는 유명한 거래인에게 전화를 걸어 1822년에서 1910년 사이에 발행된 짜르 시대의 채권을 사달라고 부탁했다.

이 채권은 사실상 시장에서 거의 매매가 되지 않고 있었다. 1917년 레닌의 소비에트 정부가 짜르 시대의 빚을 청산하지 않겠다고 선언한 뒤, 그 채권은 명목가치의 0.25% 내지 1%의 가격 정도로 떨어진 상태였다. 아마도 대다수 짜르 시대 채권은 이미 쓰레기통에 버려졌을 터였다.

첫 번째 성공조짐은 1991년에 나타났다. 고르바초프가 프랑스 대통령 미테랑을 만났을 때, 그가 빚을 인정하기 시작했다. 이후 짜르 시대의 채권은 거래가 활발해지며, 명목가치의 12%까지 오르기도 했다. 물론 그때 앙드레 코스톨라니는 그 채권을 팔지 않았다. 그의 상상력은 훨씬 뒤까지 예상하고 있었다.

1996년 비로소 그의 생각이 적중할 기미가 보였다. "삶에는 모든 것이 등장한다. 그토록 간절히 원하는 것 역시"라고 프랑스의 철학자 베르나르 르 보비에 드 퐁트넬이 말하지 않았던가. 러시아는 유럽 채권시장에서 20억 달러의 채권을 발행하고자 했다. 그러자 프랑스 정부는 먼저 짜르 시대에 발행된 채권에 대한 상환규정을 정해야 한다고 요구했다.

1997년 11월 27일 러시아 국무총리는 파리에서 약 20억 프랑 이상의 보상을 약속했는데, 그 내용은 액면가 500프랑이었던 채권가격을 300프랑으로 인정한다는 것이었다. 그러나 프랑스 사람들은 여기에 만족하지 않았다. 그들은 이자와 골드 프랑을 합쳐 적어도 2만 프랑은 돼야 한다고 주장했다. 5프랑을 주고 산 코스톨라니의 채권은 거의 6,000퍼센트의 수익을 볼 수 있었다.

또 한 번의 대박은 코스톨라니가 세계대전 이후 산 독일 영 채권 Young-Anleihen으로부터 나왔다. 독일은 당시 패전국이었으며 지불 능력이 없었다. 그러나 코스톨라니는 독일의 미덕과 아데나워를 믿었다. 그는 독일이 언젠가는 꼭 빚을 갚을 것으로 생각했다. 그리고 아데나워는 생각보다 훨씬 대단한 인물이었다. 그가 프랑스화로 발행한 영 채권을 달러나 영국 파운드 채권인 것처럼 상환했기 때문이다. 당시 프랑스화는 그 가치가 하락했었지만, 아데나워는 프랑스의 우정에 대한 굳은 믿음을 가지고 다음과 같이 말했다.

"나는 영국인에게는 우량의 파운드로, 미국인에게는 우량의 달러로 지불하면서 프랑스인에게만 불량 프랑을 줄 수는 없습니다."

그의 이 말은 곧 코스톨라니가 투자한 액수의 140배에 달하는 이익을 본다는 것을 의미했다.

"상상력은 지식보다 중요하다."

앙드레 코스톨라니는 풍부한 상상력을 소유한 진정한 트렌디스트였던 것이다.

PART 2

위기 이후의 주식투자

현대차의 이런 선전은 GM, 포드와 같은 미국 빅 3사가 전년 동기 대비 시장점유율이 50% 가까이 감소하고, 도요타, 혼다와 같은 일본의 자동차업체가 전년 동기 대비 시장점유율이 35% 가까이 감소한 것들과 비교해 보면 상당히 양호한 수치를 기록한 것을 알 수 있다. 물론 이런 수치들의 무의미함을 이야기하는 전문가들도 있다. 전 세계적인 경기 침체기이며, 수출업체에 유리한 환율 상승의 효과이며 현대 · 기아차 역시 감소폭이 상대적으로 양호했던 것이지 영향을 받고 있다는 점 등이 이유다.

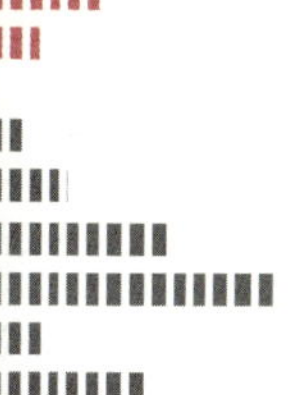

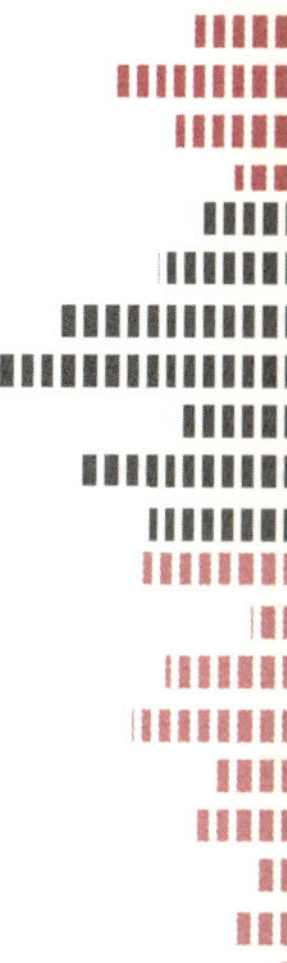

조랑말 이후 34년, 새로운 도약을 꿈꾼다

1975년 12월 현대에서 국내 기술로 만든 차량을 처음 출시한다. 우리가 너무나 잘 알고 있는 '포니'다. 국내에서는 최초로 이탈디자인에 디자인을 의뢰해서 74 콘셉트카인 포니 쿠페Pony Coupe로 등장했다. 당시 미쓰비시의 1,238cc 새턴엔진을 얹었는데, 현대차는 당시만 해도 미쓰비시를 통해서 기술을 익혔다고 한다.

그리고 34년 후, 현대차는 놀라운 발전을 하게 된다. 2009년 1~2월까지 현대차의 미국 판매는 전년 동기 대비 4.9% 증가하며 시장점유율 또한 전년 동기 2.4%에서 4.1%로 상승했다.

반면 미국에서 자동차의 새로운 신화를 썼던 일본 자동차의 실적은 처참하다. 미국시장에서 도요타의 인센티브는 상반기 대비 37% 증가했고, 대규모의 무이자 판매도 단행했었다. 그러나 금융시장 경색과 매출 감소로 도요타는 무이자 판매를 중단했으며 인센티브를 더이상 늘이지 못하고 있는 상황이다. 도요타의 미국 할부금융사인 도요타크레

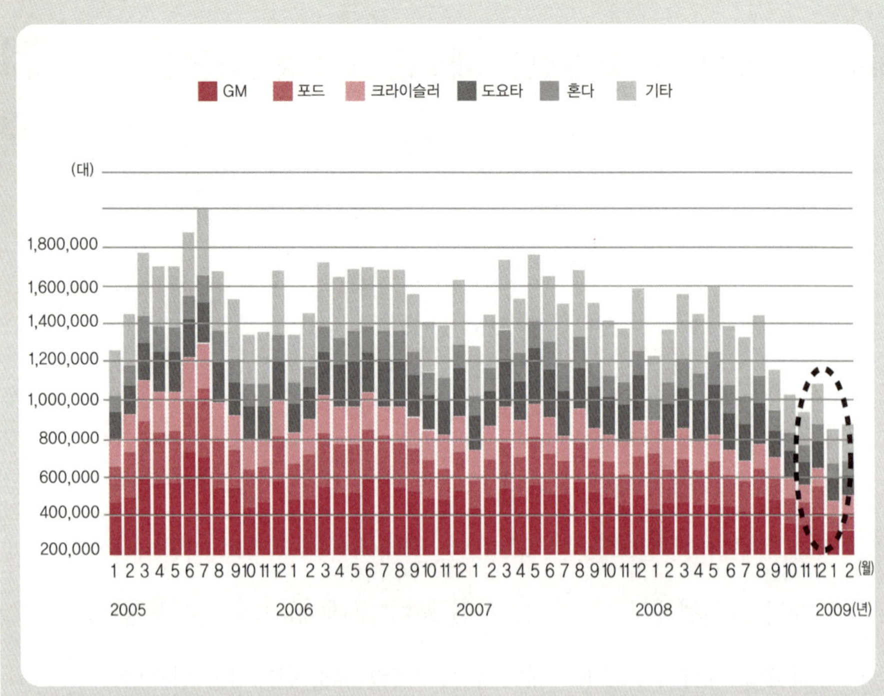

자료: 〈월스트리트저널〉

표 2-1 미국 내 자동차 판매량 추이(2009년 3월 3일 기준)

2009년 2월 미국 내 자동차 판매가 전년 동월 대비 41%나 감소했다. GM의 경우 53%, 포드의 경우 48%, 도요타의 경우 40%의 감소가 있는 등 자동차 산업 전반적인 침체기를 거치고 있다. 반면 현대차는 전년 동월 대비 1.5% 감소하며 양호한 실적을 이어나가고 있으며 시장점유율은 역사상 최고를 기록하고 있다(미국 빅3의 판매량은 급격히 줄고 있고, 상대적으로 일본과 한국 자동차 메이커들의 판매량은 비율상 증가하고 있다).

디트는 2008년 3월 결산에서 2억 2,000만 달러의 적자를 기록했다. 도요타가 1분기 판매량에서 미국의 제너럴 모터스GM를 제치면서 1위를 탈환하고 세계 1위 자동차업체로의 등극을 기대했던 1년 전과는 분위기가 많이 달라져 있는 상황이다.

현대차의 이런 선전은 전년 동기 대비 시장점유율이 GM, 포드와 같은 미국 빅3 사가 50% 가까이 감소하고, 도요타, 혼다와 같은 일본의 자동차업체가 35% 가까이 감소한 것들과 비교해 보면 상당히 양호한 수치를 기록한 것을 알 수 있다.

물론 이런 수치들의 무의미함을 이야기하는 전문가들도 있다. 전 세계적인 경기침체기, 수출업체에 유리한 환율 상승의 효과 등일 뿐 현대·기아차 역시 감소폭이 상대적으로 양호했던 것이지 어느 정도 영향을 받고 있다는 점 등이 이유다.

하지만 지금의 현대차에 어느 정도 선순환 구조가 자리 잡고 있다는 점만은 분명하다. 최근 글로벌시장의 경기침체는 산업 내에서의 자발적인 M&A나 경쟁업체 등의 몰락을 통해서 경쟁구도 개편이 새롭게 이루어질 가능성이 있는 시기다. 이런 시기에 현대차의 꾸준한 신차 출시와 품질개선, 인지도 제고(미국 내에 최근 들어 현대차의 광고 및 언론 노출도가 높아지고 있다), 공격적인 마케팅은 새로운 도약의 기회를 점 쳐볼 수 있는 선순환 구조를 도와주는 변수들이 아닌가 한다.

경기침체(1980년대) 하에서의 일본 자동차 주가 상승배경을 현대차와 연관 지어 보는 사람들이 많다. 아직은 가시적인 부분(주가의 차별적인 상승)이 일어나진 않았지만, 가능성은 충분히 있는 이야기로 생각된다.

그렇다면 일본 자동차업체(특히 도요타)와 현대차의 상황을 한번 비교해보도록 하자. 1980~1981년은 제2차 오일쇼크 이후 세계 경제가 가장 안 좋았던 시기였다. 1981년의 경제위기는 순환적 위기로 보고 있는데, 과거 미국의 대표적인 경제위기였던 1969~1970년의 순환적 위기, 1974~1975년의 구조적 위기, 그리고 1990~1991년 순환적 위기, 2000~2001년의 구조적 위기 등을 통틀어서 가장 심각한 경제위기 시대였다.

하지만 당시의 일본 자동차 주가는 2배 상승하게 된다. 1980년 일본 자동차가 북미시장 점유율 9%에서 21%로 올라갈 때, 미국의 빅3 자동차 메이커들과 폭스바겐 등의 판매율을 -12% 이상 하락하고 점유율도 하락하던 시기였다. 1980년 초반은 미국에서 일본 자동차가 '싸구려차'로 취급받을 때였으며, 지금의 현대차처럼 중소형 차에 주력할 때였다(당시는 경제위기 상황이었기 때문에 싸고 연비 좋은 중소형 차 강세 현상이 생겼음). 그러나 글로벌 자동차 메이커들은 일본차들의 미국 진출에 대해서 크게 신경도 쓰지도, 경쟁자로 생각하지도 않았다. 이로 인해 결국 미국의 소형차시장을 앉은 자리에서 일본에 내주게 된다.

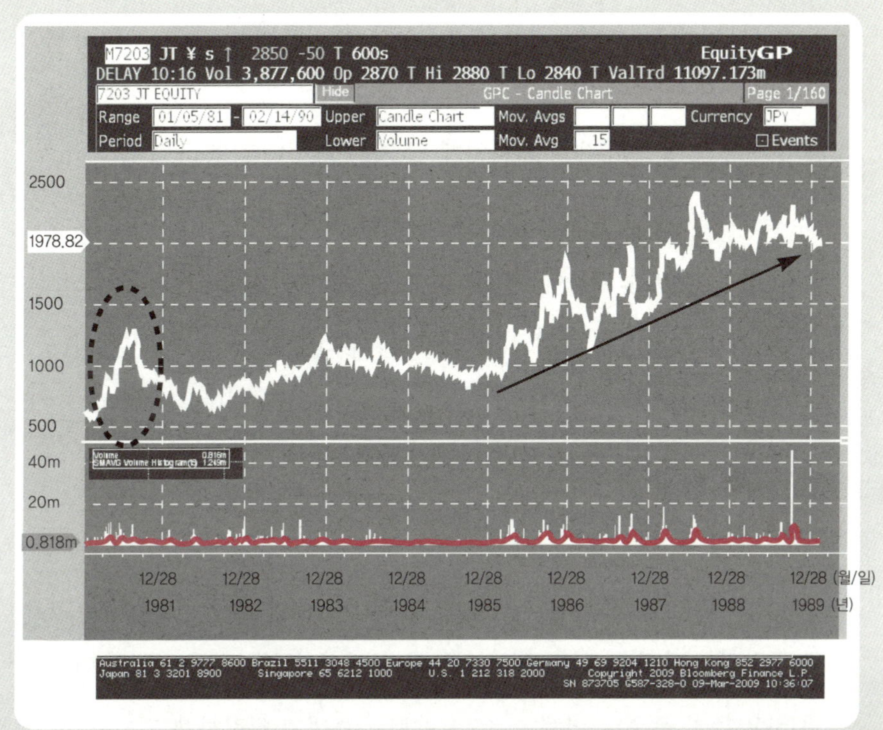

자료: 블룸버그

표 2-2 1980~1990년대 일본 도요타의 주가 흐름(JPY 기준)

1970~1980년대 도요타는 엔트리급의 자동차로 미국에 진출하여 소형차시장을 잠식하기 시작한다. 미국 자동차업계는 '그다지 중요치 않다'고 생각한 시장들을 내주게 됨으로써 다시는 그 시장을 찾을 수 없게 된다. 1980년대 초반 도요타의 주가는 경기침체에도 불구하고 2배가 넘는 주가상승률을 보이기도 했으며, 이후 2007년까지 10배에 이르는 주가 상승을 한다

당시의 도요타가 미국에서 시장점유율 43%를 뚫고 계속 올라갔던 것처럼 현대차 역시 지금 추세대로 조만간 8%를 넘긴다면 1980년 일본차 점유율 상승 추세와 흡사하게 갈 가능성이 매우 높다고 볼 수 있다. 물론 당시 일본 자동차는 도요타, 혼다, 닛산, 미쯔비시, 스즈끼 등 회사 수가 많았기 때문에 21%까지 가능했으나, 현대 · 기아차만으로 20%까지 올라가기엔 현재의 상태에서는 무리일 수 있다. 하지만 최근 몇 년간 4%에서 7.7%까지 상승한 것은 우리가 눈여겨봐야 할 부분임에 틀림없다.

그러나 1980년대에 일본 자동차가 지속적으로 미국시장에서 승승장구했던 것은 아니다. 당시 일본 자동차 영업이익률은 엔화 강세와 마케팅 비용 증가 등으로 인해 7~10%대에서 3%까지 하락하게 되지만, 오히려 주가는 2배 상승하는 모습을 보여 주었다. 이것은 결국 영업이익보다는 탑 라인 증가가 '주가 상승'과 가장 밀접하다는 것을 보여주는 사례라 볼 수 있다. 자동차처럼 진입장벽이 비교적 낮고 경쟁자가 많은 시장은 공급 측면에서의 우위, 즉 시장점유율과 규모의 경제가 중요한 변수가 될 수 있다는 것이다.

최근의 현대차는 기술 및 연구 개발R&D을 강력하게 추진했는데, 이 부분이 최근 시장에서 가시적인 성과로 나타났다. 실제로 미국이나 유럽 등의 자동차 관련 잡지에서 현대 · 기아차들의 수상 소식을 자주 발견할 수 있어 품질 관련 부분에서 미국 자동차들을 앞지르고, 웬만한 일본 자동차들과 어깨를 견줄 정도로 올라선 상황이다. 현대차가 그동안 선진국시장에 진출해서 가장 큰 판매 부진의 원인으로 지적받았던 부분 중 하나인 품질 분야를 개선하기 위해 얼마나 많은 노력을 했는지를 알 수 있는 부분이다.

또한 환율이 3~4년간 강력한 우군 역할을 한 덕에 당시의 일본과는 달리 비교적 여유 있게 공격적인 마케팅을 펼칠 수 있게 되었다.

R&D 부분과 관련해서 현대차 관계자의 전언에 따르면, 현대차가 기아차를 인수하면서 플랫폼이 공용화된 것도 도움이 되었지만, 특히 R&D인력에 여유가 생긴 것이 큰 역할을 했다고 한다. 그리고 R&D의 여유 인력 중 일부가 공장에 생산엔지니어로 전환 배치되면서 R&D성과의 현실화가 더욱 빨리, 그리고 효율적으로 이뤄진 계기가 되었다.

이런 현대차의 변화와 실제로 시장에서 나타난 현재까지의 가시적인 성과를 보았을 때 1980년대의 일본 자동차업계를 비교해서 살펴보는 것은 무리가 아닐 수 있다.

여기서 조금 더 생각해본다면, 지금 현대차의 상대적 성과 상의 약진이 의미 있는 것이라고 판단할 때 국내 자동차 부품업체들도 함께 연관지어서 생각해봐야 한다. 1980년에 도요타, 닛산, 혼다의 주가와 영업이익률, 시장점유율 등은 깜짝 놀랄 만한 수준이었다. 여기에는 덴소 등의 자동차 부품주들의 수혜도 있었던 것 또한 사실이다.

따라서 현대·기아차에 납품하는 부품업체들도 완성 자동차업체들과 짝 지어서 생각해봐야 한다. 만약 BMW나 벤츠 등이 국내 업체들에서 부품을 공급받는다면, 주로 단품회사들이 대상이 될 것으로 예상된다. 국내의 주요 단품회사들로는 한라공조(컴프래서), SJM(벨로우즈), 인지컨트롤스(센서), S&T대우(모터), 평화정공(도어래치, 도어잠금장치) 등을 생각해 볼 수 있다.

성우하이텍이나 세종공업 등 자동차 새시업체들은 현지 납품은 할 수 있으나 환율 수혜는 어려울 수 있다. 또한 최근의 자동차 부품주들은 거래량도 상대적으로 침체되어 있으며, 차트도 거의 비슷한 모습인 것으로 보아 자동차 부품주들이 공통적으로 바닥권이라는 의견도 결코 틀린 이야기는 아닌 것으로 판단된다.

향후 글로벌 자동차업계가 어떤 식으로 재편될지는 많은 이들의 관심사다. 당장 미국의 빅3업체들이 어떻게 될지에 따라 자동차업계지도 자체가 달라질 수 있다. 또한 이런 혼란 속에서 기회를 잡는 자동차업체들도 분명히 생겨날 것이며, 상대적으로 기존의 힘을 잃게 될 업체들도 생길 수 있다.

하지만 분명한 건 우리의 현대·기아차가 최근 들어 다른 자동차업체들과 비교해서 상대적으로 선전하고 있다는 것이다. 또한 이런 움직임은 일본의 사례와 같이 주가로 반영될 가능성이 높다. 〈핑크빛 미래를 보고 잿빛 현재를 사자〉는 한 애널리스트의 현대차 관련 보고서 제목처럼, 현재는 힘들지만 향후 미래를 본다면 현대차가 새로운 도약을 꿈꾸고 있는 것만은 분명하다.

투자와 관련된 간단한 관점들

이익수익률Earnings Yield이라는 개념이 있다. 주당이익을 주가로 나눈 것으로 주가수익률PER의 역수로 표시되는데, 워렌 버핏의 가치투자 전략 중 하나로 잘 알려져 있다. 워렌 버핏의 경우 이익수익률의 상대적인 가치를 이렇게 알기 쉽게 표현했다.

- 주식의 이익수익률이 인플레이션을 앞서야 한다.
- 인플레이션을 반영한 이익수익률이 국채의 수익률을 앞서야 한다.
- 이익수익률은 중장기적으로 증감을 살펴봐야 한다.

워렌 버핏이 한국에 주식투자를 결정할 당시 한국 주식시장의 이익수익률과 한국의 국채를 비교해서 한국 주식시장의 이익수익률이 국채보다 높게 나오자 투자를 결심했다는 일화도 있다.

이익수익률을 계산하는 방법은 간단하다.

예를 들어 미국 10년 만기 국채수익률이 2009년 3월 초 기준으로 2.89% 정도라고 하였을 때, 동기간 S&P 500의 PER는 11배 수준이다. 이익수익률은 PER의 역수이므로 S&P 500의 이익수익률은 9.09%(1/11)가 되고, 국채수익률인 2.89%를 뛰어 넘게 된다. 물가상승률을 감안하고 현재 미국, 유럽, 일본의 소비자 물가상승률이 1% 이하인 상태이므로 1%를 차감한다고 하더라도 S&P 500의 이익수익률이 국채수익률보다 5.2%(8.08-2.89%)가 높은 셈이다.

따라서 이런 관점에서 본다면, 현재는 S&P 500에 투자함으로써 투자자들이 추가적으로 얻을 수 있는 위험 프리미엄(미국국채는 미국 정부가 보증해주는 안전자산인 데 반해 주식은 가치가 변동하기 때문에 위험자산으로 보며, 이 위험을 감수하는 대신 기대할 수 있는 보상의 개념으로 보면 된다)이 5% 정도가 된다.

투자자에 따라서 안전자산 대비 5%의 위험 프리미엄이 적절하다면 투자로서의 매력은 충분히 있다고 판단할 수 있다. 이익수익률은 일반적으로 주식의 투자 매력도

Tip

물가상승률에 대해서는 사실 조금 고민해봐야 한다. 정부가 발표하는 물가상승률과 민간이 체감하는 물가상승률은 오차가 생기기 마련인데, 만약 정부 발표 물가상승률이 1%고, 실제가 6%라면 투자 안에 대한 채택 여부 자체가 달라질 수 있다.

를 나타내기도 하지만, 위와 같이 금리 자산과 비교를 통해서 상대적인 가치를 평가하기도 한다.

　다음은 수급에 대해서 한번 생각해보자. 주식투자에 있어서 중요한 포인트 중에 하나가 수급이다. 기업의 가치Valuation가 아무리 좋다고 하더라도, 그 가치를 몰라준다면(매수세력이 없다면) 기업의 주가가 움직이는 것은 쉽지 않다. 또한 주식시장이 전반적으로 하락해 많은 기업들의 주식이 떨어졌을 때는 어떤 기업의 가격이 싸서 주가가 올라갈지를 판단하는 것도 쉽지 않을 것이다. 이럴 때는 기관이나 외국인들의 수급을 파악해보는 것도 좋은 전략이 될 수 있다.

　기관이나 외국인의 수급을 파악하는 것은 증권사 데일리 리포트나 증권거래소 사이트를 방문하면 알 수 있다. 기관이나 외국인의 매수세가 동반되면서 업종 지수가 일정 기간 중에 고가를 갱신할 때는 관련 종목들에 대한 관심을 가져보아야 한다. 수급 측면의 접근 방법은 주도주가 없는 순환매 장세에서도 대응하기 편하며, 주도주가 시장을 이끌어가는 경우까지도 대응이 가능하다.

　외국인의 수급은 MSCI나 FTSE에 편입된 종목들을 통해서 파악해볼 수 있다. FTSE는 영국 〈파이낸셜 타임즈〉와 런던 증권거래소가 공동 소유한 FTSE인터내셔널이 작성해서 발표하는 지수로서 미국의 MSCIMorgan Stanley Capital International와 더불어 세계 제2대 투자지표로

종목 명	매도	매수	순매수
LG디스플레이	1,096,598	3,861,301	2,764,703
기아차	1,208,420	3,860,890	2,652,470
외환은행	892,550	3,020,440	2,127,890
부산은행	204,380	1,506,800	1,302,420
SK증권	1,278,210	2,333,900	1,055,690
신한지주	642,756	1,689,050	1,046,294
대구은행	603,520	1,503,240	899,720
KT	512,093	1,316,350	804,257
기업은행	944,136	1,717,640	773,504

표 2-3 연기금 매수 상위 종목(2009년 3월 1일~2009년 3월 19일)

종목 명	매도	매수	순매수
LG디스플레이	29,795,628	47,408,967	17,613,339
LG전자	3,629,443	6,203,923	2,574,480
삼성중공업	4,457,737	6,750,578	2,292,841
유진투자증권	3,334,452	5,611,330	2,276,878
한국전력	15,530,733	17,586,086	2,055,353
LG	3,640,424	5,575,178	1,934,754
현대증권	1,522,964	3,073,854	1,550,890
한국타이어	1,539,567	3,036,684	1,497,117
현대모비스	2,396,412	3,884,631	1,488,219
강원랜드	1,507,770	2,934,918	1,427,148

표 2-4 등록 외국인 매수 상위 종목(2009년 3월 1일~2009년 3월 19일)

종목 명	매도	매수	순매수
LG디스플레이	9,199,842	20,737,150	11,537,308
하이닉스	14,000,653	22,018,140	8,017,487
우리금융	6,114,821	13,690,469	7,575,648
신한지주	6,821,498	12,903,189	6,081,691
외환은행	4,390,473	10,354,044	5,963,571
대우증권	3,628,962	8,330,679	4,701,717
기업은행	4,569,270	8,670,573	4,101,303
하나금융지주	5,445,891	8,229,662	2,783,771
SK증권	730,374	3,386,740	2,656,366
KB금융	7,659,314	10,167,086	2,507,772

표 2-5 투신 매수 상위 종목(2009년 3월 1일~2009년 3월 19일)

꼽히고 있다. 일반적으로 유럽계 자금의 경우 FTSE를 벤치마크 대상으로 삼고 미국계 자금의 경우 MSCI를 벤치마크 대상으로 삼는 것으로 알려져 있다.

한국의 경우 전년도 증시가 혼란스러운 시기에 FTSE 선진국 지수로의 편입이 확정되었다. FTSE에 따르면 한국의 경우 2009년 9월부터 현행 준선진시장에서 선진시장에 편입된다고 밝혔는데, 한국은 기존까지는 신흥시장도 아니면서 선진시장도 아닌 애매한 위치에 놓여 있었다. 편입이 예상되는 구성종목 수는 110개로 예상되고 있으며, FTSE 선진시장 내에서의 점유율은 1.64%이지만, FTSE를 통해 매매를 하는 펀드들의 규모가 상당하기 때문에 수급 상의 상당한 개선이 예상되기도 한다.

기업의 자산가치 측면에서도 종목을 선정해 볼 수 있다. 자산주는 총자산에서 순자산이 차지하는 비중을 알아보는 순자산주와 총자산 중에서 현금자산이 차지하는 비율이 높은 기업들을 선정하는 현금자산주, 그리고 총자산 중에서 부동산자산이 차지하는 비중이 높은 부동산자산주, 최근 연도에서 흑자를 기록한 기업들 중에서 연간 순이익 중 지분법이익이 차지하는 비중이 큰 자회사 우량주 등이 대표적인 자산주에 속할 수 있다.

일반적으로 투자자들은 현금자산주나 부동산자산주, 그리고 자회사 우량주 등을 선호하고 있는데, 이들 기업들의 선정은 기업의 재무제표를 통해서 알아볼 수 있다. 전자공시시스템dart.fss.or.kr에 들어가면 상

Tip

FTSE는 글로벌 권역을 선진시장Development과 선신흥시장Advance Emerging, 신흥시장Secondary Emerging, 프런티어시장Frontier 등으로 구분하고 있다. 한국은 3전 4기 끝에 FTSE 선진국 지수에 편입됐다. FTSE 선진시장 내에서 점유율이 큰 국가는 미국-영국-일본-프랑스-독일 등의 순서다.

장 기업들별로 분기·반기 보고서 및 사업 계획서 등을 열람할 수 있는데, 이들 기업들의 수치를 엑셀로 정리해서 보면 한눈에 볼 수 있다. 공통적으로 봐야 할 항목으로는 재고자산, 무형자산, 현금자산, 부동산자산, 지분법이익(연도별), BPS, EPS 등을 파악하면 된다.

[표 2-6]은 PBR을 통해서 자산가치를 정리한 자료다. 최근 10년간 각 기업들의 PBR 역사상 최저점과 현재(2009년 2월)의 PBR 수준을 비교한 자료인데, PBR 상으로 역사상 최저점보다 아래에 위치한 기업들도 상당히 존재하는 것을 볼 수 있다.

이익 측면에서 기업을 평가하는 PER(주가수익비율)가 주당순이익EPS에 비해서 주가가 어떻게 평가되어 있는지를 알아보는 지표라면, PBR은 주당순자산BPS에 비해 주가가 어떻게 평가되는지를 알아보는 지표다. PBR은 기업의 장부가치와 관련된 지표이기 때문에 청산가치라고 부르기도 한다. PBR이 1 미만일 경우에는 기업의 재무제표 상에 나타난 장부가치보다 현재의 주가가 싸다는 것을 의미한다고 보면 된다. 경기에 대한 예측이 불투명하고, 기업 이익 전망에 대해서 신뢰성이 떨어질 때 자산가치를 활용하는 경우도 있다.

마지막으로 검토해볼 내용은 ETF투자다. 많은 투자의 대가들이 '종목 선정이 어렵다면 지수에 투자하라' 라고 하는데, 이때 '지수' 에 투자

구분		2009년 2월	1998~2007년	괴리 차 (2009년 연간 PBR : 역사적 최저PBR)
코드	종목 명	연간 PBR	10년간 역사적 최저점	
A096770	SK에너지	0.89	1.67	−0.78
A064960	S&T대우	0.50	1.26	−0.76
A035250	강원랜드	1.43	2.07	−0.64
A023530	롯데쇼핑	0.59	1.10	−0.51
A008060	대덕전자	0.40	0.80	−0.40
A093050	LG패션	0.98	1.34	−0.36
A004130	대덕GDS	0.30	0.61	−0.31
A073240	금호타이어	0.49	0.79	−0.30
A019680	대교	0.75	0.99	−0.24
A078930	GS홀딩스	0.72	0.85	−0.13
A034220	LG디스플레이	1.06	1.13	−0.08
A090430	아모레퍼시픽	3.27	3.33	−0.06
A014830	유니드	0.60	0.61	−0.01
A020000	한섬	0.37	0.30	0.07
A025540	한국단자공업	0.60	0.51	0.09

자료: 에프앤가이드, 블룸버그

표 2-6 PBR 역사 상 최저점과의 비교(2009년 2월 말 기준)

주가순자산 비율로 표현되는 PBR은 가치평가나 자산주를 파악하는 데 일반적으로 널리 사용되는 지표 중 하나다. 상대적인 측면이 있기 때문에 PBR 하나만으로 기업의 가치를 평가하는 것은 무리가 있을 수 있으나, 자산 측면에서의 기업의 저평가 여부를 파악하는 데 유용한 지표다.

하는 방법 중에 하나가 ETF다. 미국의 경우 1970년대 인덱스에 연동된 펀드 상품이 출시된 이래 ETF시장은 급격한 성장을 하게 된다. 최초의 ETF는 1993년 미국에 상장된 스파이더란 애칭이 있는 SPDRs(S&P 500 ETF)다. 국내의 경우 코스피 200에 투자하는 지수ETF가 성장된 이후에 지속적인 성장을 보이고 있는데, ETF의 장점을 살펴보면 다음과 같다.

우선 ETF의 경우 실시간 거래가 가능하다.

우리가 투자하는 일반적인 공모 펀드의 경우 개방형이긴 하지만, 사실상 거래는 하루 1번 순자산가치NAV 가격으로만 거래가 가능한 데 반해서, ETF의 경우 펀드지만 주식시장에 상장되어 있기 때문에 시간에 관계없이 장중에 여러 번 매매가 가능하다. 또한 주식시장에서 거래되나 지수에 투자하는 것이기 때문에 '기업 고유의 위험Stand Alone Risk'이 이론 상으로 제거되어 있다. 또한 하나의 ETF에 투자함으로써 주식시장에 대한 분산투자가 가능하다.

비용 측면에서 보면 그 매력이 더해진다. 일반 펀드들에 비해 총보수가 1/5~1/7 수준으로 저렴하며, 환매 수수료가 없다. 주식에 직접 투자 시 적용되는 증권거래세도 면제된다. 또한 주식과 같이 배당을 받을 수 있으며, 배당이 1년에 2~3번 일어나는 경우도 있다.

자본시장통합법 시행으로 국내 ETF시장의 규모와 다양성이 크게 증가할 것으로 예상된다. 이는 바꿔 말하면 개인투자자들도 다양한 투자 전략을 구사할 수 있다는 것이다.

예를 들어 미국의 경우 레버리지ETF라는 것이 있는데, 주식 1주를 사지만 2주를 산 것과 같은 효과를 볼 수 있는 ETF다. 100만 원을 가진 투자자가 50만 원의 주식 2주를 사는 방법과 50만 원의 주식이지만 100만 원을 투자한 것과 같은 효과를 내는 주식에 투자하는 방법이 있다. 이 주식을 50만 원 주고 산 후 나머지 50만 원은 다른 주식에 투자하는 전략Cash Extraction을 활용할 수도 있는 것이다. 이 밖에도 하락장에도 수익이 나는 숏Short전략을 쓸 수 있으며, 국내뿐 아니라 해외시장에도 투자하고, 위험전가Hedge전략 등을 다양하게 구사할 수 있다.

장기적인 관점에서 보면 최적의 투자전략은 상승률이 가장 높은 주식들을 몇 개 사서 분산투자를 하는 것이다. 하지만 이를 예측하고 종목을 선정하는 것은 결코 쉽지 않으므로 일반투자자 입장에서는 지수를 사는 방법이 효율적인 투자가 될 수 있다.

또한 펀드와 비교해볼 때 선진국의 사례에서 보듯이 중장기적인 기간 동안 지수를 이기는 펀드는 우리가 생각하는 것보다 훨씬 적다. 5~6배의 비용을 지불하면서 지수를 이기지 못하는 펀드에 투자를 하는 것보다 지수 자체를 사는 것도 좋은 투자 대안이 될 수 있다. ETF를 한마디로 표현할 수 있는 말인 '장기적으로 국가나 산업의 성장 혜택을 가장 저렴하게 누릴 수 있는 투자 수단'을 잊지 말자.

종목 명	현재가	거래량	관련지수
KODEX 200	15,530	2,783,737	[KP2]코스피 200
KOSEF 200	15,380	577,933	[KP2]코스피 200
KODEX 반도체	8,785	3,253	[KRX]반도체
KODEX 은행	4,775	9,400	[KRX]은행
KODEX 자동차	5,285	5,583	[KRX]자동차
KOSEF Banks	4,890	2,086	[KRX]은행
KOSEF IT	7,510	491	[KRX]정보통신
TIGER KRX100	25,305	1,502	[KRX]KRX 100
TIGER 은행	4,835	5,491	[KRX]은행
TIGER 반도체	8,825	4,312	[KRX]반도체
KODEX 중대형성장	18,320	0	[MFI]중대형 성장
KODEX 중대형가치	32,075	0	[MFI]중대형 가치
TIGER 순수가치	8,655	500	[MFI]순수 가치
TIGER 중형가치	5,505	505	[MFI]중형 가치
KOSEF 대형가치	3,060	100	[MFI]대형 가치
KOSEF 중형순수가치	9,975	1,100	[MFI]중형 순수가치
TREX 중소형가치	4,200	212	[MFI]중소형 가치
TIGER 미디어통신	8,605	1,405	[KRX]미디어통신
KODEX China H	13,880	47,377	항셍 차이나기업(H-Share)
KOSEF KRX100	2,490	21	[KRX]KRX 100
KODEX Japan	7,925	7,476	TOPIX 100
TIGER200	15,430	3,552	[KP2]코스피200
KODEX 삼성그룹	3,285	371,664	[MFI]삼성그룹지수
KODEX 조선	15,015	3,126	[KRX]조선
KODEX 증권	8,050	7,218	[KRX]증권

KOSEF 블루칩	3,470	241	[MFI]블루칩
KOSEF 고배당	4,750	927	[MFI]웰스 고배당 20
KODEX Brazil	5,050	890	DJ Braz Tit 20 ADR
TIGER 라틴	3,590	2,705	DJ BNY LA 35 ADR In
TIGER 브릭스	3,970	2,004	다우 뉴욕은행 BRIC ADR
KINDEX200	15,330	561,793	[KP2]코스피 200
KINDEX F15	3,970	6	[MFI]MF 마켓스타주식
KODEX 15	2,870	4,710	[MFI]MF 한국대표주식
KStar 5대그룹주	2,600	31,186	[MFI]MF 5그룹주 지수
GIANT 현대차그룹	5,605	1,880	[MFI]MF 현대차그룹
KINDEX 코스닥스타	10,230	26,806	[KSQ]KOSTAR
KINDEX 삼성그룹주	4,860	60,233	[MFI]MF SAMs SW
KStar 코스닥엘리트30	1,340	247,160	[MFI]MF 코스닥 엘리트30
TREX 200	15,305	129	[KP2]코스피200
FIRST 스타우량	13,380	10,277	[MFI]MF 스타우량

표 2-7 국내 상장된 ETF 정보(2009년 3월 20일 기준)

ETF는 거래가 잘 되는지 여부를 확인해봐야 한다. 그리고 외국인 잔고·지수와의 괴리율, 추적오차율 등도 함께 파악해 보면 좋다. 대부분의 ETF는 추적오차율이 0.03~(-0.03) 정도의 범위에 든다. 괴리율의 경우에도 0.05~(-0.05) 정도에 있기 때문에 사실상 벤치마크 지수와의 괴리가 크지 않다고 볼 수 있다. 단순한 지수에 투자하는 지수 ETF부터 업종에 투자하는 섹터ETF, 그리고 성장주, 가치주 등에 투자하는 스타일ETF 등에 이르기까지 국내에서도 ETF시장의 규모는 성장하고 있는 중이다. 또한 자본시장 통합법의 시행과 함께 가장 성장이 기대되는 상품 중에 하나다.

꿈틀대는 캐리 트레이드의 욕망

한 마을에 두 개의 은행이 있다고 가정을 해보자. A은행의 정기예금은 연 5%이고, B은행의 정기예금은 연 2%를 준다고 해보자. 당신이 이 마을 주민이라면 어떻게 투자를 할 것인가?

합리적인 투자자라면 당연히 A은행에 가서 예금 계좌를 개설할 것이다. B은행과의 예금금리 차이가 3%가 넘게 나기 때문이다. 하지만 소위 글로벌투자자라고 불리는 사람들은 자기 돈으로 투자를 하는 것도 못마땅해 한다. 남의 돈을 빌려서 투자를 하고 싶어 하는 것이다.

위의 예에서 A은행의 경우 예금금리가 5%이니, 대출금리도 '5% + 대출금리 스프레드' 수준에서 형성될 것이다. B은행의 경우도 '2% + 대출금리 스프레드' 수준에서 형성될 것이다. B은행의 대출금리를 알아보니 3%였다. 글로벌투자자들은 자기 돈으로 예금을 하는 것이 아니다. 그들은 B은행에서 연 3%에 대출을 받아 A은행에 정기예금을 통해 연 5%의 이자를 받는다.

이것이 우리가 잘 알고 있는 캐리 트레이드Carry Trade다. 대표적으로 얼마 전까지 가장 활성화되었던 캐리 트레이드가 엔 캐리 트레이드Yen Carry Trade였다. 그러나 엔 캐리 트레이드의 경우 사실상 2008년을 기점으로 청산되고 있다.

캐리 트레이드의 범위는 넓게 보느냐, 좁게 보느냐에 따라 달라지긴 하지만, 넓은 의미의 캐리 트레이드의 경우 해당 국가의 국민들이 해외 투자를 하는 것도 포함한다. 우리에게 잘 알려진 '와타나베 부인'의 경우가 여기에 해당된다고 볼 수 있다.

캐리 트레이드의 핵심은 위의 사례에서 보듯이 남의 돈을 빌리는 것이다. 때문에 돈을 빌리려는 국가의 금리 수준과 투자하려고 하는 국가의 통화(환율)가 중요 변수가 된다. 쉽게 표현하자면, 돈을 빌리려는 국가의 금리는 낮을수록 좋고, 투자하려는 국가의 통화는 향후 강세로 갈수록 좋은 것이다.

따라서 일반적으로 캐리 트레이드의 가능성 여부를 따지려면 캐리 트레이드 비용Carry Trade Cost을 측정해야 한다. 그런데 최근의 상황은 이런 캐리 트레이드 비용을 떨어뜨리는 모습을 보여주고 있으며, 이를 바꿔 말

대륙구분	국가 명	기준금리	연중 조정	조정금리	조정폭
아시아	대만	Rediscount Rate	2009/2회	1.25	−0.25
아시아	말레이시아	Overnight Rate	2009/2회	2	−0.5
아시아	인도	Repo Rate	2009/1회	5.5	−1
아시아	인도네시아	1M SBI Rate	2009/2회	8.25	−0.5
아시아	일본	Overnight Call Rate	2008/3회	0.1	−0.2
아시아	중국	Lending Rate	2008/5회	5.31	−0.27
아시아	태국	14D Repo Rate	2009/2회	1.5	−0.5
아시아	필리핀	Key Policy rate	2009/1회	5	−0.5
아시아	한국	Call Rate	2009/2회	2	−0.5
아시아	홍콩	Base Rate	2008/8회	0.5	−1
아메리카	멕시코	Cetes Overnight Rate	2009/2회	7.5	−0.25
아메리카	미국	Fed Funds	2008/7회	0.25	−0.75
아메리카	브라질	SELIC Rate	2009/1회	12.75	−1
아메리카	아르헨티나	Overnight Rate	2006/3회	5.25	−0.38
아메리카	칠레	Overnight Rate	2009/2회	4.75	−2.5
아메리카	캐나다	Overnight Rate	2009/1회	1	−0.5
유럽	노르웨이	Deposit Rate	2009/1회	2.5	−0.5
유럽	스웨덴	Repo Rate	2009/1회	1	−1
유럽	스위스	Max Target Rate	2008/5회	0.5	−0.5
유럽	영국	Base Rate	2009/2회	1	−0.5
유럽	유로랜드	Refinance Rate	2009/1회	2	−0.5
유럽	체코	Repo Rate	2009/1회	1.75	−0.5
유럽	터키	Interbank Rate	2009/2회	11.5	−1.5
유럽	폴란드	Repo Rate	2009/2회	4	−0.25

유럽	헝가리	Base Rate	2009/1회	9.5	−0.5
오세아니아	뉴질랜드	Cash Rate	2009/1회	3.5	−1.5
오세아니아	호주	Cash Rate	2009/1회	3.25	−1
아프리카	남아공	Repo Rate	2009/1회	10.5	−1

자료: 마켓 포인트

표 2-8 국가별 정책 금리 동향(2009년 2월 기준)

캐리 트레이드 비용은 금리와 환율이 중요한 변수가 된다. 최근의 동향을 보면 각 국가들의 통화 변동성은 커진 상태고, 금리의 경우 지속적으로 낮추고 있는 상태다. 사실상 각 중앙정부들은 금리 조절로 가능한 영역까지는 낮추려고 하고 있는 중이기 때문에, 금리 측면에서 보았을 때는 더할 나위 없이 캐리 트레이드가 가능한 영역에 접어들었다고 볼 수 있다.

하면 캐리 트레이드가 일어날 가능성이 높아졌다는 의미다. 그리고 이번에는 과거와는 달리 엔 캐리 트레이드뿐 아니라 달러 캐리 트레이드Dollar Carry Trade와 유로 캐리 트레이드Euro Carry Trade까지 가능한 수준이라고 볼 수 있다.

그러면 캐리 트레이드가 활성화되면 어떤 점이 긍정적으로 작용할까? 쉽게 말해, 캐리 트레이드가 일어나는데, 국내에 있는 투자자들과 무슨 상관이 있느냐의 문제를 생각해 보아야 한다는 의미다.

우선 최근의 국가별 정책을 살펴보면 공통적인 두 가지를 발견할 수

있다. 우선 중앙정부에서 조절 가능한 기준금리를 급격히 내리고 있다
는 점이다. 경기가 힘들기 때문에 금리를 통해서 경기를 살려보겠다는
각 정부들의 강력한 의지가 반영된 것이지만, 금리만으로 경기를 살리
는 방법은 결코 쉽지 않다. 유동성 함정 때문이다.

한국의 경우에도 최근 기준금리가 2%대에 진입하면서 유동성 함정
에 대한 이야기가 나오고 있다. 유동성 함정은 금리를 낮추어도 투자와
소비가 일어나지 않는 현상을 이야기하는데, 유동성 함정이 일어났던
대표적인 국가가 일본이었다. 한국의 경우는 아직까지 유동성 함정이
발생한 사례가 없었으며, 이에 대한 연구도 부족한 상황이다. 그래서
한국 기준으로는 어느 정도 선이 유동성 함정인지에 대해서는 전문가
들의 의견이 조금씩 다르다. 그러나 앞으로 더 금리를 내리는 것이 큰
효과를 발휘할 수 없을 것이라는 생각은 함께 하고 있다.

금리 정책이 시장에 잘 먹혀들지 않을 경우 중앙정부들은 '양적 완
화Quantitative Easing'를 시도한다. 쉽게 말해 돈을 푼다는 의미다. 최근 미국 정부가 재정 정책에 필요한 자금 마련을 위해 국채를 발행하고, 이를 다시 달러를 찍어내어 되사는 것들이 양적 완화의 한 형태라고

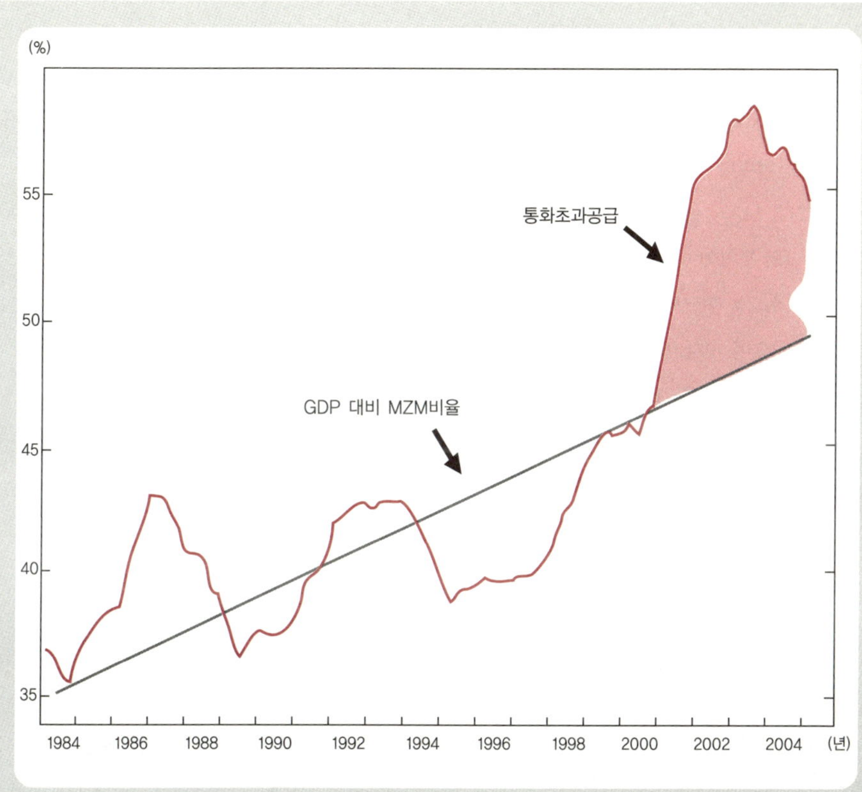

자료: 더 뱅크 크레디트 애널리스트

표 2-9 과도한 통화량이 버블을 만들었나

MZMMoney with Zero Maturity은 총통화량을 나타내는 지표 중 하나다. 따라서 시중에 얼마나 자금이 풀리고 있는지를 알아볼 수 있는 것으로, 통화가 많이 풀리게 되면 자산가치가 상승할 가능성이 높으며, 반대로 통화 가치는 하락할 가능성이 높다. MZM과 USD를 비교해보면 역 방향(MZM이 상승하면 USD 하락, MZM이 하락하면 USD 상승)이 되는 것을 볼 수 있으며, 2000년대 이후 자산버블의 원인을 저금리와 풍부한 유동성이라고 보는 전문가들이 많다.

보면 된다.

지금은 글로벌 경기가 침체 수준이기 때문에 통화가 풀린 효과가 가시적으로 나타나지 않지만, 언젠가 이런 유동성은 어딘가로 흐르게 되어 있다.

최근의 선진국과 신흥국가들의 통화증가율M1을 보면 빠르게 상승을 하고 있으며, 이런 풀린 돈들의 수준이 절대 수치로만 본다면 역사상 최고 수준에 가깝다. 따라서 경기가 바닥을 회복하는 시점, 혹은 경기가 바닥에 가까워졌다고 생각되는 시점부터 이런 자금들의 흐름은 본격적으로 움직일 것이다.

따라서 캐리 트레이드 측면에서 볼 때는 향후 통화가 강세로 갈 지역이나 국가, 그리고 자산가치가 증가할 지역이나 국가로 유동 자금들이 흘러갈 가능성이 높다. 또한 캐리 트레이드의 시작을 알리는 방아쇠가 달러 약세로부터 진행된다면 달러로 표시되는 원자재Commodity가격의 변동도 한번 주목해볼 만하다. 모든 투자자들이 안전자산을 찾기 시작할 때가 글로벌투자자들이 위험자산으로의 자금 이동을 할 때이며, 이들 위험자산들에 대한 수요가 늘어나면 본격적인 위험자산의 가격 상승이 발생할 가능성이 있다는 것을 염두에 두자.

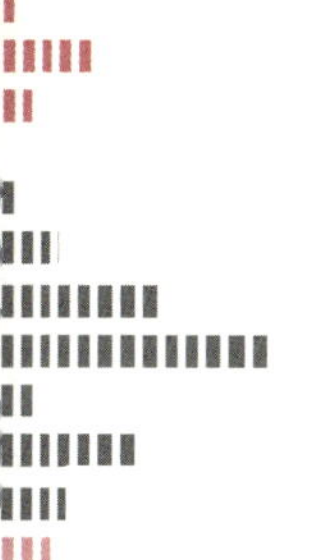
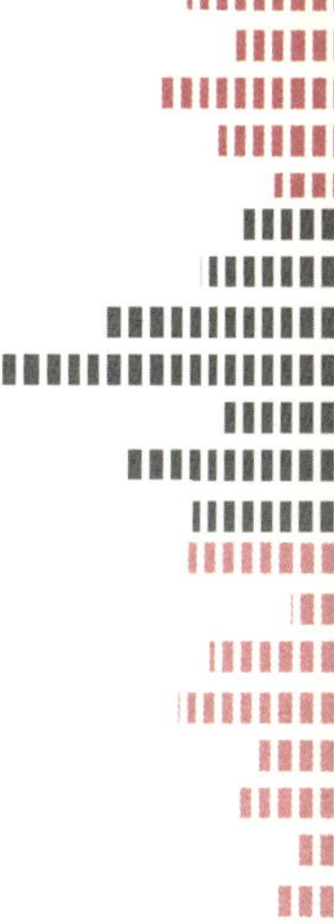

네가 오르면 나는 판다

경제가 안 좋아지면 미니스커트를 입는 여자들이 늘어난다는 속설이 있었다. 본래 미니스커트와 경제와의 상관관계는 명확하게 나타나는 것은 아니었다고 한다. 말 그대로 속설일 뿐이다.

이와 관련해서 미국의 마브리Mabry라는 경제학자가 1971년에 '스커트 길이 이론Skirt-length Theory'을 내놓았다. 하지만 실제로 그의 이론을 바탕으로 경제를 예측할 수는 없었다. 과거에 영국 정부가 제2차 세계대전 때 전시 물자 비축을 목적으로 치마를 짧게 입으라고 한 것 이외에는 실제 경제 현상에이런 이론들을 설명하기에는 한계가 있다.

하지만 아직도 많은 경제학자들이나 정책입안자들은 실물 경제나 특정 지표를 통해서 경제를 해석하려는 패턴을 많이 보이고 있다. 전 FRB 의장이었던 앨런 그린스펀의 경우 연방금리 결정을 앞두고 일상생활에서 일어나는 현상들을 분석했다는 일화는 꽤나 유명하다. 가정에서 버리는 쓰레기량, 세탁소의 세탁물 대기량들도 점검해서 이를 반영했다고 한다.

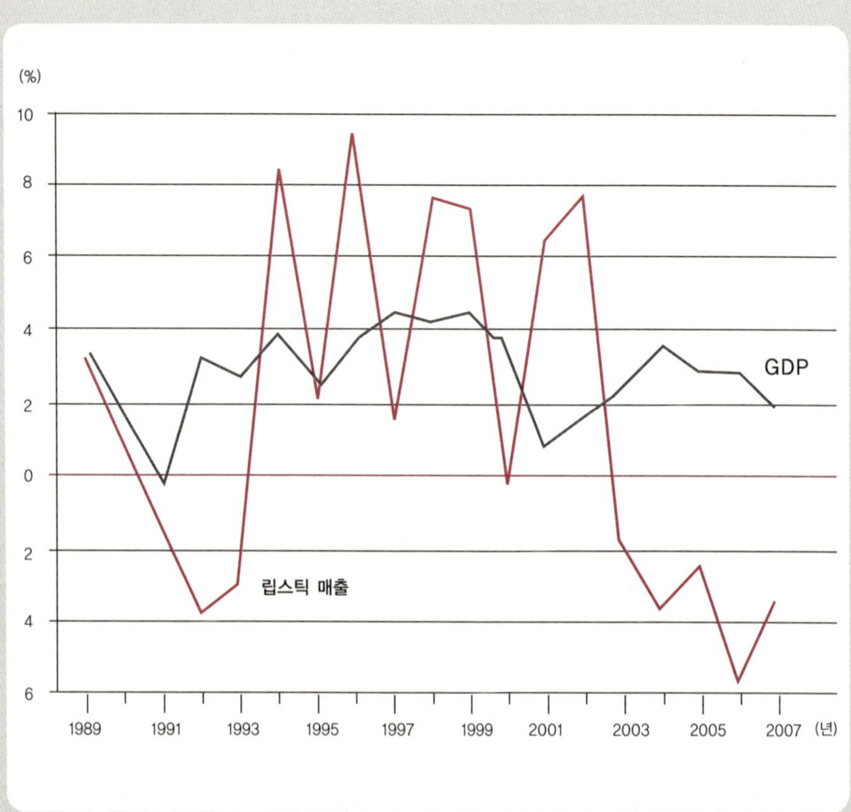

자료: 〈이코노미스트〉

 경기 불황기에 정말로 립스틱의 판매량이 증가할까

2001년 미국의 경기 불황기에 오히려 립스틱의 매출은 11% 증가했다고 한다. 이를 두고 에스티 로더의 회장인 로더Leonard Lauder는 립스틱 인덱스라는 표현을 하며 경기 불황기에는 여자들이 립스틱을 더 사는 경향이 있다고 했다. 이에 대해서 시장 조사 분석 회사인 NPD그룹의 카렌 그란트Karen Grant는 이를 확장해서 뷰티 인덱스Beauty Index로 봐야 한다고 했다. 경기가 어려워지면 여성들은 실크 스카프나 디자이너의 명품 구두를 사는 대신에 마스카라나 아이새도우Eye Shadow를 사는 경향이 있다고 했다.

경제나 투자 분야에도 심리지표Sentimental Index라는 것들이 있다. 과거의 흐름을 보았을 때, '이렇게 될 경우 이런 결과가 나올 가능성이 높다' 라는 것을 표현해주고 있는 것이다.

우리에게 잘 알려져 있는 대표적인 사례가 '신문 1면에 주식시장이 좋다는 이야기가 실리는 빈도가 높아지면 주식시장은 꼭지다' 라는 것이다. 계량화되어 있지 않은, 심리적인 지표이지만, 어느 정도 일치하는 부분도 있다. 외국의 경우에도 관련 예가 있다. 외국의 저명한 〈위클리〉나 〈먼스리〉에 실리는 커버스토리는 이미 주가에 반영된 것이라는 얘기다. 실제로 〈비즈니스위크〉나 〈이코노미스트〉 등이 시장의 폭락에 대해 이야기를 하게 되면 얼마 지나지 않아 주가는 상승하는 경우가 많았다.

2008년에는 심리적 지표들이 시장 현상을 잘 설명해주지 못했다. 그동안 시장에서 잘 적용된다고 보았던 풋/콜 비율Put/Call Ratio(주가의 고점과 저점을 판단하는 지표로 알려져 있다. 5일간의 풋 옵션 거래대금 평균을 콜 옵션 거래대금으로 나눈 값)이나 신문기사나 잡지 표지 이야기들로도 시장의 바닥을 예측하기에는 무리가 있었다. 하지만 여전히 이런 심리적 지표들은 일반투자자들뿐 아니라 전문투자자들이 투자 시 참고하는 부분이기 때문에 한 번쯤은 짚고 넘어가는 것이 좋을 것이다.

일단 심리지표의 종류는 매우 많다. 시장에 널리 알려진 VIX(변동성 지표)부터 설문조사, 펀드를 통한 유추Fund Flows 등도 있는 반면에, 잘 알려지지 않았고 개인적으로 참고하는 지표들도 많다. 그래도 시장에서 어느 정도 신뢰성이 있는 설문조사 방식과 펀드의 자금 유출입, 기타 지표들을 함께 보는 것을 권하고 싶다.

첫 번째로 메릴린치 펀드매니저들의 설문조사Merrill Lynch Fund Manager Survey가 있다. 특정 자산에 대한 언급들을 해주며 경기 전망에 대해서도 이야기 한다. 메릴린치 홈페이지www.ml.com에서 찾아볼 수 있으며, 다른 리서치 자료에서 자주 인용되기 때문에 언론에 노출도가 높은 설문 조사 중 하나다.

'12월 88%의 펀드매니저들은 글로벌 경제가 현재 경기후퇴라고 믿고 있습니다. 이러한 수치는 10월 69%, 11월 84%에서 증가된 모습입니다. 이러한 추세 이하의 성장 및 인플레이션 가정 속에서 펀드매니저들은 헬스케어, 텔레콤, 유틸리티, 필수소비재의 비중확대 견해를 갖고 있습니다. 시장참가자들 대부분의 견해는 비록 아직 주식시장에 진입할 준비가 되어 있지 않지만, 약 1년여간 급격한 주식시장의 하락 이후 주식가치가 매우 저렴하다는 것을 인식하고 있다는 것입니다. 그러나 펀드매니저들의 위험감수 성향이 아직 낮은 수준이며 현금보유 경향이 2001년 이후 가장 높은 수준입니다. 여전히 자산배분전략을 구사하는 펀드매니저들은 주식보다는 현금 및 채권을 선호하고 있습니다. 그리고 지속적으로 부동산 및 원자재 관련 자산으로부터 투자를 축소하고 있습니다. 미국 주식이 여전히 가장 선호되는 지역으로서 유일하게 '순비중 확대' 의견을 내고 있는 지역입니다. 더 이상 달러가 저평가되어 있다고 보지 않는 가운데 투자가들은 원유 및 금을 저평가된 것으로 간주하기 시작했습니다(메릴린치 펀드매니저 설문조사, 2008년 12월 17일).

위의 메릴린치 분석 자료를 보면 펀드매니저들의 경기에 대한 판단, 업종에 대한 분석, 그리고 포트폴리오에 대한 코멘트 등이 포함되어 있다.

최근의 설문조사(2009년 1월 18일)의 제목은 'Merrill Lynch Fund Manager Survey Finds Chinese Economic Optimism Fuelling Improved Growth Outlook' 이었는데, 중국을 바라보는 긍정적인 시각을 이야기한 바 있다. 당시 상해종합지수가 1800~1900포인트대였는데, 이후 상해 증시는 한 달 뒤에 2402포인트까지 올라가는 모습을 보여주었다.

2008년의 설문조사 자료들을 보면, 자산Equity에 대한 비중을 10년 내 최저로 줄이라는 이야기(2008년 6월 설문조사)도 있었으며, 경제에 관련된 코멘트들이나 시장에 대한 비중 확대 및 비중 축소 의견들도 제시하고 있다. 셀 사이드Sell Side(매도 측면) 지표라기보다는 바이 사이드Buy

Side(매수 측면) 지표라고 생각하면 된다.

두 번째로는 라이덱스Rydex라는 회사가 제공하는 펀드들의 비율이다. 라이덱스 노바Nova/얼사Ursa 펀드 비율인데, 이 비율을 중요시 여기는 이유는 노바라는 펀드와 얼사라는 펀드의 특성이 다르기 때문이다. 노바펀드는 시장 움직임보다 더 높은 움직임을 보이는 펀드(예를 들어 시장이 1 오르면 노바펀드는 1 이상 움직임)이고, 얼사펀드는 리버스 인덱스(역방향) 펀드이기 때문이다. 노바펀드의 총자산이 얼사펀드의 총자산보다 높으면 매도, 반대로 낮으면 매수를 알려주는 역지표라고 보면 된다.

노바/얼사 비율과 비슷한 지표로 라이덱스 비율Rydex Ratio이 있는데, 이 라이덱스 비율의 상승은 투자자들이 불 펀드Bull Fund(시장이 상승하면 수익이 나는 펀드)보다 베어 펀드Bear Fund(하락하면 손실이 나는 펀드)에 더 많은 돈을 투자하고 있는 것을 의미한다. 특히 인버스 S&P 500 펀드Bear와 노바펀드Bull의 비율을 나타내는 라이덱스 비율은 최근 들어 연속해서 새로운 고가를 갱신하고 있다. 라이덱스 비율은 라이덱스 인베스트먼트Rydex Investment 사이트에서 찾아볼 수 있다.

세 번째로는 미국의 개인투자가 협회인 AAIIAmerican Association of Individual Investors에서 발표하는 설문조사가 있다. 개인투자가들의 심

자료: 쉐이퍼 리서치

표 2-11 ▶ 노바/얼사 비율(최근 1년)

값이 높아지면 매도 신호를 값이 낮아지면 매수 신호를 나타내는데, 쉐이퍼 리서치 홈 페이지http://www.schaeffersresearch.com에서 'Quotes & Tools'에 들어간 다음 'Market Tools'를 선택하면 'Rydex Nova/Ursa Ratio'를 볼 수 있다. 이 사이트에는 다른 변 동성 지표들도 함께 있으므로 즐겨 찾기 지정해서 보면 좋을 것이다.

리를 반영하고 있다는 점에서 참고지표로 사용되고 있는데, 약세장 Bearish으로 보는 사람이 많을수록 시장이 저점 형성에 가까워졌다고 판단한다. 2008년 이후 평균값의 1시그마 수준인 54.6% 전후에서 S&P 500의 저점이 형성되었다고 하지만, 수치 자체의 의미와 더불어 일정 기간 시장에 대한 개인투자자들의 심리 상태를 파악하는 것도 중요하다.

자료: www.aaii.com

AAII의 개인투자자 대상 시장 전망 조사

AAII 설문조사는 매주 발표되며, 강세장 의견이 많을수록 시장의 하락 가능성이 높다고 판단하며, 약세장 의견이 많을수록 시장의 상승 가능성이 높다고 판단하는 역지표 중 하나다. 특정 시기를 기준으로 해서 보기보다는 일정 기간의 추세를 파악하는 것이 중요하다. AAII 사이트www.aaii.com에서 확인 가능하다이 밖에 몇 가지 지표들이 더 있다. 우선 인베스터 인텔리전스Investor Intelligence에서 발표하는 투자상담사 의견US Advisors Sentiment에 관한 자료가 있긴 하나, 유료로 활용되고, 일반투자자들이 이 지표를 눈으로 확인하여 투자하기에는 좀 무리가 있다고 판단된다. 이 지표의 경우 극단적인 값을 활용해서 시장의 심리를 파악하는 데 사용된다.

VIX 또한 이런 역 지표 중에 하나다. VIX는 공포 지표Fear Index라고 불리기도 하며 VIX 지수가 고점을 갱신하게 되면 S&P 500 지수가 급락하는 사례가 많았다. 장기적으로 보았을 때 역의 상관관계를 가지고 있으며, VIX 지수의 경우 다른 부분에서 조금 더 상세하게 설명해 놨으니 참고하면 될 것 같다. VIX 지수는 상대적으로 여러 사이트 등을 통해서 쉽게 찾을 수 있다.

역방향 지표Contrary Indicator의 마지막은 풋/콜 비율Put/Call Ratio이다. 풋/콜 비율은 동일한 기초자산과 만기 및 행사가격을 가지고 있는 풋 옵션과 콜 옵션의 상대 거래 비중을 의미한다. 지수 급락기에는 풋 옵션에 거래가 집중되기 때문에 풋/콜 비율이 고점을 형성하는 경우가 많고 곧 이어 지수의 바닥이 형성되는 사례가 많았다.

일반적으로 풋/콜 비율이 1.4를 넘어가게 될 경우 유의할 매수 신호라고 판단하는데, 과거 코스피 주가의 흐름과 풋/콜 비율은 분석해보면 의미 있는 움직임을 발견할 수 있다. 풋/콜 비율은 증권사 HTS(홈 트레이딩 시스템) 등을 통해서 확인할 수 있다. 풋/콜 비율은 따로 나와

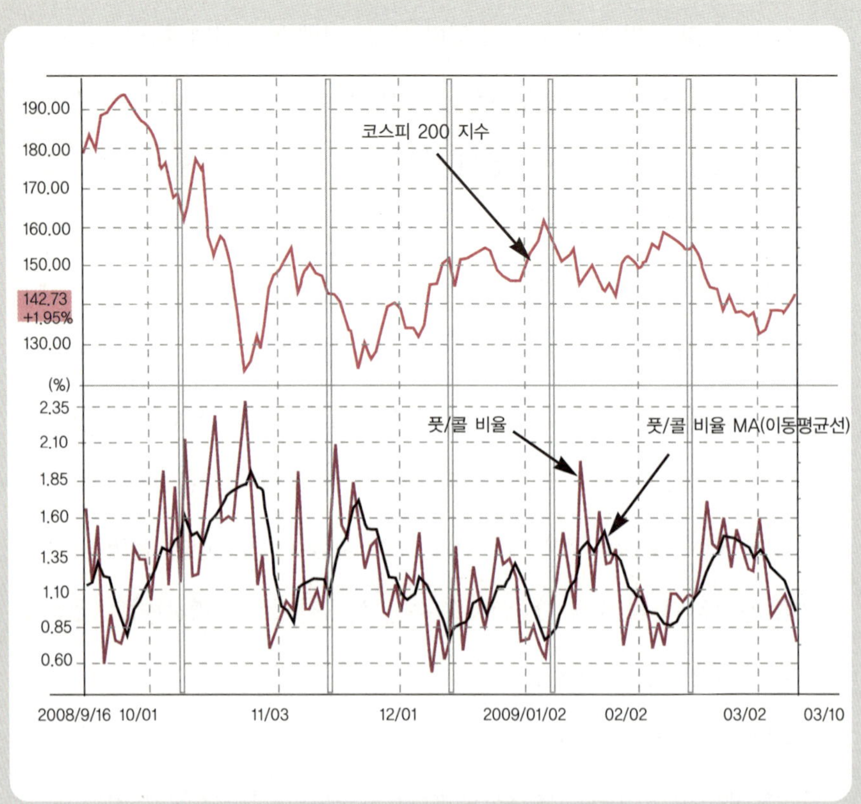

자료: 마켓 포인트

표 2-12 ▶ 코스피 200 지수와 풋/콜 비율

풋/콜 비율이 고점을 형성하는 시기가 주가 지수(코스피 200)의 바닥을 형성하는 경우가 많았다. 2008년 10월 금융위기가 절정에 달했을 때 풋/콜 비율이 고점을 달성했었고, 코스피 200은 바로 반등이 나오게 되어 30%가 넘는 상승을 하게 된다. 풋/콜 비율은 고점을 형성할 때 신뢰도가 높은 편이어서, 주식시장의 바닥을 확인하는 보조적인 지표로 자주 활용되고 있다.

있지 않은 경우 풋/콜의 5일간 거래대금의 합을 5로 나누면 나오게 된다.

　이상 여러 가지 역방향 지표를 통해서 시장의 고점이나 저점을 확인하는 데 사용할 수 있는 심리적인 분석에 대해서 알아보았다. 사실 이보다 훨씬 많은 역방향 지표들과 심리적 지표들이 존재한다. 하지만 그 중에는 아직 검증이 되지 않은 것들도 있고, 유료로 제공되기 때문에 일반투자자들이 접근하기 어려운 부분도 있는 등의 문제로 인해 제외했다. 심리적 지표를 통한 시장 분석Sentimental Analysis은 기본적 분석Fundamental Analysis, 기술적 분석Technical Analysis과 더불어 그 중요성이 최근 다시 부각되고 있다.

　이런 지표들을 가지고 어떤 이들은 후행적이라 말하는 사람이 있고 끼워 맞추기 식 분석이라는 사람들도 있다. 주관적인 부분은 분명히 존재할 수 있지만, 이들 지표를 잘 살펴보면 적어도 시장의 과열이나 공포 분위기는 어느 정도 알 수 있을 것이다. 립스틱과 미니스커트로 복잡한 경제를 예측한다는 것은 어려울 수 있다. 그러나 그린스펀 전 FRB 의장도 경기의 상태를 일상생활에서 알아보고 의사결정에 참고했듯이, 우리가 투자하는 데 이런 지표들을 발전시켜 활용한다면 유용할 수도 있을 것이다.

뉴턴의 사과도 떨어졌지만, 주식도 떨어졌다

만유인력의 법칙을 발견한 뉴턴이 증권투자에 손을 댔으나 번번이 실패하자 자기 앞에서 증권의 '증' 자도 꺼내지 못하게 했다. 그는 열정적인 투자자였으나 런던 공황 때 재산을 몽땅 날려 버렸다.

그는 자신을 탓하지 않았다. "천체 운동은 센티미터와 초단위로 측량할 수 있으나, 정신 나간 군중이 시세를 어떻게 끌고 갈지는 정말 알 수 없다"고 남을 탓했다. 정작 본인도 정신 나간 군중 중 한 명이었을지도 모를 텐데 말이다.

뉴턴 외에도 많은 위인들이 투자자의 족보에 이름을 많이 올렸다. 유명한 계몽주의자 볼테르는 연인과 몇 시간이고 돈과 증권에 대해서 이야기하기를 즐겼으며, 곡물과 토지에 대한 투자를 아끼지 않았다.

그는 나중에 투기성 짙은 외환 밀거래로 더욱 유명해졌다. 프로이센 왕위 계승전이 한창일 때 작센에는 은행이 설립되었는데, 이는 공채를 발행해 전쟁자금을 지원하기 위한 것이었다. 그런데 전쟁이 끝난 후 공채가격이 발행가격의 40퍼센트로 떨어졌다. 그러나 프리드리히 대제는 프로이센이 소유하고 있는 모든 공채를 실버탈화로 환산해 발행가로 교환해줄 것을 요구했다.

이때 볼테르는 드레스덴에서 공채를 사모아 큰 가방 속에 넣은 다음 프로이센으로 몰래 들여가서 드레스덴에 있는 하수인을 통해 실버탈화로 바꿔달라고 요구했다. 돈 앞에는 철학도, 사상도, 점잖은 체면도 없는 법이다.

18세기 프랑스의 유명한 희곡 작가인 보마르세, 카사노바, 발자크는 열광적인 증권투자자였다. 발자크는 나름대로의 삶을 꾸려나가기 위해서 많은 돈이 필요했으며, 그 때문에 소설, 에세이, 그 밖에도 돈이 되는 것이면 뭐든지 썼다. 그는 또 투자 요령을 듣기 위해 당대 유명한 투자자인 바론 로스차일드의 집을 들락거리기도 했다.

철학자였던 스피노자와 경제학자였던 리카르도 역시 대단한 투자자였다. 투자를 통해 돈을 벌었는지는 잘 알려져 있지 않지만, 그들의 투자에 대한 관심과 집착은 학문적 열정 못지않았다.

세계적인 투자자를 거론하면서 빼놓을 수 없는 또 하나의 인물이 있는데, 그는 바로 오늘날 최고의 경제학자로 꼽히는 케인즈다. 그의 초상화에는 다음과 같이 쓰여 있다.

'불로소득으로 부를 축적한 존 메이날드 케인즈 경.'

그는 심각한 경제위기에 처했던 1932년 당시, 미국 주식을 대대적으로 사들인 다음 호경기에 팔아 상당한 부를 축적할 수 있었다. 그는 증권으로 재산을 축적한 얼마 안 되는 경제학자 중 한 사람이다.

세계적인 천재과학자, 사상가, 철학자뿐만 아니라 바람둥이, 희곡작가, 그리고 세계적인 경제학자에 이르기까지 큰 수익을 낸 사람은 별로 없었지만 증권에 대한 투자는 그들의 주요한 재테크 수단이었다. 증권은 역시 '과학'이 아닌 '예술'이고 '머리'로 하는 것이 아닌 '가슴'으로 하는 것이 아닌가 하는 생각이 든다.

PART 3

위기 이후의 펀드투자

위의 예에서 A투자자의 투자 원금은 100만 원이다. 50% 손실이 발생했을 때 원금은 50만 원이 되었을 것이다. 중국시장이 20% 올랐으니 금액으로 환산하면 20만 원이 맞다. 하지만 이 금액은 원금인 100만 원을 기준으로 했을 때 환산된 것이다. 원금이 50만 원인 지금 20% 상승하게 되면 금액으로는 10만 원밖에 되질 않는 것이다.

그래서 중국시장이 20% 상승했지만, 손실률은 -30%가 아니라 -40%가 되는 것이다.

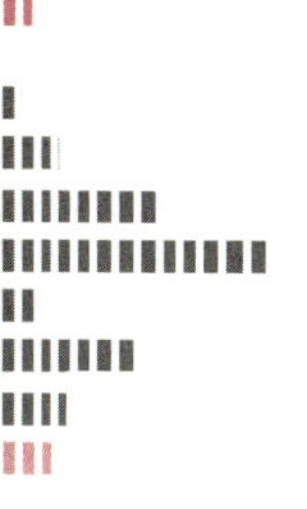
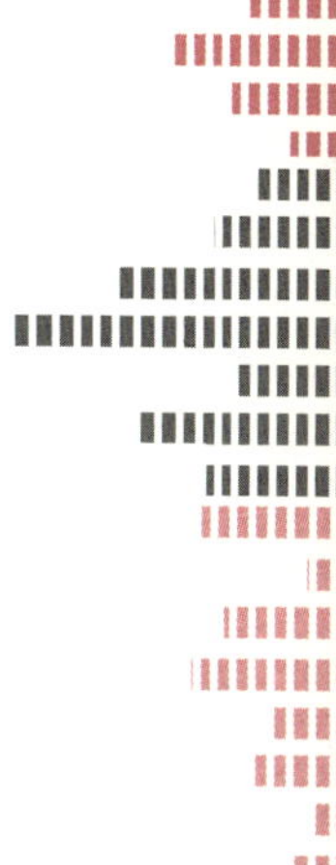

펀드 선택에 대한 쓸데없는 고민

네덜란드 암스테르담 대학 연구팀에서 재미있는 실험을 한 적이 있다. 여러 종류의 자동차를 선별한 다음, 학생들에게 각각의 자동차들에 대한 정보(연비, 인테리어 등)를 각 4개씩 주고 자동차를 고르게 했다. 실험에 참여한 학생들 대부분이 가장 좋게 설정된 차를 선택했다.

다음으로 다른 학생들을 대상으로 4가지보다 더 많은 12가지 정보를 준 다음에 마찬가지로 자동차를 고르게 했다. 두 번째 실험에서는 좋은 차를 선택한 확률이 25%로 나왔다. 마지막으로는 또 다른 학생들을 대

Tip

네덜란드 암스테르담 대학 연구팀의 연구 목적은 **'무의식적 사고'**라는 가설을 조사하기 위해 시행된 것으로, 간단한 결정을 할 때보다 복잡한 결정을 할 때에 머리를 식힐 수 있는 시간이 더욱 필요함을 알 수 있다. 인간의 잠재의식 속에는 의식보다 정보 수용능력이 더 많기 때문이다. 이 연구결과는 후에 〈사이언스〉에 실리게 된다.

상으로 차에 대해 12가지 정보를 접하게 한 다음에 머리를 식힐 수 있는 게임을 하게 했다. 그러고 나서 자동차를 고르게 하자 좋은 차를 선택한 비율이 60%로 올라갔다.

이런 실험결과는 뇌의 연결 고리와 관련이 있다. 소수의 정보를 제시했을 때는 영향이 없지만 정보의 양이 늘어나면 그 정보들을 정리하고 지식과 연결하는 시간이 필요하게 된다.

단순한 제품을 선택할 때는 고려할 사항이 많아도 질 좋은 상품을 선택하는 데 지장을 주지 않지만, 복잡한 제품을 선택할 때는 생각할 것이 많으면 오히려 방해가 될 수 있다는 것이다. 이럴 때는 계속적인 고민과 생각보다는 약간의 휴식을 취한 후 선택하는 것이 질 좋은 제품을 선택할 확률을 높일 수 있다.

펀드 이야기로 돌아와 보자.

펀드는 확실히 어려운 상품이다. 펀드투자자들조차도 펀드에 대해 기본적인 몇 가지 질문을 하면 크게 당황하는 기색이 역력하다. 대부분 높은 수익을 바라보고 하나의 상품으로 펀드를 선택한다. 펀드 자체에 대한 이해가 이뤄진 다음 펀드에 투자한 사람은 생각보다 적다.

인터넷 커뮤니티나 재테크 관련 사이트에 들어가 보면 실제로 많은 정보들이 있다. 전문가들이 보기에도 훌륭하다고 감탄하는 내용들도 있는 반면에 어떤 정보들은 '선무당이 사람 잡는 식'인 경우도 많다.

'사자 없는 정글에서 토끼가 왕'이라고 여과 장치가 제대로 갖춰져 있지 않은 인터넷 정보들이다 보니 사기수준에 가까운 정보들도 돌아다니는 것도 사실이다.

사실 여기서 말하고 싶은 내용은 정보의 질에 대한 것은 아니다. 문제는 펀드 선택 시 너무 많은 고민을 한다는 것이다. 조금 더 정확히 표현하자면, 같은 국내 펀드를 선택하는데도 불구하고 심각한 고민을 하는 경우가 많다.

예를 들어 투자자들이 흔히 하는 질문을 살펴보자.

"이번에 국내 펀드를 하나 가입하려고 하는데, 뭐가 좋아요?"

이 정도 질문은 양호하다. 문제가 되는 것은 다음의 질문이다.

"XX자산운용의 A펀드가 좋아요? B펀드가 좋아요?"

해당 자산운용사의 대표이사라 할지라도 알 수 없고, 심지어는 A펀드와 B펀드를 운용하고 있는 담당 펀드매니저들조차도 모르는 질문이다.

아마도 이런 질문을 하는 것은 높은 수익률을 얻고자 하는 기대가 반영된 것이라 생각된다. 하지만 결과적으로 보면 두 펀드 간 큰 차이가 없다는 게 정답이다. 물론 같은 국내에 투자되는 펀드라도 1등 펀드와 꼴등 펀드의 수익률은 분명히 존재한다. 그러나 1등 펀드라고 해서 계속 1등을 하는 것이 아니고, 꼴등 펀드라고 해서 계속 꼴등을 하는 것도 아니다.

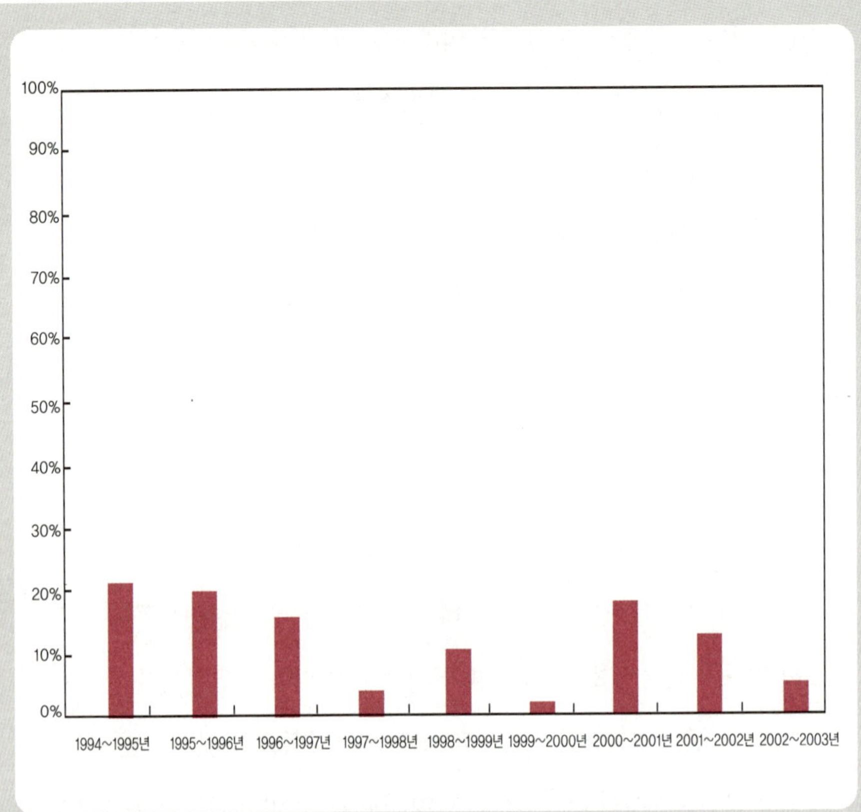

자료: 모닝스타

표 3-1 펀드 성과의 일관성

전년도 상위 100위 안에 들었던 펀드가 다음해에도 상위 100위 안에 들 확률을 나타낸 표다. 100개 펀드 중에 20개 정도가 다음 해에도 상위 100위 안에 랭크된다는 것을 볼 수 있다. 그리고 다시 그 다음 해에는 전년도에서 넘어온 20개와 새로 진입한 80개 중에 또 20개만이 다시 100위 안에 랭크된다. 즉, 3년만 놓고 보더라도 지속적으로 상위권 펀드에 들어간다는 것은 쉽지 않다.

펀드 유형		펀드 수	수익률		
대유형 명	소유형 명	펀드 수	3개월	1년	연초 이후
주식형	주식형	684	−20.24	−38.5	−38.5
	일반주식	454	−20.53	−39.46	−39.45
	중소형 주식	17	−21.89	−38.11	−38.11
	배당주식	33	−18.97	−36.6	−36.6
	테마주식	55	−17.42	−31.13	−31.12
시장지수	코스피		−22.79	−40.73	−40.73
	코스피 200		−22.2	−39.34	−39.34

표 3-2 주식형 펀드 유형별 기간 수익률 비교

전년도(2008년) 1년간의 주식형 펀드 유형별 수익률과 지수수익률을 비교한 표다. 간단하게 펀드 유형 부분을 손으로 가리고 수익률만 한번 보자. 과연 수익률만 놓고 보면 어떤 것이 지수인지, 어떤 것이 펀드인지 구분할 수 있는가?

    펀드 성과라는 것이 지속적으로 상위권에 들기 어렵고, 순위권과 순위권 밖을 오가게 되면 펀드들의 몇 년간 수익률은 사실상 격차가 많이 줄어들게 된다.

    그러면 하락시장에서는 어떨까? 하락시장에서는 이런 격차가 더 줄어들게 된다. [표 3-2]는 대표적인 하락시장이었던 2008년 1년간의 주

식형 펀드의 수익률과 동기간 국내 지수의 수익률 비교를 나타낸 표다. 고배당주에 투자해서 배당을 받기 때문에 하락시장에서는 수익률 방어가 상대적으로 뛰어나다는 배당주 펀드나, 저평가된 업종 대표주에 투자하기 때문에 시장 초과수익률이 가능하다는 펀드도 분명 있을 텐데도 불구하고, 성적표를 보게 되면 의아할 수밖에 없다.

[표 3-2]에서는 3개월 수익률, 1년 수익률 모두 큰 차이가 없다. 결과적으로는 하락시장에서는 제 아무리 뛰어난 펀드라 할지라도 국내 주식시장이 하락하면 모두 수익률이 하락한다는 의미다.

그러면 이번에는 분산투자라는 측면에서 살펴보기로 하자. 분산투자는 말 그대로 여러 자산에 나누어서 투자를 하여 위험을 줄이는 포트폴리오를 구성하는 것이다. 위험 대비 수익률을 효율적으로 구성할 수 있는 자산관리를 해보자는 것인데, 의외로 많은 투자자들이 이 분산투자에 대해서 잘못 알고 있는 부분이 많다.

우선 분산투자를 '1/n'로 인식하고 있다는 것이 문제다.

예를 들어 월 100만 원을 적립식 펀드에 투자하려고 하면, 펀드를 4개 정도로 나누어서 20~30만 원씩 나눠서 넣으면 분산투자가 된다고 생각한다. 하지만 단순히 몇 가지 상품에 나누어 넣는 방식으로는 분산투자의 효과를 기대하기 힘들다.

상당수의 국내 펀드투자자들의 펀드 포트폴리오를 살펴보면 재미있는 현상을 목격할 수 있다. 국내 펀드에 2~3개를 투자하고 있거나 중국이나 중국관련 펀드를 2~3개를 보유하고 있는 경우가 많다. 과연 분산의 효과가 있을까?

이 경우 지역이 분산돼 있질 않다. 국내 펀드를 2~3개를 가지고 있지만, 본인은 펀드를 스타일별로 구분하여 대형주 중심의 펀드, 중소형주 중심의 펀드, 가치주 중심의 펀드 등으로 분산투자를 하고 있다고 생각할 것이다.

중국이나 중국관련 펀드에 투자하는 투자자들이라면 중국본토펀드, 대중국권펀드, 친디아·브릭스펀드 등에 투자하면서 분산투자를 하고 있다고 생각할 수 있다. 지역이 겹치거나 동일한 지역, 동일한 자산으로 투자를 하면서 펀드 수만 나누어서 투자하는 경우, 사실상 분산투자가 덜 된, 아니 엄격히 말해서 분산투자가 아니라고 할 수 있다. 특정 지역이나 특정 자산에 집중투자하면서 계좌만 여러 개 만들어놓은 것으로 생각하면 된다.

실제로 경험해 봤겠지만, 자산 간의 상관관계가 높을 경우에 해당 자산시장이 상승할 때는 모두 같이 상승할 수 있어서 상승의 기쁨을 만끽할 수 있다.

하지만 하락 시에는 대부분의 자산이 하락해 지푸라기라도 잡고 싶은 상황에서 지푸라기조차 구경하지 못하는 결과가 생길 수도 있다.

분산투자의 핵심은 '상관관계'를 통한 자산 간의 변동성(위험)이 서로 상쇄되는 것이다. 분산이 안 된 자산들에 단순히 나누어 투자했다고 해서 분산투자가 된 것은 아니라는 말이다. 크게 보면 시장에 큰 변동성이 생길 경우에는 분산투자의 효과가 반감하게 되지만, 주식형 펀드 내에서 지역별로 분산투자를 하는 것은 어느 정도의 효과를 낼 수 있다.

다른 부분에서도 다루었지만, 자산 간의 상관관계라는 것은 시간의 흐름에 따라 변화한다. 투자를 시작한 시기에는 상관관계가 그리 높지 않았다고 하더라도, 몇 년이 지나면 두 자산의 상관관계가 높아지는 현

상이 발생할 수 있다는 것이다. 불과 10여 년 전만 하더라도 음의 상관
관계였던 신흥시장 지수Emerging Market Index와 한국 코스피가 최근 들
어 양의 상관관계가 되었다는 것이 그런 유형의 사례 중에 하나다.

분산투자에 대해서 하나 더 알아보자.

분산투자는 수익을 높이는 데 초점을 두는 행위가 아닌 위험을 낮추
는 데 초점을 두는 전략이라는 것을 기억해야 한다. 수익에 초점을 맞추
는 것은 집중 투자고, 위험관리에 초점을 맞추는 것이 분산투자라고 생
각하면 쉽게 이해가 갈 것이다.

우리는 펀드를 선택하면서 너무나 많고 어려워 보이는 정보 때문에
정작 중요한 것들을 놓치는 경우가 많다. 네덜란드의 암스테르담 대학
의 연구사례에서 언급했듯이, 복잡한 정보들을 가지고 결정을 내릴 때
에는 그 생각에만 몰두하기보다는 조금 여유를 갖는 행동이 필요하다.
또한 펀드를 선택하는 데 있어서 나무를 보기보다는 숲을 보는 것이 중
요하다.

펀드 선택에서 중요한 것은 자신이 얼마간의 투자를 할 수 있으며,
어느 자산을 향후 좋게 보는지, 그리고 위험허용 수준은 어느 정도인지
등의 것들이다. '국내에 투자되는 펀드들 중에서 제일 수익률이 좋은
것이 어떤 펀드일까' 와 같은 생각들은 머리에서 떨치도록 하자.

펀드의 지식은 펀드 관련 용어나 펀드의 수익 구조, 펀드 운용전략 등

을 잘 알고 있다고 해서 높은 것이 아니다. 그런 정보들은 그저 암기만으로 습득할 수 있다. 제일 중요한 건 상품의 본질을 꿰뚫는 눈이 있어야 한다는 것이다. 제발 쓸데없는 고민은 이제라도 떨쳐버리자.

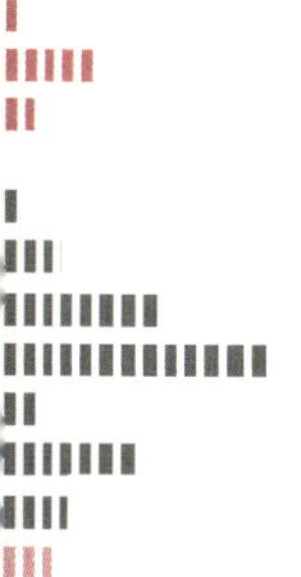
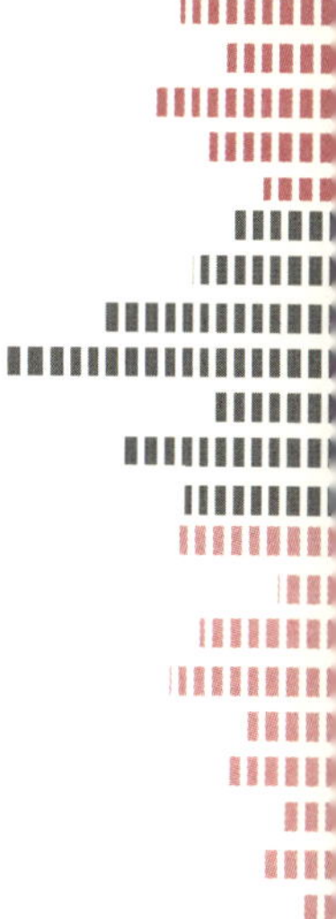

거꾸로 전략 활용하기

우리에게 익숙한 자산들, 즉 우리가 주변에서 쉽게 투자할 수 있는 자산들의 특징은 대부분이 단방향성 자산이라는 것이다. 주식, 펀드, 부동산 등의 자산들의 가격 움직임을 보면 쉽게 이해할 수 있을 것이다. 주식은 주식을 매입한 시점 이후 주가가 상승해줘야 플러스가 나지만 반대로 하락하게 될 경우에는 손실을 입게 된다. 상대적으로 주식에 비해서 안정성이 높다는 부동산도 마찬가지다. 부동산 역시 매입 후 거래가격이 상승해야 투자 수익이 나는 구조다.

이런 자산들에 노출되어 있다 보니 자산가격 하락 시기에는 대부분의 투자자들이 손실을 입을 수밖에 없게 된다. 이런 경우를 대비해서 분산투자를 하지만, 자산 간의 상관관계가 무너져 버릴 만큼 외부의 강력한 충격이 있을 경우에는 분산투자의 효과도 급감한다는 사실을 앞에서 보았을 것이다. 그렇다면 이런 자산가격 하락 시기에 다른 투자전략은 없을까?

자료: 마켓 포인트

표 3-3 원자재, 국내 증시, 중국 증시, 미국 증시의 최근 1년간 흐름

이례적인 사건이 자산들의 상관관계를 무시하고 모두 한 방향으로 움직였다. 펀드의 경우 비교의 기준(벤치마크)이 대표 지수들이기 때문에 지수가 하락할 시에는 펀드의 수익률에 있어서 부정적인 영향을 줄 수밖에 없다.

몇 가지 생각해볼 수 있다. 자산가격이 상대적으로 덜 하락하는 자산을 찾거나 아예 자산가격이 하락하면 수익이 나는 투자 자산을 찾으면 된다. 이 중에서 후자에 해당되는 대표적인 상품이 리버스 펀드다.

리버스 펀드는 다양한 구조가 있을 수 있다. 에쿼티Equity 측면에서 본다면 주식의 공매도, ELW의 풋Put 매수, 선물의 풋 매수 등이 해당될 것이나, 여기서는 펀드에 국한해서 알아보기로 하자.

우리나라의 대표적인 종합주가지수인 코스피에 투자했을 경우 만일 2월 말 기준으로 6개월 투자수익률이 −30%에 가깝다고 생각해보자. 1년으로 보게 되면 −40%에 가까운 손실이 발생했다. 일반적인 투자상품인 펀드에 투자하고 있는 투자자라면 이런 지수 손실률 부근에서 펀드 손실이 발생했을 것이다. 하지만 펀드 자산 중 일부가 하락하게 되면 수익이 나는 리버스 인덱스 펀드에 투자를 했을 경우 손실 폭을 줄일 수 있었을 것이다.

리버스 인덱스 펀드란, 인덱스 펀드의 유형 중 하나다. 인덱스 펀드는 특정 지수를 추종하도록 만들어진 펀드인데, 보수가 저렴하고 지수와의 괴리가 잘 발생하지 않는다는 점에서 기관투자가들이나 개인투자자들에게 많이 활용되고 있는 상품이다. 이 중에서 리버스 인덱스 펀드는 주가지수 선물을 매도해서 주식시장이 하락하게 되면 수익률이 상승하게 만들어져 있는 상품이다. 주식형 상품으로 분류되어서 판매되지만, 엄밀히 말하면 파생상품으로 운용되는 상품이다.

인덱스 펀드의 장점은 사실 굉장히 많다. 우리가 잘 알고 있지 못할 뿐, 선진국의 경우 인덱스관련 펀드들에 대한 투자가 매우 활발히 이루

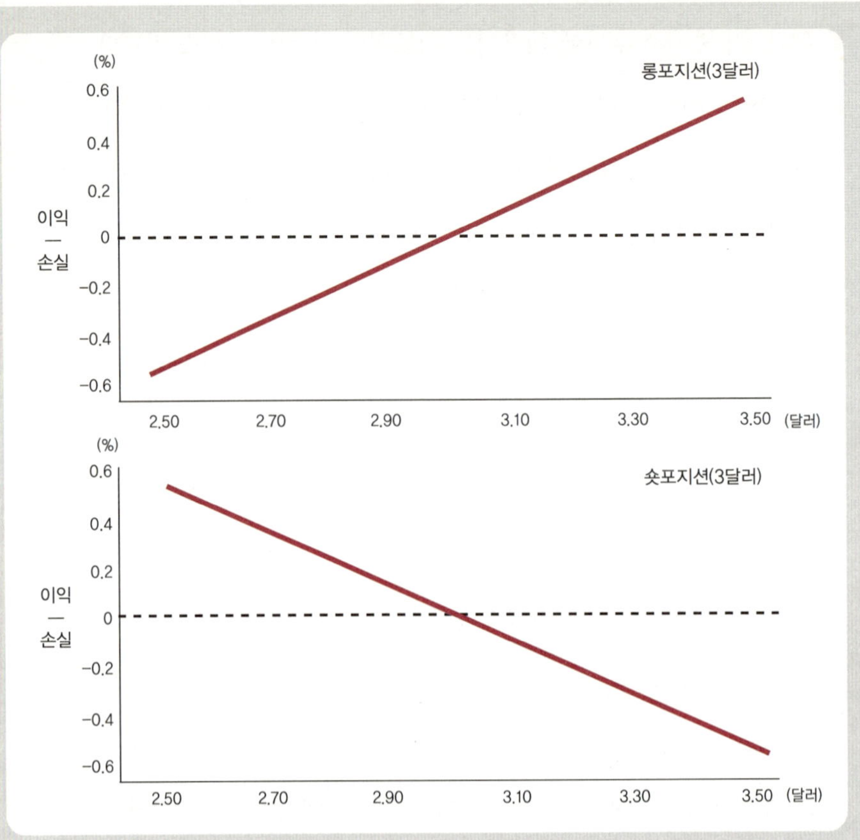

표 3-4 3달러에 대한 롱포지션과 숏포지션

우리가 투자하는 일반적인 투자 자산의 수익구조가 첫 번째 표와 같은 형태다. 이를 롱포지션이라고 하는데, 가격이 상승하면 수익이 나고, 가격이 하락하면 손실이 나는 구조다. 그와 반대되는 개념이 숏포지션인데, 숏포지션의 경우 가격이 상승하면 손실이 나고, 반대로 가격이 하락하게 될 경우 수익이 나는 구조다

어지고 있다. 한국의 경우 아직 많은 투자자들에게 알려져 있지 않지만, 펀드투자로 장기투자가 가능한 상품을 찾으라면 인덱스 펀드 유형의 상품들이 꼽힐 정도다. 인덱스 펀드를 표현하는 대표적인 용어 중에 하나가 '저렴한 가격으로 국가의 성장성을 사는 투자'다. 이는 인덱스 펀드의 비용이 일반 주식형 펀드보다 훨씬 저렴하면서 중장기적인 관점에서 보았을 때 일반 펀드들의 수익률을 뛰어 넘기 때문이라고 판단된다.

리버스 펀드가 좋은 점은 일반투자자들이 선물·옵션이나 ELW 등과 같이 상대적으로 변동성이 큰 위험 자산을 활용하지 않고서 위험 회피를 할 수 있기 때문이다. 선물·옵션 등은 초기 투자 금액도 큰 편이며, 적은 변동성에도 자산의 증감이 크게 나타난다.

리버스 인덱스 펀드의 경우 이와 비교하면 개인들이 위험을 헤지Hedge하기에는 적합한 상품이다. 파생상품들과 달리 레버리지를 사용하지 않기 때문에 지수의 움직임과 정 비례하는 수익·손실이 발생되며, 투자를 위해서 특별히 어떤 지식이 필요하기보다는 근처 금융기관에 가서 펀드 계좌만 개설하면 바로 가능하기 때문이다.

일반적으로 리버스 인덱스 펀드는 단독적으로 판매되지는 않고, 다른 펀드들과 함께 묶여서 판매된다. 이를 엄브렐러Umbrella 펀드라 하는데, 단어의 뜻 그대로 상품 내에 여러 가지 펀드가 마치 우산살이 여러 개 나

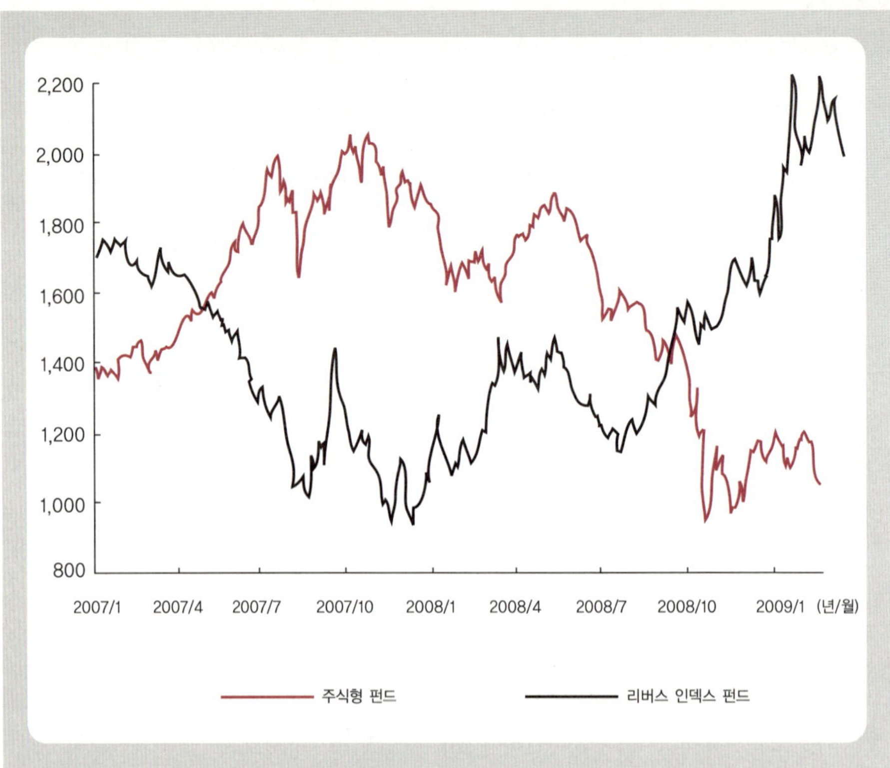

표 3-5 주식형 펀드와 리버스 인덱스 펀드

일반적인 주식형 펀드와 리버스 인덱스 펀드의 움직임이다. 쉽게 말해 리버스 인덱스 펀드는 지수를 거꾸로 놓는다고 생각하면 된다.

뉘어 있듯이 구성되어 있다고 해서 붙여진 이름이다.

엄브렐러 펀드는 기본적으로 지수의 움직임을 따라가는 인덱스 펀드와, 지수의 움직임과 반대로 수익이 나는 구조의 리버스 인덱스 펀드,

그리고 채권형 상품인 MMF나 채권형 펀드 등이 포함되어 있는 상품이다. 펀드의 전략은 단순하다. 주식시장이 상승할 것 같으면 인덱스 펀드로 갈아타고, 하락할 것 같으면 리버스 인덱스 펀드로 바꾸며, 시장의 방향성에 대해서 잘 모르겠으면 MMF와 같은 상품에 넣어두면 되는 것이다.

엄브렐러 펀드는 펀드의 교체 과정에서 추가적인 비용이 발생하지 않으며, 전체적인 보수가 저렴하기 때문에 개별적으로 여러 가지 펀드 계좌를 만드는 것보다 비용 측면에서 저렴하다. 또한 리버스 인덱스 펀드가 기본적으로 편입되어 있다는 차이점이 있다.

리버스 인덱스 펀드는 은행이나 증권사에서 판매하는 엄브렐러 펀드에만 있는 것은 아니다. 보험사의 변액상품의 형태도 엄브렐러 펀드와 유사하기 때문에 보험사의 변액상품을 활용해도 된다.

하지만 개인투자자들의 경우 시장을 예측한다는 것이 결코 쉽지 않기 때문에 오히려 반대의 움직임을 보일 수 있는(시장은 상승하는데 리버스 인덱스 펀드에 투자를 하고 있거나 시장이 하락하는데 인덱스 펀드에 투자를 하고 있는 경우) 가능성이 높다. 그래서 사실상 시장을 예측하면서 엄브렐러 펀드나 변액보험의 전략을 가져간다는 것은 개인투자자들에게 익숙하지 않은 것은 사실이다. 따라서 이를 약간 응용해서 전략을 수립해보는 것도 괜찮을 것 같다.

첫 번째 전략은 일반 주식형 펀드(혹은 인덱스 펀드)에 리버스 인덱스 펀드를 의무적으로 일정 부분 편입하는 방법이다. 예를 들면 주식형 펀드(혹은 인덱스 펀드)를 70~80% 정도 투자하고 나머지 자산으로 20~30% 정도는 리버스 인덱스 펀드를 가져가는 구조다.

이렇게 될 경우 투자자는 상승 시기에는 주식형 펀드에서 수익이 발생하고, 리버스 인덱스 펀드에서는 손실이 발생하게 된다. 상승장에서는 일반 주식형 펀드에 못 미치는 수익률이 발생하지만, 반대로 하락장에서는 리버스 인덱스 편입 분(20~30%)으로 인해 손실률이 크게 줄어들게 된다. 실제로 이를 가지고 비교해보면, 1년 수익률의 경우 손실 폭을 적게는 10%대에서 많게는 20%가 넘게 줄일 수 있는 것으로 나타난다. 일부 리버스 인덱스 펀드를 의무적으로 편입하는 것으로도 그 효과는 하락장에서 크게 나타난다고 볼 수 있다.

이는 어떻게 보면 옵션 투자전략 중에 하나인 커버드 콜Covered Call 전략과 유사해 보일 수 있다. 커버드 콜 전략은 콜 옵션(만기일에 정해진 가격에 주식을 살 수 있는 권리)을 팔고 주식을 사는 전략이다. 이런 전략을 구사할 경우 주가 상승기에는 수익률이 다소 제한되지만, 하락기에도 역시 하락폭이 줄어들며, 주가가 일정 구간에서 움직일 때는 오히려 주식만 들고 있는 것보다 유리한 전략이라 할 수 있다. 물론 실제로 커버드 콜의 경우 옵션과 주가의 속성에 따라서 달라지며, 장기투자에 유리하다는 점에서 리버스 인덱스 펀드를 편입하는 전략과 다르다.

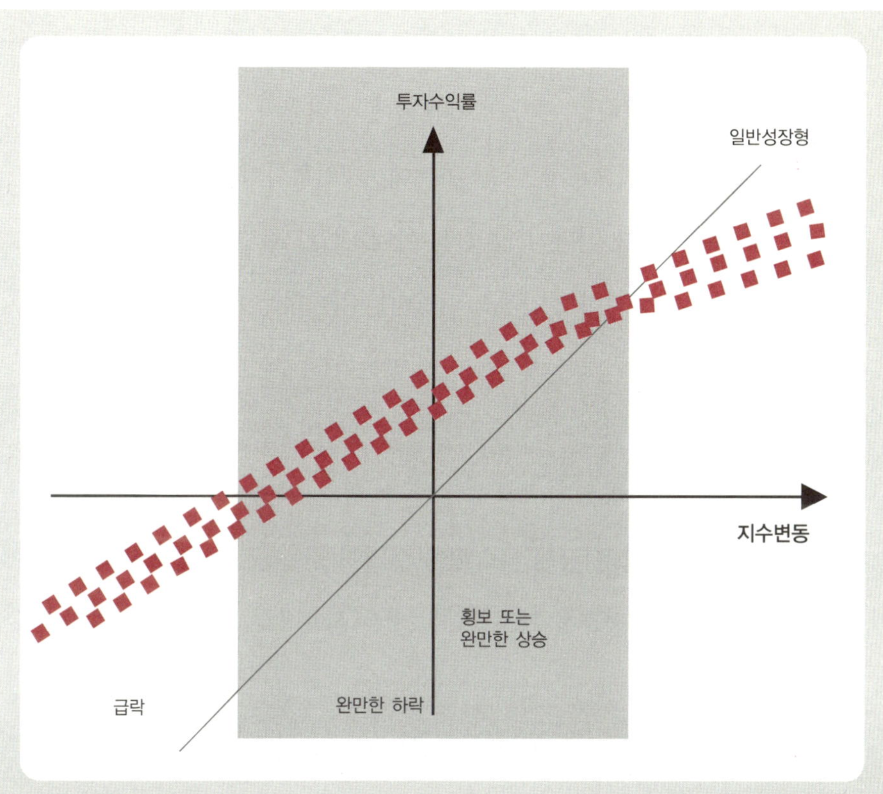

자료: 마이다스에셋자산운용

표 3-6 주식시장 상황에 따른 커버드 콜 전략 예상 수익률 분포

커버드 콜 전략은 기본적으로 주가는 상승하되, 크게 상승하지는 않을 것이라고 보는 데에서 시작한다. 주식(혹은 ETF)을 사고 콜 옵션을 매도하는 전략인데, 일정 수준으로 주가가 상승할 경우 주식(혹은 펀드)만 들고 있는 것보다 상대적으로 좋은 수익을 얻을 가능성이 있다. 이는 주가가 콜 옵션 행사가격 이상으로 상승하지 않을 경우 콜 옵션이 행사되지 않아 주가 상승 분에 콜 옵션 프리미엄(콜 옵션 매수자가 준 옵션 가격)이 더해지기 때문이다.

다음으로는 주가하락률에 비례해서 리버스 인덱스 펀드를 편입하는 전략이다. 이는 실제로 필자가 2008년에 실시했던 전략 중에 하나였다. 지수가 지속적으로 하락을 하는데, 개인투자자들에게 옵션이나 ELW를 권유하기가 만만치 않았고, 이에 대안으로 제시했던 것 중에 하나가 하락 시에 리버스 인덱스 편입비를 확대하는 전략이었다. 이 전략의 전제는 시장에 대한 예측을 하지 않는다는 것이다.

'지금쯤 시장의 반등이 나오겠지' 라는 예측이 전제되어 있다면 리버스 인덱스 편입 전략은 유효하지 못할 수 있다. 시장에 대한 반등을 기대하는 입장에서는 시장이 하락해야 수익이 나는 구조(반대로 상승할 때 손실이 나는 구조)의 상품을 가져간다는 것은 심적으로 부담이 크기 때문이다.

전략은 복잡하지 않다. 시장이나 펀드를 하나의 기준으로 잡고 시장이든 펀드든 일정 수준 이상으로 하락하게 될 경우에 리버스 인덱스 펀드를 사전에 정해진 수준으로 편입하는 전략이다.

예를 들어서 펀드 수익률 기준으로 10%가 하락하였을 때 리버스 인덱스 펀드의 비중을 5% 늘리거나, 시장수익률 기준으로 시장이 10% 하락하면 리버스 인덱스 펀드를 10% 늘리는 방법이다. 물론 시장이 지속적으로 하락하게 되면 리버스 인덱스 펀드의 비중은 비례해서 늘어나게 된다.

이 전략은 기대만큼 큰 방어 효과를 누리기 어려울 수 있고, 반대로

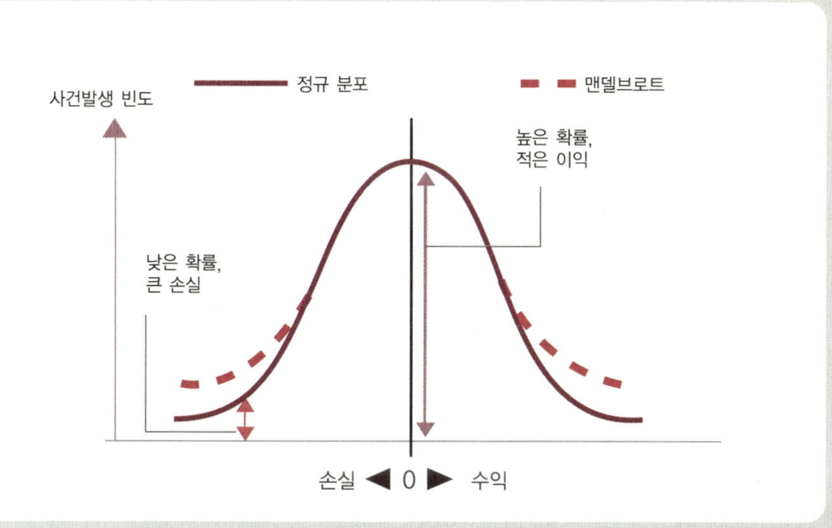

자료: 〈이코노미스트〉

표 3-7 주식시장에서의 손실과 수익 분포

X축이 손익, Y축이 사건이 발생할 빈도 수(확률)로 보았을 때, 중간 부분은 발생확률이 높지만, 수익 역시 크지 않은 부분이다. 오른쪽 끝은 발생확률은 낮지만 수익이 매우 큰 구간이고, 오른쪽 끝 역시 발생확률은 낮지만 한 번 발생하면 손실이 매우 큰 구간이다. 2008년의 경우가 이런 왼쪽 꼬리에서 발생한 사건이다.

주식시장이 일정 시간 하락 뒤에 반등이 나오게 될 경우 주식시장의 상승 분을 모두 수익으로 가져가지 못한다는 단점이 있다.

하지만 이를 일종의 보험 역할로 생각하면 개념이 달라질 수 있다. 즉, 시장 상황이 전략과 달리 움직일 경우 손실로 생각할 수 있지만, 보험의 개념으로 보게 되면 일정 수준의 비용을 지불한다고 보기 때문이다.

니콜라스 탈레브에 따르면, 시장 상황에 변화가 일어나면 '검은 백조'가 출현할 가능성이 높아지게 된다. 물론 투자자들은 이런 검은 백조에 대해서 전혀 준비가 안 되어 있다. 주가가 상승할 확률이 98%라고 하더라도 2% 때문에 자산 포트폴리오가 모두 망가질 수 있는데도 투자자들이나 전문가들은 애써 이 2%를 외면하려는 경향이 강하다.

특히 '팻 테일Fat Tail(정규 분포곡선에서 양 끝이 두터워지는 현상)'의 경우 발생확률은 매우 낮지만, 발생하게 되면 그 수익의 크기나 손실의 크기는 매우 커지게 된다. 따라서 이런 비대칭적인 위기에서 이론적으로 봤을 때 팻 테일에 대한 보험을 드는 것이 위험을 관리하는 측면에서 합리적으로 보인다. 시장이 일정 수준 하락하게 되면 일정 수준의 리버스 인덱스 펀드를 편입하고, 더 하락하게 될 경우 비중을 더 늘리다가 시장이 일정 수준의 반등이 나오면 다시 정리하는 형태로 하게 될 경우, 자산의 포트폴리오는 손실의 폭이 일정 수준 줄어들게 될 것이다.

지금까지는 인덱스 펀드 중에서 리버스 인덱스 펀드 위주로 설명을 했다. 이제 곧 국내에서도 외국의 인버스Inverse ETF와 같은 형태의 ETF가 출시될 예정이라고 한다. 미국의 경우 레버리지ETF와 인버스(Inverse 혹은 Short)ETF가 기관투자가와 전문 트레이더들 사이에서 적극적으로 활용되고 있는 상황이다. 실제로 이들 유형의 펀드들만 100여종이 넘고, 이를 주력으로 운용하는 운용사까지 있을 정도다.

이런 숏 관련 상품(펀드나 ETF 등)들은 우리가 잘 알고 있는 전통적 상품들에 비해 수익이 빠르게 증가할 수 있다.

반면에 손실 또한 누적해 발생하기 쉽다. 특히나 레버리지를 일으키는 전략의 경우 주식투자에 있어서 신용거래를 하는 것과 동일한 효과를 내기 때문에 투자 자산에 큰 손실을 입힐 수 있다는 점을 기억해야 한다. 외국에서도 이런 레버리지를 일으킨 인덱스 펀드 전략이나 레버리지를 일으킨 인버스 펀드 전략은 전문가들의 조언을 구하는 것이 일반적이기 때문에 전략 선택에 신중을 기해야 한다.

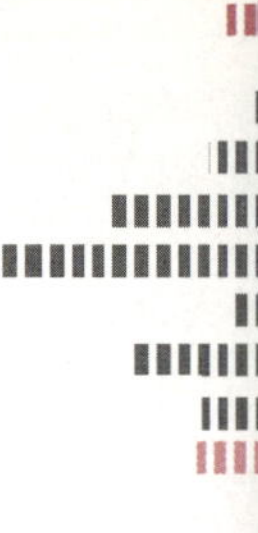

난감한 펀드, 회복이 가능할까

펀드는 한때 온 국민의 재테크 수단이었다. 외국에 한 번 나가보지 못한 사람도 중국 펀드는 기본이었고, 아시아·유럽에까지 투자를 했던 것을 생각해보면 '우리나라의 글로벌화는 펀드에서 가장 활발하게 이뤄졌다'는 우스갯소리가 지금은 씁쓸하게 들릴 뿐이다.

지금 펀드를 보유하고 있는 투자자는 대부분이 주식형 펀드다. 채권형 펀드는 이미 2005년 이후 금리가 지속적으로 상승하면서 개인들의 자금이 상당 부분 유출되었고, 혼합형 펀드도 마찬가지였다. 주식형 펀드 투자자 중에서 지금 제일 고민이 많은 투자자는 거치식 펀드투자자로, 그 다음이 적립식 펀드투자자일 것이다.

그렇다고 해서 적립식 펀드투자자가 고민이 없다는 것은 아니다. 적립식 펀드 계좌 추이를 보게 되면 이를 확인할 수 있는데, 적립식 펀드의 규모는 전체적으로는 2008년 10월 금융위기가 극에 달했던 시기를 전후로 하여 이후의 자금 규모가 더 증가하였다. 하지만 계좌 수는 오히려 감소했다.

우선 적립식 펀드투자자들조차도 현재 증시 하락과 제한적인 반등이 언제 끝날지 모른다는 막막함에, 과연 계좌의 수익률 회복이 가능할지에 대한 의문이 많은 상태다. 거치식 펀드투자자는 더 말할 것 없다. 손실 폭이 워낙 짧은 시간 동안 커졌기 때문에 손을 못 대고 구경만 하고 있고, 상당수의 투자자들은 아예 계좌 잔고 조회를 하지 않는다고 한다.

그러면 도대체 이 상황에서 펀드투자자들은 어떻게 대처를 해야 할까? 일단 최근의 펀드 성과는 많이 나아진 상황이다. 중국 펀드의 경우 2009년 초 반등으로 인해서 수익률이 상당 부분 회복되었다는 신문기사를 접한 투자자들이 많을 것이다. 하지만 기대감을 가지고 계좌를 조회해보니, 정작 수익률 회복은 기대에 못 미쳤을 것이다. 시장이 20~30% 이상 상승했다는데, 계좌의 손실 회복 속도는 이를 따라가지 못하고 있는 것이다.

이유는 간단하다. 수익률과 손실회복률은 엄연히 다르기 때문이다.

예를 들어 보자. A라는 투자자가 중국 펀드에 100만 원을 펀드에 투자했다. 50%의 손실이 발생했고, 얼마 뒤에 중국시장은 20% 상승했다. A투자자는 '50%+20%=70%'를 생각해서 현재의 손실률은 −30%일 것으로 생각하고 계좌를 조회했다. 하지만 손실률은 −40%였다. 아직도 40만 원의 손실을 보고 있는 것이다. 이는 수익률의 상승과 하락의 비대칭성 때문에 일어난 결과다.

위의 예에서 A투자자의 투자 원금은 100만 원이다. 50% 손실이 발생했을 때 원금은 50만 원이 되었을 것이다. 중국시장이 20% 올랐으니 금액으로 환산하면 20만 원이 맞다. 하지만 이 금액은 원금인 100만 원을 기준으로 했을 때 환산된 것이다. 원금이 50만 원인 지금 20% 상승하게 되면 금액으로는 10만 원밖에 되질 않는 것이다. 그래서 중국시장이 20% 상승했지만, 손실률은 −30%가 아니라 −40%가 되는 것이다.

이렇게 한 번 줄어든 원리금(평가금액)은 지수의 반등이 나오더라도 회복의 속도를 너무 더디게 한다. 주식시장이 50% 빠졌다가 50% 상승해서 원금으로 돌아와준다면 얼마나 좋겠는가. 하지만 안타깝게도 그렇게 되더라도 수익률은 −25%다.

여기서 하나의 전략을 생각해보자.

우선 원리금을 증액시키는 방법이 있다. 줄어든 원리금으로 인해 하락률(−50%)과 동일한 상승률(+50%)이 나오더라도 실제로 증가하는 금액은 원리금의 25% 상승밖에 되질 않기 때문에, 원리금을 증액시켰을 경우 투자 형태는 임의적립식의 형태와 유사하게 간다. 이때 지수가 지금보다 더 빠지지 않는다면, '하락 후 상승'의 형태로 가든지 '하락, 상승, 하락이 순환되는' 형태로 가든지 '상승 후 하락과 상승이 순환되는' 형태로 가든지 결국 적립식이 우세하다는 연구결과도 있다.

거치식 펀드투자로 정했더라도 시장 상황에 따라서 임의적립식 투자 형태로 바꾸는 방법이 더 효과적일 수 있다는 말이다.

다음은 증여를 하는 방법이 있다. 증여라고 하면 일반적으로 부동산과 같은 실물자산만 하는 것이라는 고정관념이 많지만, 주식이나 펀드의 증여도 실제로 활발하게 일어나고 있는 상황이다.

2008년과 같이 증시가 매우 좋지 않았을 때에 상장기업의 오너들이 자녀들이나 친지들에게 증여를 했다는 공시를 어렵지 않게 찾을 수 있다. 이들은 기업의 성장성을 믿고 있기 때문에(하지만 이들 역시 증시 하락에 따른 손실 고통은 컸을 것이다) 2008년과 같이 주식가격이 급락할 시기에 증여를 하는 전략을 선택한 것이다.

펀드의 경우도 이 시기에 증여에 대한 문의가 많았다. 펀드 증여의 경우 우선 펀드 계좌주가 누구인지 파악해야 한다. 예를 들어 자녀 명의로 펀드 계좌를 개설했다면 별도의 증여 절차를 거칠 필요 없이 세무서에 증여세 신고를 하면 된다. 증여세 신고는 증여 의사 결정 후 3개월 이내에 하면 된다. 일반적으로 3개월이라는 의미를 향후 3개월로 받아들이지만, 과거 3개월도 가능하다는 의미다.

쉽게 말해 지금이 2월이라면 12월의 펀드 평가액이 500만 원, 1월의 펀드 평가액이 600만 원, 2월의 펀드 평가액이 700만 원일 때, 12월을 증여시기로 삼고 증여세 신고를 하면 된다.

　반면에 펀드 계좌주가 본인이라면 증여 계약서 등의 서류가 추가적으로 필요하고, 자녀 명의의 계좌를 따로 개설하여 수익증권 양수도 계약서를 작성해야 한다. 그리고 2월 현재의 평가액인 700만 원으로 증

과표구간	2008년 이전(%)	과표구간	세율(%)	
			2009년	2010년
1억 원 이하	10	5억 원 이하	7	6
1억 원 초과~ 5억 원 이하	20			
5억 원 초과~ 10억 원 이하	30	5억 원 초과~ 15억 원 이하	16	15
10억 원 초과~ 30억 원 이하	40	15억 원 초과~ 30억 원 이하	25	24
30억 원 초과	50	30억 원 초과	34	33

자료: 기획재정부

표 3-8 상속 및 증여세율 인하안

2009년부터는 상속·증여세 부담이 줄어든다. 세율도 인하되고, 과세표준(공제 후 세금을 정하는 기준금액, 증여세 과세가액 − 증여재산공제액 = 과세표준) 구간도 줄어들도록 조정되기 때문이다. 2008년의 경우 자산가격이 하락해 있는 상태와 개정 전의 세율과 어떤 것이 더 유리한지 비교를 한 후 증여해야 했지만, 2009년부터는 그런 부담도 크게 줄어들 듯하다.

여세를 신고해야 한다.

증여전략의 기본적인 전제도 지금 당장은 아니더라도 자녀 세대에는 반드시 펀드 평가액이 크게 증가할 것이라는 예상이 있어야 한다. 그리고 예상대로 자녀 세대에 펀드 평가금액이 크게 증가하게 되면, 펀드 수익 회복전략과 재산 증여 문제의 두 가지를 한꺼번에 해결할 수 있게 된다.

만약 펀드를 환매해서 예금이나 채권에 투자한다면 어떨까? 현재 시중 은행의 예금은 3%대다. 세후 금리로도 2~3% 나오는 수준이다. 회사채의 경우에도 신용위험을 고려하여 투자한다고 했을 경우 세후 수익률은 6~8% 수준이 될 것이다. 이런 수익률로 손실이 30~40% 발생한 펀드를 원금 수준으로 회복하기 위해서는 금리가 현재 상황에서 크게 벗어나지 않는다고 본다면 적어도 5년 이상은 투자를 해야 한다.

개인의 투자 성향에 따라 달라지겠지만, 원금 회복을 목적으로 두고 있는 사람에게는 매력적이지 못한 대안이 될 수 있다. 하지만 더 이상의 손실을 원치 않는 투자자의 경우, 자산 포트폴리오 중에서 안전자산으로의 위험자산 편입 비를 조정한다는 측면에서는 괜찮은 전략일 수 있다.

또 하나, 일반적으로 투자자들은 반등이 나오면 중소형주 관련 펀드들의 수익률 약진이 두드러질 것이라 생각하고 있다. 최근의 증시 반등에서 지수는 200~300포인트 수준에서 제한적인 등락을 하는 반면 중소형주들의 경우 큰 수익률을 기록했기 때문이다. 하지만 우선 기억해야 할 내용은, 국내 펀드를 선택한다면 어떤 규모의 회사에 투자하는 펀드이든 간에 펀드 전체적인 수익률의 흐름은 한국 증시의 흐름을 크게 벗어나지 않는다는 사실이다. 그런 후에 대형주의 회복 속도가 빠른지, 중소형주의 회복속도가 빠른지를 고민해야 할 것이다.

과거의 사례를 비교해보면, IMF 이후와 IT버블 이후 주가의 흐름을 비교해 볼 수 있다. 결론적으로는 두 기간 동안 대형주 지수의 흐름이 중소형주 지수의 흐름에 비해 상대적으로 양호했다. 같은 기간 미국과 일본 등을 비교해보아도 알 수 있다. 그러나 이는 어디까지나 참고할 만한 과거 사례일 뿐, 실제로 시장이 향후 어떤 식으로 전개될 것인가

Tip

대·중·소형의 주식 스타일은 시가총액을 기준으로 분류한다. 시가총액이란 상장 기업의 주식을 시가時價로 평가한 총액으로서 해당 기업이 어느 정도의 규모를 가지고 있는지를 나타내는 일종의 지표다. 쉽게 말해 기업의 경우 발행주식 수에 현재가격의 곱을 시가총액으로 보면 된다. 증권거래소 기준에 따르자면 시가총액 상위 1~100위 종목은 대형주로, 101~200위까지는 중형주로, 300위 이하의 종목들은 소형주로 구분한다. 펀드의 경우 펀드 평가사에 따라 기준이 조금씩 다른데, 시가총액 상위 5%를 대형주, 상위 15%를 중형주, 나머지를 소형주로 구분한다.

에 대해서는 아무도 모른다는 것이 정답일 것이다.

실제로 2008년 말 이후 미국의 경우를 보면 러셀 2000Russel 2000 중소형주 지수의 수익률이 우량주 중심의 다우지수보다 상대적으로 높은 수익률을 보인 것을 확인할 수 있다. 과거 IMF 이후의 모습과는 다른 지수 흐름이 전개되었다는 이야기다.

따라서 반등이 나올 것에 대비해서 다른 스타일의 펀드로 갈아타는 일은 크게 의미가 없을 수 있다. 앞에서 언급한 과거 사례에서도 이후의 지수상승률은 중소형주와 대형주가 번갈아가면서 상대적으로 강한 모습을 보였다. 실제로 당시에 투자했던 투자자라면 위기 이후 보유기간을 얼마나 가져 가냐에 따라서 수익률의 편차가 존재했던 경우는 있었지만, 펀드의 교체나 다른 유형 펀드의 보유로 인해서 수익률 편차가 심하게 존재했던 경우는 우리가 생각했던 것만큼 많지 않았다.

펀드 회복의 문제는 사실상 시장의 환경에 대부분 의존한다고 봐야 한다. 쉽게 말해서 회복의 여부는 시장이 결정해주는 것이지 개인이 스스로 결정할 수 있는 것은 아니라는 것이다. 이 말은 수익에 관한 부분은 사실상 신의 영역에 가깝지만, 손실에 관한 부분은 투자자의 영역이라는 의미다.

투자자의 의지로 손실을 제한 또는 정지시킬 수 있지만, 수익은 뜻대로 되지 않기 때문에 우선은 손실 관리가 제일 중요한 것이다. 그리고 만일 손실을 줄일 기회를 놓쳤다면, 인내심을 갖고 기다리거나 추가 입금을 통해 펀드의 평가액을 늘려서 펀드의 평균가격을 낮추거나 증여를 통해 장기적인 관점에서 보는 방법 등의 수동적인 방법으로 위기를 극복하기를 권하고 싶다.

사실상 투자자 개개인의 투자성향과 현금흐름, 투자경험 등을 감안하면 보다 다양한 전략이 나올 수 있는 것이 사실이다. 하지만 불특정 다수의 독자들을 대상으로 조언을 한다면, 이 방법들이 가장 무난하지 않을까라는 생각이 든다. 어떤 위기가 와도 분명히 기회는 존재하고, 살아남을 방법은 있다는 사실은 분명히 알아두자.

다시 한 번 위험자산이 움직인다면

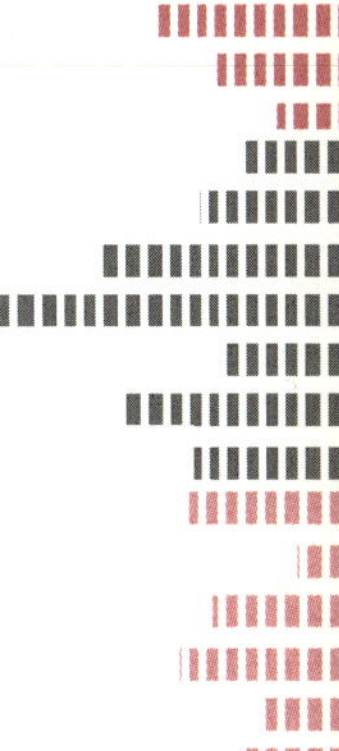

'다시 한 번 자산버블이 온다면?'

이 같은 가정은 지금의 시점에서 보았을 때는 허무맹랑한 이야기로 들릴지 모른다. 하지만 과거의 사례를 찾아보면 경기호황이나 자산시장의 수익률이 큰 폭으로 상승했던 시기 이전에는 불황이나 버블붕괴가 있었다.

2000년대에 발생한 IT버블(기술주 폭락 시기) 붕괴 이후 몇 년 뒤에 우리는 자산버블과 상품Commodity버블을 만나게 된다. 이전에도 이런 사례는 얼마든지 찾아볼 수 있다. 1886년 자동차 발명 이후 1904년과

Tip

역사상 가장 극단적인 버블 중에 하나는 우리에게 잘 알려져 있는 **'튤립 버블'**이다. 튤립 버블은 1634~1637년에 걸쳐서 일어났다. 당시 튤립 한 송이의 가격이 1.20길더에서 60길더까지 상승했으며, 고점을 찍은 튤립가격이 1년도 안 되어 99%나 하락해 많은 투자자들을 절망으로 몰고 갔다.

1908년에는 우리나라의 벤처 열풍과 마찬가지로 미국에서도 창업 열풍이 일어났다. 이후 자동차 호황의 정점이었던 1919년 말 S&P의 자동차 지수는 10배가 넘는 상승을 기록한다. 1920년과 1921년의 주가 폭락 이후 1929년 말 호황의 정점까지 미국의 다우지수는 6배 상승을 보인다. 이 시기를 광란의 1920년대라고 부르기도 하는데, 이 당시의 미국은 역사상 생산성이 가장 높았던 시기이기도 하다.

1990년대 이후 버블은 기술버블을 시작으로 자산버블로 이어졌다. 다음에 버블이 오게 된다면 자산과 기술이 합쳐진 버블이 올 가능성이 있는데, 이런 산업 군을 생각해보면 그린버블일 가능성이 충분히 있다.

최근에 정부나 언론, 그리고 증권사 등에서 강조하는 단어 중에 하나가 '녹색Green'이다. 오바마 대통령이 후보시절 공약으로 대체에너지와 바이오산업 육성을 들고 나왔었는데, 실제로 집권 이후 녹색 성장과 관련된 정책들을 내놓고 있는 상황이다. 한국 주도의 녹색 성장 정책이었다면 그 버블의 크기가 어떨지는 모르나, 미국 주도의 녹색 성장 정책은 우리의 생각보다 더 크게 진행될 수 있다.

우리나라 정부 역시 경기 부양책의 일환으로 녹색관련 정책을 내놓을 예정이다. 2009년 초에는 17개의 차세대 신성장동력을 선정하여 녹색정책과 관련한 정부 재정 지출 확대를 시사했다. 여기에는 신재생에너지, 탄소저감 에너지, 고도 물처리, LED 응용 등이 포함되어 있고,

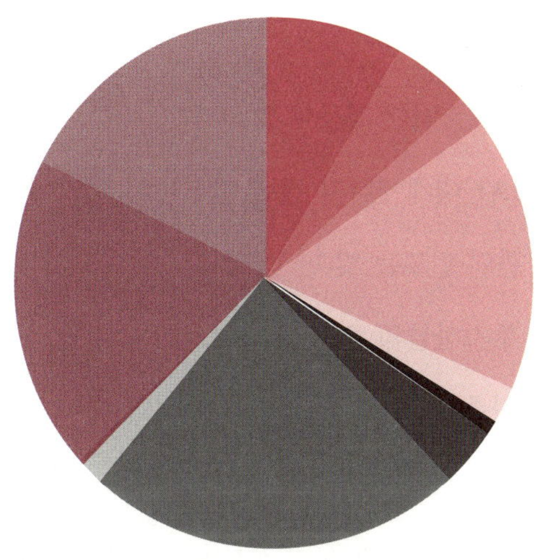

표 3-9 미국의 '경기부양법안ARRA'을 차트로 표시(2009~2019년)

전체적인 예산 규모로 보았을 때는 2010년이 가장 크며, 그 다음이 2011년, 그리고 2012년 순이다. 주목할 만한 부분은 환경과 에너지 관련 분야인데, 환경과 에너지 분야의 경우 2018년에 가까이 갈수록 해당년도 예산 규모에서 차지하는 비중이 커진다. 2018년의 경우 전체 예산 규모는 다른 년도와 비교하면 가장 적긴 하지만, 환경과 에너지 관련 예산이 차지하는 비중은 56%에 달한다.

해당 기간 이들의 주가는 실제로 테마를 형성해서 움직이게 된다.

그렇다면 펀드로는 어떤 것들이 있을까?

기후관련 펀드나 대체에너지 관련 펀드들이 여기에 해당된다. 기후나 대체에너지 관련 펀드는 몇 년 전 국내에 들어오기 시작해서 독특한 상품 콘셉트로 투자자들의 관심을 많이 끌었었지만, 아쉽게도 괄목할 만한 성과를 보여주지 못했다. 그도 그럴 것이 테마 펀드를 통해서 국내에서 크게 성공한 펀드는 찾기가 쉽지 않았다.

물 펀드는 어떠했는가? TV 오락 프로그램에까지 소개되면서 마치 당장 전 세계의 물이 메말라가니 물관련 산업에 투자해야 할 것처럼 분위기가 조성되자 많은 투자자들이 물 펀드에 몰렸다. 하지만 아마 플러스 수익률을 구경도 못 해본 투자자들이 대부분일 것이다. 물관련 산업이 가지고 있는 엄청난 매력만 보았지, 국내에 물 펀드가 본격적으로 들어오기 이전까지 얼마나 올라서 고평가 상태였는지를 알지 못했다.

그래도 이번에는 한번 희망을 가져 보자. 이전과는 달리 이번에 부각되고 있는 그린 테마는 당위성뿐 아니라 각국 정부들의 정책적 의지가 반영되어 있다고 볼 수 있다. 최근과 같이 시중에 자금을 엄청나게 풀고 있지만, 순환이 안 되고 있는, 즉 '돈맥경화' 현상이 발생했을 때는 그나마 돈이 흐르고 있는 몇 안 되는 곳 중에 하나가 정부라는 사실을 기억해야 한다.

국내에는 지구온난화, 클린에너지, 기후변화 등의 테마가 있으며, 신재생에너지와 온난화관련 펀드가 여기에 해당될 수 있다. 신재생에너지관련 인덱스는 2000년 들어서 구성되기 시작하였다. 그중 DAX 글로벌 얼터네이티브 인덱스DAX Global Alternative Index는 2001년 구성이 시작되었고, 잘 알려져 있는 S&P 글로벌 에너지 인덱스S&P Global Energy Index, CS 글로벌 워닝 인덱스CS Global Warning Index 등은 2002년 이후에 지수가 구성이 되었다. 지수별로는 15~40개 기업들이 편입되어 있는데, 주로 풍력, 태양열, 천연가스, 지열, 수력, 연료, 전지, 바이오연료 등이다.

펀드 상품에 따라서는 특정 지역(예를 들면 북미, 유럽 등)에 편중되어 있는 경우가 많으며, 비교 지수Benchmark Index가 어떤 것인지, 어떤 업종에 대한 편입 비중이 높은가에 따라서 서로 전혀 다른 펀드들처럼 수익률이 나올 가능성이 있다. 따라서 펀드의 기본적인 정보뿐 아니라 운용전략에 대해서도 한번 점검해 봐야 한다.

1차 산업Primary Industry에 대한 고민도 해보아야 한다. 서비스 산업 등의 3차 산업에 익숙한 우리에게 있어서는 농업, 축산업, 임업, 수산업 등과 같은 1차 산업의 전망이 과연 좋을 것인가에 대해 의아해 할 것이다. 2차 산업이나 3차 산업과 달리 1차 산업은 인류의 생존권과 관련된 부분이 많다는 것을 기억해야 한다.

최근 글로벌 위기로 인해 한풀 죽긴 했지만, 식량자원주의, 식량 전쟁이라는 용어가 불과 1~2년 전까지만 해도 글로벌 뉴스 메이커들의 관심 이슈 중에 하나였다. 식량 공급이 부족하다 보니 여러 국가에서 자원민족주의, 식량자원주의 현상을 보이고 있다. 이렇게 될 경우 식품과 직접적으로 연관되어 있는 가격들은 상승할 가능성이 높다.

지난 20년간 세계 곡물 생산은 1% 증가하였는데, 소비량은 2007년 한 해에만 24% 증가하였다. 세계 곡물 재고율이 바닥을 칠 수밖에 없는 수치가 나오고 있는 것이다.

실제로 유엔 식량농업기구FAO는 보고서를 통해서 전 세계 곡물 비축량이 20년 만에 최저 수준으로 떨어졌다며 추가적인 공급 부족현상이 잇따를 것이라는 경고를 내놓기도 하였다. 곡물 재고 수준이 낮아져 곡물 주요 수출국들이 이에 대해 위기를 느끼고 곡물 수출에 대해서 관세 부과나 수출 금지의 형태로 자원 유출을 금지시켰다. 공급의 악순환이 이미 시작된 것이다.

심해지는 기후변화로 인한 곡물 생산량 감소, 그리고 급진적인 도시화로 인한 경작지의 감소, 산업의 변화로 인한 수요-공급의 불일치 등은 향후 식량자원주의, 혹은 애그플레이션Agflation의 형태로 나타날 것이다. 이들 관련 산업들에 대한 재평가 작업도 다시 한 번 일어날 것으로 보인다.

자료: 마켓 포인트

표 3-10 CRB 식료품 지수와 코스피 음식료 업종, 로이터-CRB 지수, 아멕스 제조업 지수 비교

2007년 9월 3일 이후 400일간의 지수별 흐름을 나타내고 있다. 아멕스 제조업 지수를 제외하고는 2008년 6월 이후 지수별 흐름은 비슷한 상황이다.

펀드는 크게 1차 산업에 속한 기업들의 주식에 투자하는 펀드와 농축산물 인덱스에 투자하는 펀드(엄밀히 말하면 농축산물 인덱스의 파생상품) 정도로 나누어 볼 수 있다. 물론 이런 펀드들이 주목을 받게 되면 농축산물 지수나 가격 등을 기초 자산으로 하는 파생연계상품DLS이 추가될 수 있다.

1차 산업에 속한 기업들의 주식에 투자하는 펀드는 장기적인 관점에서 보기를 권하고 싶다. 쉽게 말해 국내 기업인 '농심'이나 '풀무원', '하림' 같은 기업들의 주가는 1차 산업의 움직임이 수상치 않다고 해서 바로 실적으로 연결되거나 반영되기는 힘들다. 기업 고유의 위험 또한 존재하고 있다. 그리고 펀드 측면에서 본다면 농축산물뿐 아니라 소비재까지 포트폴리오로 구성하고 있기 때문에 단기적인 움직임보다는 중장기적인 추세를 반영한다고 보는 것이 맞을 것이다.

지수 파생상품에 투자하는 펀드의 기본 구조는 농산물 선물Futures에 투자하여 이들의 가격을 추종하는 것인데, 실질적으로 현물에 투자하는 것과 거의 유사한 효과를 낼 수 있다(실제 곡물에 투자할 경우 운반비용, 보관비용, 판매비용 등이 부수적으로 발생하지만, 선물 거래는 유사한 효과를 내면서 효율적으로 펀드에 편입이 가능하다). 이들 펀드는 농산물가격의 움직임을 반영하는 지수에 투자하는 것과 유사한 효과를 낼 수 있지만, 상품에 따라서 추종하는 지수가 다르다는 점을 감안해야 한다(선물의 경우 만기 시점에서 발생하는 기회비용의 손실이 발생할 수 있는 가능성을 내포하고 있다).

디플레이션을 방어하기 위한 각국 정부들의 노력에서 파생되는 막대한 유동성과 정책 차원의 그린 산업 육성은 향후 어떤 결과를 가져올지는 아무도 모른다. 하지만 끝이 안 보이는 경기침체가 회복되고 다시금 위험자산으로의 쏠림 현상이 일어나게 된다면, 어떤 형태로든 간에 버블은 생겨날 가능성은 농후하다.

버블이든 적정 가치로의 귀환이든 간에 투자의 기회는 충분히 존재할 수 있다. 최근에 열렸던 미국 농무부United States Department of Agriculture의 포럼에서는 향후 농산물의 공급 부족 현상이 지속될 것이라고 보면서 농축산물 등의 가격 상승이 예상된다고 했다.

투자는 현재를 보는 것이 아니고 미래를 보는 것이다. 현재의 시점에서는 보이지 않는 변화들을 놓치지 말아야 한다.

헤지펀드? 헤꼬지펀드?

1993년 영국 파운드화의 평가절하에 투자해 100퍼센트 이상의 수익을 남겼다는 조지 소로스의 성공으로 인해 헤지펀드에 열광하는 사람들이 많이 생겼다. 많은 사람들이 헤지펀드매니저는 확실히 돈을 벌어 준다고 생각했다.

그러나 헤지펀드의 위험성은 롱텀캐피탈매니지먼트LTCM, Long Term Capital Management가 파산했을 때 확연히 드러났다. 스위스의 UBS, 메릴린치 등 16개의 거대은행이 이 펀드에 1억 달러 이상을 위탁했고, 결국 모두 잃어버렸다. 이 손실액을 구제하기 위해서는 엄청난 지원을 해야 했다.

그때 무슨 일이 벌어졌는가?

LTCM의 펀드매니저들 가운데 두 명은 노벨상 수상자였고 하버드대학교 수학교수였다. LTCM은 미국이 금리를 올릴 것으로 보고 거기에 베팅을 했다. FRB 의장인 그린스펀이 이전부터 금리를 올릴 것이라는 언급으로 위협을 하곤 했다. 이들 똑똑한 펀드매니저들은 러시아의 채권이자가 미국의 그것보다 훨씬 높았기 때문에 미국국채를 매도하고 대신 러시아의 달러채권을 매입했다.

이것은 정말 상상조차 할 수 없는 바보짓이었다. 당시 러시아의 재정 상황은 매우 불확실했으며 언제든 위기가 닥칠 수 있기 때문이다. 드디어 러시아에 위기가 닥쳤고 당연히 러시아 채권은 떨어지고 미국 채권은 올라갔다.

펀드는 상당부분 신용으로 조성되기 때문에 파산을 피할 수 없는 경우가 대부분이다. LTCM에 돈을 빌려 준 은행들은 막대한 손실을 입었고 개인투자자들 역시 수백만 달러를 잃었다.

헤지펀드가 헤꼬지펀드가 된 사례다.

위기 이후의 금리투자

2000년부터 2004년 중순까지 시중의 금리는 지속적인 하락 추세를 보였다. 크게 보면 4년 정도의 사이클이 생겼던 셈이다. 그 다음 금리 추세는 반대로 상승 추세를 타게 되는데, 이 상승 추세는 2008년 글로벌 금융위기가 최고조에 달했던 10월경을 전후로 하여 전 세계적으로 금리인하 랠리를 시작하게 된다. 그리고 그 이후로는 잘 알고 있듯이 미국의 경우 실질적으로 제로 금리 수준까지 금리를 인하한 상태다. 한국의 경우에도 기준금리를 지속적으로 내리고 있는 상황이다.

예금으로 할 것인가, 채권으로 할 것인가

금리 상품으로 대표되는 국내의 상품은 예금과 채권이 있다. 예금의 경우 예금자 보호를 받을 수 있으며, 채권의 경우 발행기관의 신용도에 따라 부실화 위험이 존재하는 상품이다. 여기까지만 보면 예금이 더 매력적으로 보일 것이다. 하지만 다른 각도에서 본다면 둘 사이에는 약간의 논쟁이 필요한 부분이 있다.

우선 가장 최근 몇 년간의 금리 추이를 살펴보자. [표 4-1]에서도 볼 수 있듯이 채권이나 예금 모두 금리 상품이기에 전반적인 차트 추이는 비슷하게 움직인다. 만약 어떤 투자자가 시중 은행에 가서 4%짜리 정기예금을 들었을 경우 5,000만 원 한도에서는 가격 변동 폭은 0%다. 채권의 경우에는 4%에 채권을 매수했다고 하면 가격 변동 폭이 생길 수 있다. 쉽게 말해서 은행의 경우에는 금리가 오르든 내리든 4%의 예금에 들었을 경우 세전으로 4%의 금리를 받게 된다. 하지만 채권의 경우에는 금리가 내릴 경우 추가 수익이 가능하고, 금리가 오를 경우에는

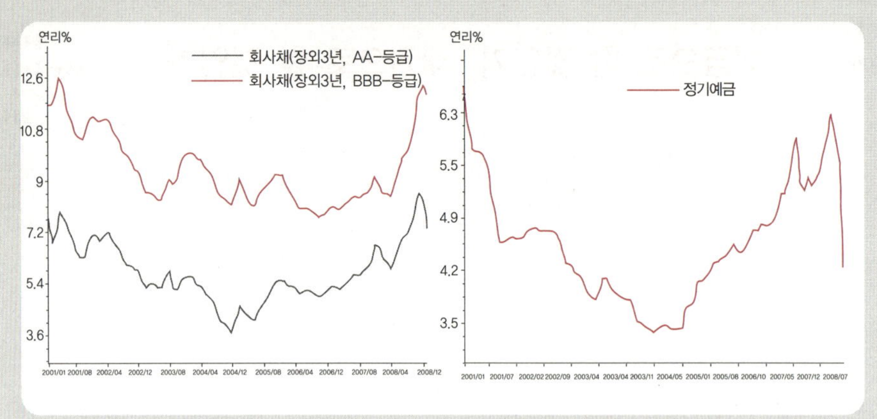

자료: 한국은행

표 4-1 채권금리와 정기예금 월별 금리 추이(2001년 1월~2008년 12월)

은행 정기예금 금리(가중평균 수신금리)는 2001년 1월 6.71%에서 시작하여 3.38%까지 낮아졌다가 6.28% 고점까지 기록한 다음 최근 다시 하향하고 있다. 채권의 경우 투자 적격 등급 중에서 대표성을 띠고 있는 AA-등급과 BBB-등급의 금리를 같이 비교했다. AA-등급의 경우 2001년 1월 7.76%에 시작하여 3.73%까지 내려갔다가 8.56%까지 다시 오른다. BBB-등급도 투자적격 등급의 채권인데, 2001년 1월 11.65%에서 시작하여 7.72%까지 내려온 다음 2008년 12월 12.30%까지 오르게 된다.

만기 보유 전략으로 가져가게 되면 금리의 변동 폭은 있을 수 있지만, 기대수익률은 더 높다고 볼 수 있다.

조금 더 구체적으로 들어가 보자. 일반적으로 금리를 비교할 때 대부분의 사람들은 세전 수익률을 본다. 은행의 전단지를 보아도 세전 기준으로 금리가 나와 있고 세후 기준으로 금리가 나와 있는 경우는

구분	금액	수익률	세후 받는 금액	세후 수익률
A(정기예금)	1,000만 원	연 4.0%(예금)	10,338,400원	4.00%
B(채권)	1,000만 원	4.0% 매입(채권)	10,351,952원	4.14%

*채권의 경우 매입수익률 4.0%, 1년 할인채, 표면금리 3.0% 가정

표 4-2 **은행 예금과 채권투자의 비교**

같은 금액을 동일한 금리에 매수를 했다고 가정했을 때 채권의 표면금리가 매입수익률보다 낮다면 세후 수익률은 높게 나온다. 즉, 동일한 예금금리와 비교했을 때 채권의 매입금리가 은행금리와 같지만 표면금리가 매입금리보다 낮을 경우 세금을 제하고 받게 되는 금액은 예금보다 많다고 할 수 있다.

거의 없다. 하지만 금리에 투자하는 사람이라면, 특히 예금과 채권을 비교·분석하는 경우에는 세후 기준으로 보는 것이 맞다.

예를 들어보자. A 투자자가 연 4%짜리 정기예금에 1,000만 원을 넣었을 경우 1년 후에 받게 되는 금액은 세전으로 1,040만 원(10,000,000×1.04)이다. 세율이 이자의 15.4%인 것을 감안하면 세후 금액은 약 1,033만 8,400원이다. 세후 투자 수익률은 약 3.40%[4.0%×(1−15.4%)]가 된다. 이를 세전으로 다시 환산하면 4.0%가 나오게 된다.

B 투자자가 1년물 채권(1년 할인채, 매입수익률 4%, 표면이자율 3%)에 투자

했을 경우(1,000만 원으로 매입 가능한 액면 수량은 1,040만 원이다), 만기가 되면 받는 금액은 1,035만 1,952원[1,000만 원+(1,000만 원×3%×0.154)]이며, 세후 수익률로 3.51%가 된다. 이를 다시 세전으로 환산하면 세전 수익률은 4.14%[3.51%÷(1−15.4%)]가 된다.

이런 차이가 발생하는 이유는 세금 체계 때문이다. 세금은 이자에 대해서는 정상적으로 과세를 하게 된다. 이는 채권이나 예금 모두 동일하다. 예금의 경우 이자가 연 4%이므로 연 4%의 이자에 대해서 세금을 내게 된다. 하지만 채권의 경우에는 이자는 표면금리만큼 나오게 된다. 쉽게 말해 앞의 사례에서 실제로 투자자가 채권에 1년 투자 시 받게 되는 이자는 30만 원이다. 은행 이자가 40만 원인 것을 감안하면 이자만 놓고 보았을 때는 채권이 이자도 조금 받고 세금도 조금 내게 된다.

하지만 채권의 경우 자본 이득Capital Gain에 대해서는 비과세다. 주식의 매매차익이 비과세인 것과 동일하다고 보면 된다. 4%에 채권을 매

Tip

채권의 가격과 금리는 일반투자자들이 가장 많이 혼동하는 내용 중에 하나다. 일반투자자들은 주로 가격으로 자산 가치를 매기는 데 익숙해 있다. 'XX 자산이 얼마 올랐다'고 표현하는 것은 가격이 오른 것을 의미하는 것이 대부분이다. 하지만 채권의 경우에는 금리 기준으로 표현한다. 채권금리가 오른다는 것은 채권가격이 내려가고 있다는 의미(사려고 하는 사람이 적거나 팔려고 하는 사람은 많은 경우)고 채권금리가 내려간다는 것은 채권가격이 상승한다는 의미(사려고 하는 사람들이 많거나 팔려고 하는 사람들이 적은)다.

수했다는 것은 표면금리(3%)보다 높은 금리에 매수(낮은 가격에 매수)한 것이 된다. 즉, 채권 표면 가격은 1만 원이지만, 실제로는 1만 원보다 낮은 가격에 사게 되어 만기가 되면, 그 차익이 세후 금액에 가산되어 세후에 받게 되는 금액이 은행 이자보다 커지게 된다.

또한 은행 이자의 경우에는 중도에 환매하게 될 경우 이자 부분에 해지 수수료가 발생하게 되어 이자가 급격히 떨어진다. 그러나 채권의 경우에는 금리가 하락하게 될 경우 채권가격이 상승하여 중도에 되판다고 한다면 자본이득이 발생할 수 있다(물론 금리가 상승하면 채권가격이 하락하여 되팔게 될 경우 자본 손실이 발생할 수 있지만, 이 경우에는 만기까지 채권을 가져가면 된다).

추가적으로 이자에 대해서 조금 더 알아보기로 하자. 고정 이자를 지급하는 예금이나 채권의 경우 금리가 높을수록 수익이 높아진다는 것은 누구나 다 알고 있는 사실이다. 하지만 금리가 높더라도 단리는 복리를 이길 수 없다는 사실은 우리가 실제로 접해 보질 못해 간과할 수 있는 부분 중에 하나다.

원금 1만 원을 5년간 투자 시 연 9% 단리(연 1회 이자 지급)와 연 7.8% 복리(연 4회 이자 지급) 중 원금과 이자가 많은 경우는 어느 것일까?

절대적인 금리 수치에 익숙한 사람들이 볼 때는 '9%'라는 금리 수치가 눈에 더 들어올 것이다. 하지만 실제로 7.8%의 복리(연 4회 이자지급)가 더 많다. 1번 9%의 단리 이자는 5년 뒤에 1만 4,500원을 찾는 데 반해, 7.8%의 복리는 5년 뒤에 1만 4,715원을 찾을 수 있게 된다. 즉, 이자를 자주 지급할수록(주식의 경우 배당 지급 횟수가 많을수록), 복리일수록 수익률은 높아진다는 점을 알아두어야 한다.

우리가 가장 쉽게 생각하고 있는 금리 문제에도 몇 가지 변수가 들어가면 얼마나 복잡해질 수 있는지를 확인할 수 있는 부분이다. 그래도 은행이 선호되는 이유는 일정 한도에서 보장되는 예금자 보호 제도 때문이 아닌가 한다.

채권의 경우에는 투자하는 채권 발생 사의 신용에 대해서 평가를 해야 하는데, 이 부분은 개인들에게는 상대적으로 낯설게 느껴지는 부분이기 때문이다. 하지만 반대로 그런 부분들이 있기 때문에 채권이 은행의 예금금리보다 이자 수익이 나을 수 있다. 이번 기회에 자신의 투자 성향이 무엇인지를 알아보고, 금리 상품 중에서 어떤 것이 적합한지를 한번 알아보기로 하자. 채권투자는 어느 정도의 위험을 감수하느냐에 따라서 상대적 고수익을 얻을 수 있는 상품이기 때문에, 그 매력을 쉽게 떨칠 수 없는 상품이다.

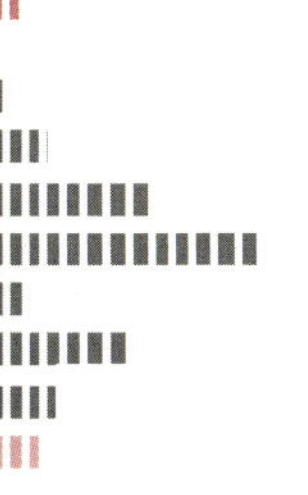
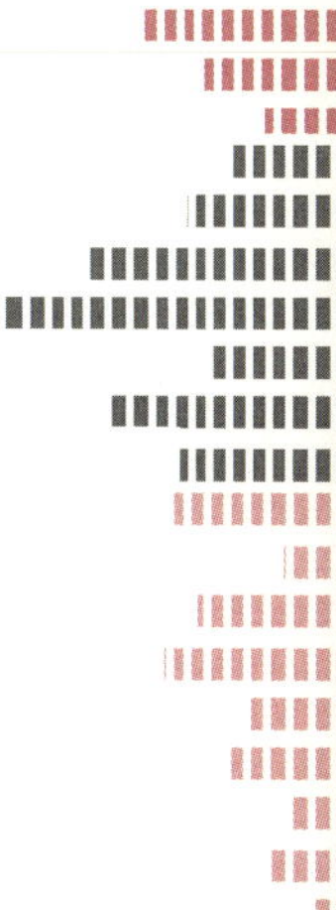

도대체 어떻게 채권에 투자하는가

상당수는 아마도 채권을 직접적으로는 아니더라도 간접적으로 거래해본 경험이 있을 것이다. 증권사를 통해서 직접 매매를 해볼 수도 있지만, 간접적으로 우리 생활에 채권이 자리 잡고 있는 영역이 은근히 많기 때문이다. 예를 들어 자동차를 구매하거나 아파트채권을 입찰하거나 부동산 등기 업무 등을 할 때 채권에 대한 이야기를 들었거나, 거래 내역서 등에서 '채권'이라는 단어를 발견했을 것이다. 채권이 우리

Tip

첨가소화채권은 법인이 등기, 인허가, 자동차등록, 아파트채권 입찰 등 경제 행위를 할 때 국가 또는 지방자치단체가 의무적으로 매도하는 채권이다. 부동산 등기(국민주택채권 1종), 아파트채권 입찰(국민주택채권 2종, 국민주택채권 3종), 자동차 구입 시 구매하는 채권(서울도시철도채권, 지역개발채권, 지방도시철도채권) 등이 대표적인 사례다.

생활에서 그렇게 멀게만 있는 것은 아니라는 의미다.

채권시장은 크게 장내거래소시장과 장외시장, KTS시장 등으로 구분 지을 수 있다. 이 중에서 개인투자자들의 참여가 가능한 시장은 장내거래소시장과 장외시장이며, KTS시장은 기관투자가 중심의 시장이다. 채권시장은 독특하게 장외시장이 유독 발달된 시장이다. 이전만 하더라도 장내거래소시장은 집중 거래 의무화가 부여된 첨가소화 국공채 및 전환사채 이외에는 일반 채권의 거래가 거의 전무하다고 할 정도로 일반투자자들이 장내거래소시장을 통해서 채권을 거래하기는 쉽지 않았다.

하지만 장내거래소시장에 소매채권시장이 개설되면서 이런 부분이 많이 완화되었다. 소매채권시장은 장내거래소시장에 속해 있는 만큼 기존의 증권사 매체들(증권사 HTS, 정보 단말기 등)을 통해서 매매정보, 투자수익률, 발행 및 투자 정보 등을 얻을 수 있으며 실제 거래까지 가능한 시장이다. 매매의 유동성을 위해서 소매전문딜러제도가 도입되어 시장을 조성하게끔 만들어져 있다. 거래 가능 시간은 오전 9시부터 오후 3시까지로 주식시장과 동일하다.

장외시장은 OTC시장Over The Counter Market이라고도 하며 증권사의 본점 영업부나 지점을 통해서 개별적인 상대매매로 거래가 이루어지는 시장이다. 증권사 자체적인 매매 시간에 따르기 때문에 매매를 위해서는 사전에 해당 증권사를 통해서 정보 교환을 하는 것이 좋다.

대부분의 개인들의 채권 거래가 이런 장외시장을 통해서 이루어졌다. 쉽게 표현하면 채권투자를 원하는 투자자가 증권사 지점을 찾아가서 채권투자를 하고 싶다고 하면 바로 투자가 가능한 구조다. 전산에 익숙지 않거나 채권투자 상담을 원하는 경우에는 장외시장을 통한 방법도 괜찮을 수 있다.

장내거래소에서 가능한 채권들은 종목 정보들이 증권사 전산망이나 증권선물거래소 사이트 등을 통해서 제공되기 때문에 이런 정보들을 통해서 거래를 하면 된다. 그러나 장외시장에서 거래 가능한 채권들은 증권사별로 문의를 하거나 가끔 언론 등을 통해서 소개되는 정보들을 가지고 투자하는 방법이 있다.

채권에 투자하기로 결심했다면, 우선 가까운 증권사를 방문하자. 채권은 주로 증권사를 통해 거래되기 때문에 증권사 계좌 개설이 필요한데, 이는 개인에만 국한된 것은 아니고 법인 역시 마찬가지다. 장내시장을 이용할 생각이라면 계좌 개설 시에 '온라인 거래'를 신청한 다음에 해당 증권사의 홈 트레이딩 시스템HTS을 설치하면 된다. 장외시장을 통해 채권을 매매하더라도 마찬가지라고 보면 된다.

요즘에는 증권사들이 웹 트레이딩 시스템WTS도 잘 구축해 놓았기 때문에, 굳이 HTS를 사용하지 않더라도 공인인증서만 있으면 웹 상에

<table>
<tr><td>■상품종류선택</td><td colspan="7">⊙전체 ○국채 ○통안증권 ○금융채 ○특수채 ○호사채 ○분리과세대상채권</td></tr>
<tr><td>■채권투자기간</td><td colspan="7">⊙전체기간 ○1년 미만 ○1년~3년 ○3년~5년 ○5년 이상</td></tr>
<tr><td>■채권수익률</td><td colspan="7">⊙매수 ○매도 [　　　]%~ [　　　]%　　　　⊕조회</td></tr>
</table>

채권 종류	종목 명	매도 호가	매수 호가	발행일	만기일	투자기간	표면 금리	이자 지급방법	신용 등급
국채	국민주택1종채권 08-10	0.00%	0.00%	2003-10-31	2013-10-31	4년 7월 21일	3.00%	복리채	
기타	경기지역개발채권 07-09	4.84%	0.00%	2007-09-30	2012-09-30	3년 6월 11일	2.50%	복리채	
기타	경기지역개발채권 08-08	5.08%	0.00%	2008-08-31	2013-08-31	4년 5월 12일	2.50%	복리채	
회사채	삼부토건52	0.00%	0.00%	2006-07-27	2009-07-27	0년 4월 8일	6.05%	이표채	BBB+
국채	국민주택2종채권 07-11	0.00%	4.12%	2007-11-30	2017-11-30	8년 8월 11일	0.00%	복리채	
국채	국민주택2종채권 91-08	0.00%	4.50%	1991-08-31	2011-08-31	2년 5월 12일	3.00%	복리채	
국채	국민주택3종채권 05-07	0.00%	5.00%	2005-07-31	2015-07-31	6년 4월 12일	0.00%	복리채	
특수채	토지개발채권 337타14	3.93%	0.00%	2007-12-31	2010-12-31	1년 9월 12일	5.06%	복리채	
금융채	중소기업은행(신) 0804할1A-30	0.00%	0.00%	2008-04-30	2009-04-30	0년 1월 11일	5.02%	할인채	AAA
금융채	국민은행 21-6복리7	0.00%	0.00%	2001-06-27	2009-03-27	0년 0월 8일	7.86%	복리채	
회사채	하이트홀딩스147	4.65%	5.05%	2007-04-27	2010-04-27	1년 1월 8일	5.37%	이표채	A+
국채	국민주택1종채권 08-02	4.00%	0.00%	2008-02-29	2013-02-28	3년 11월 9일	3.00%	복리채	
기타	인천지역개발채권 08	4.21%	0.00%	2008-04-30	2013-04-30	4년 1월 11일	2.50%	복리채	

자료: 증권선물거래소

표 4-3 소매 채권 투자정보

증권선물거래소에서도 거래되는 소매채권들의 정보에 대해 알 수 있다. 증권선물거래소 사이트에서 '시장정보→채권→소매채권'으로 들어가면 상품종류별(국채, 통안증권, 금융채, 회사채 등), 채권 투자기간(1년 미만, 1~3년, 3~5년), 채권수익률 등으로 구분해서 종목에 대한 정보를 얻을 수 있다.

서 채권 매매가 가능하다.

여기서 한발 더 나아간다면 해외 채권도 국내에서 매수가 가능하다. 미국이나 일본 등의 선진국에서 발행하는 채권뿐 아니라 브라질과 같은 신흥국가들의 채권도 실제로 살 수 있었는데, 이 경우에는 증권사에서 외화증권 전용 계좌를 개설하면 된다. 하지만 해외 채권의 경우 회사별로 가능 여부가 다르며 해외에 있는 모든 채권들이 가능한 것은 아니다. 또한 해외 채권투자 시에는 증권사를 통해 은행과 개별적으로 선물환 관련 계약을 맺을 수 있다.

그러면 투자 시 유의할 점에 대해서 몇 가지 알아보도록 하자.

우선 가장 중요한 건 발행 회사의 신용 위험이다. 회사채는 철저하게 발행회사의 위험을 따르기 때문에 발행 주체가 어디인지, 또 위험 등급은 어떻게 되는지에 대해서 알아야 한다. 하지만 이 부분은 개인투자자들이 분석하기에는 너무 광범위하고 전문적이다. 따라서 해당 채권에 대해 발행한 신용평가기관의 보고서를 검토하거나 신용등급을 조회해야 하는데, 이는 증권회사에 요청하면 얻을 수 있다.

참고로 국내 3대 신용평가 기관은 한국신용평가, 한국기업평가, 한국신용정보로, 이들 기관의 사이트를 방문해 보면 공개된 정보가 있으므로 이를 적극 활용하는 것도 좋은 방법이다.

신용 위험에 대해서 한가지 더 알아야 할 부분은, 신용등급이 낮지만 실적 호전이나 기업 구조조정 등을 통해서 재무 건전성이 좋아지는 기업들이 있다. 이런 기업들의 경우에는 향후 신용등급이나 전망에 대해 긍정적으로 바뀔 가능성이 높으므로, 동일 신용등급의 채권들에 비해 가격이 오를 가능성이 높아진다. 참고로 투자적격 채권등급은 BBB-까지이며 그 이하는 정크본드Junk Bond라 하여 투기등급 채권에 포함된다. 투기등급 채권은 개인투자자가 접하기도 쉽지 않겠지만, 기회가 있다 하더라도 투자하는 것은 피해야 한다.

다음으로는 채권관련 세금에 대해서 미리 점검해야 한다. 은행예금의 경우 이자 전체가 과세 대상이지만, 채권의 경우에는 표면금리가 과세 대상이다. 따라서 효율적인 채권투자자라면 표면금리가 시장금리보다 낮은 채권을 선택해야 한다. 그래야 과표와 세금이 적고 채권가격 상승 분에 대해서는 비과세를 받기 때문에 세후 수익률을 높일 수 있다. 따라서 채권투자 전에는 동일 금리의 은행예금 등의 상품과 세후 수익률을 함께 비교해보는 것이 좋다.

유동성 문제도 한번 생각해 보아야 한다. 유동성이라고 하면 채권을 되팔 때의 유동성을 생각하는 사람들이 많을 것이다. 그런 측면에서도 중요하기도 하지만(회사채의 경우 중도 매각이 기본적으로 어렵다), 시장에서 해당 채권을 생각하는 하나의 척도라고 볼 수 있다. 유동성, 즉 거래가 많다는 것은 대개 투자자들의 관심이 많은 종목인 경우가 많다.

특히 100억 원 이상의 거래가 많은 경우에는 기관투자가들의 거래가

신용등급	등급의 정의
AAA	원리금 지급확실성이 최고 수준이다.
AA	원리금 지급확실성이 매우 높지만, AAA등급에 비하여 다소 낮은 요소가 있다.
A	원리금 지급확실성이 높지만, 장래의 환경변화에 따라 다소의 영향을 받을 가능성이 있다.
BBB	원리금 지급확실성이 있지만, 장래의 환경변화에 따라 저하될 가능성이 내포되어 있다.
BB	원리금 지급능력에 당면문제는 없으나, 장래의 안정성 면에서는 투기적인 요소가 내포되어 있다.
B	원리금 지급능력이 부족하여 투기적이다.
CCC	원리금의 채무불이행이 발생할 위험요소가 내포되어 있다.
CC	원리금의 채무불이행이 발생할 가능성이 높다.
C	원리금의 채무불이행이 발생할 가능성이 지극히 높다.
D	현재 채무불이행 상태에 있다.

* AA부터 B까지는 동일 등급 내에서 세분하여 구분할 필요가 있는 경우에는 '+' 또는 '–'
의 기호를 부여할 수 있다.

자료: 한국신용평가

표 4-4 신용등급의 정의

회사채의 경우 우리나라는 S&P_{Standard & Poors}의 표시 방식을 따르고 있다. 우리가 잘 알고 있는 국제적 신용평가사인 무디스_{Moody's}의 경우에는 Aaa, Aa1, Baa1 등으로 표시방식이 약간 다르다. 기업어음_{CP}의 경우에는 A1, A2+, A2, A2–, A3+, A3, A3– 등으로 나눠지는데, A3–까지가 투자적격 등급이고, B+ 이하는 투자부적격 등급이라고 보면 된다.

구분	내용
긍정적 검토 (Positive Review)	등급에 긍정적인 효과를 미치는 요인의 발생가능성이 예상되는 경우
점진적 관찰 (Evolving)	등급을 변화시켜야 할 요인의 발생이 예상되지만, 이의 효과가 긍정적인지 부정적인지 점진적으로 그 영향을 주시할 필요가 있는 경우
부정적 검토 (Negative Review)	등급에 부정적인 효과를 미치는 요인의 발생가능성이 예상되는 경우

자료: 한국신용평가

표 4-5 ▶ 등급감시대상Rating Watching제도

신용평가사들은 경영환경(기업, 산업, 계열) 변화에 따른 불특정 다수의 투자자 보호, 채권시가평가제 시행에 따른 시장가 반영을 위하여 기업의 신용상태 변화요인이 발생하는 경우 등급변경 검토를 시작하였다는 신호를 전달하기 위하여 등급감시대상제도를 도입하여 운영하고 있다. 신용평가사들은 등급감시대상 등록 시 긍정적 검토Positive Review, 점진적 관찰Evolving, 부정적 검토Negative Review 등의 방향과 사유를 공시하고 있다.

많다는 것을 의미하므로 긍정적인 부분이라 할 수 있다. 2009년 1월에 여전채의 일종인 카드채(신한카드채, 삼성카드채 등)의 거래가 증가하기 시작했다. 거래 내역을 보게 되면 100억 원 단위 이상의 거래가 많았는데, 실제로 얼마 가지 않아 이들 카드채들의 채권가격이 상승했다.

마지막으로 회사채의 경우에는 매매수익률과 평가수익률을 비교해

보자. 평가수익률은 3대 신용평가기관에서 매일 회사채의 평가 수익률을 공시한 것을 참고하면 되는데, 매매수익률이 평가수익률보다 낮다면 해당 회사채는 시장에서 매수 수요가 많은 회사채(채권의 가격과 금리는 반대이기 때문에 금리가 낮다는 것은 가격이 높다는 것을 의미한다)라는 것을 의미하기도 한다.

하지만 여기에 관해서는 다른 의견도 있는데, 싸게 산다는 입장에서 봤을 때는 오히려 매매수익률이 평가수익률보다 높은 채권을 사는 것이 좋다는 의견도 있다. 하지만 매매수익률이 평가수익률보다 높은 상황이 지속된다면 이는 가격 하락이 예상되므로 투자를 피하는 것이 좋다.

채권투자는 결코 일반투자자들에게 먼 이야기만은 아니다. 이번 금융위기에서도 우리가 느꼈듯이 지분형 투자자산(주식, 펀드 등)이 우리에게 달콤한 고수익을 제공하기도 하지만, 반대로 하락 시에는 우리의 소중한 자산을 너무나 쉽게 가져가기도 한다. 하지만 확정금리 상품들의 경우에는 자산 내 비중의 문제일 뿐 언제나 편입되어 있는 부분이기 때문에 하나의 예금으로만 만족하지 말고 눈을 돌려 채권과 같은 다른 자산도 검토해 보는 것이 좋을 것 같다.

채권과 채권형 펀드 무엇이 다른가

채권과 채권형 펀드에 대해 가장 많이 오해하는 부분 중에 하나가 '채권형 펀드에서 어떻게 원금 손실이 발생하느냐' 이다. 만기에 받을 수 있는 금액이 정해져 있는 채권에 투자하는 채권형 펀드에 손실이 발생하면 말이 안 된다는 논리다. 틀린 말은 아니다. 다만 채권형 펀드에 대해서 잘 알고 있지 못하기 때문에 올 수 있는 오해의 일종이라고 생각된다.

채권 직접 투자와 채권형 펀드는 같으면서 다른 상품들이라 볼 수 있다. 채권투자는 개인이 직접 채권을 선택하여 매매를 하는 투자다. 채권의 선택부터 시작하여 포트폴리오, 만기 관리 등 전반적인 사항을 개인이 직접 해야 하는 반면, 채권형 펀드는 일반 주식형 펀드와 마찬가지로 판매사(은행이나 증권사 등)를 통해서 상품에 투자를 하게 되면 운용사의 펀드매니저들이 대신 운용을 해주는 간접 투자 상품이다.

자료: 본드웹

표 4-6 채권형 펀드 설정 잔액(2004년 01월~2009년 01월)

2005년 금리인하 사이클이 끝날 때쯤부터 채권형 펀드의 인기가 시들해지기 시작했다. 실제로 몇 년 전만 하더라도 신문에는 채권형 펀드의 우수성과 채권형 펀드에 대한 소개들이 여러 지면을 장식했었으나, 2007년에는 채권형 펀드가 언론을 통해 접하기는 결코 쉽지 않았다. 그만큼 채권형 펀드는 금리 인상 시기에는 위험 대비 수익률이 좋지 않은 상품으로 인식되어왔다.

채권은 매매 시에 1회성 수수료가 발생하는 반면 채권형 펀드는 다른 펀드들과 마찬가지로 보수와 수수료가 모두 존재한다(일반적으로 채권형 펀드의 경우 주식형 펀드에 비해 총 보수가 적다). 채권형 펀드도 주식형 펀드가 구분되어 나눠지듯이 운

Tip

하이일드 펀드는 2007년 3월 이후 출시된 펀드로, 투기채권Junk Bond(B B+ 이하 투기등급 채권)이 10~50%가 편입된 채권형 펀드를 의미한다. 이 펀드의 경우 분리과세(6.4%)를 적용받는 상품이다.

용 전략에 따라 만기에 따라 단기형·중장기형 등으로 구분되기도 하고, 회사채형이나 국공채형, 하이일드형으로 구분되기도 한다.

일반적으로 금리가 하락하게 되면 채권과 채권형 펀드 모두 수익이 발생할 수 있다. 채권의 사례를 한번 들어보자.

외환위기 이후 우리가 잘 알고 있듯이 시중의 금리는 급등을 하게 된다. 금리가 급등하면서 채권의 가격이 급락해 저가로 채권을 매입할 수 있는 기회가 생기게 되었는데, 국민주택2종채권이 연 수익률로 환산하면 30%가 넘는 수익을 달성한다. 이 당시의 국민주택2종채권의 수익률 기록은 토지수익 연계채권(누적 수익률로 200% 가까이 달성)과 함께 고수익의 채권투자 사례로 남아있다.

채권형 펀드의 경우도 마찬가지다. 채권형 펀드가 호황을 누렸던 시기는 시중 금리가 하락 추세에 있었을 때다. 2000년대부터 2003년 중반까지 큰 금리 하락의 추세(이 당시의 금리 하락이 부동산 열풍을 몰고 오기도

Tip

회사채의 거래 단위는 100억 원이다. 개인투자자들이 도저히 엄두를 낼 수 없는 규모로, 2004년부터 증권사에서는 100억 원짜리 회사채를 쪼개서 개인들에게 판매를 본격적으로 시작했다. 이에 따라서 BBB-급 회사채 수익률은 급락(채권가격 급등→펀드투자자 유리)하게 된다.

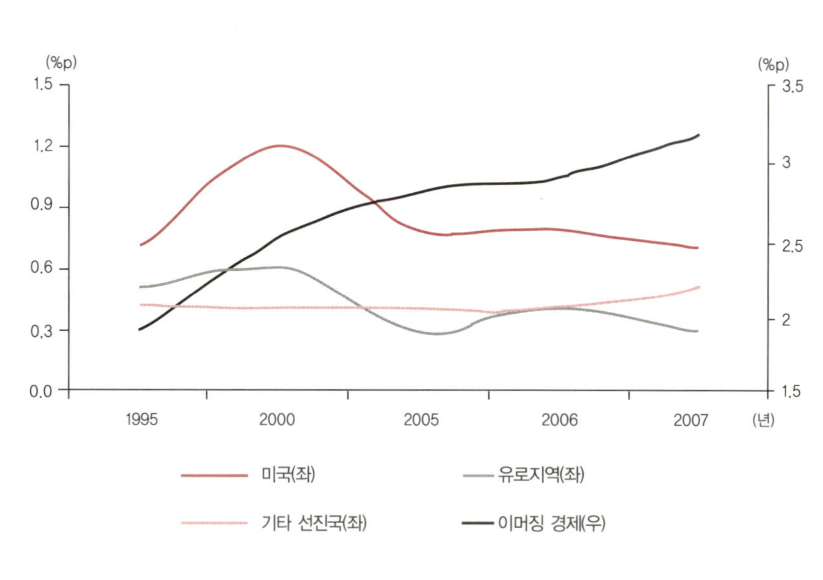

자료: BIS, IMF, 굿모닝신한증권

표 4-7 세계 소비 성장 기여도

과거 신흥시장(이머징 마켓)의 경제가 세계시장에서 차지하는 비중이 많지 않았던 1990
년대까지만 하더라도 신흥 국가들에 위기가 찾아오게 되면 금리가 급등했다. '데킬라
위기'라 불리는 1995년 멕시코 사태 때는 외국인들의 자금 유출 등으로 인해서 28일
쎄떼Cete금리가 1년도 안 되어 10%대에서 80%대까지 수직 상승하는 일이 발생했다.
물론 멕시코의 내수 경기는 완전히 망가지게 되었고, 페소화 가치도 급락하게 된다. 한
국 역시 IMF 이후 금리가 급등하게 되고 원화는 극심한 평가절하가 되었었다. 하지만
이제는 세계 경제에서 신흥 국가들이 차지하는 비중과 역할이 너무 커졌기 때문에, 그
런 과정을 목격하는 것은 쉬워 보이지 않는다.

했다)가 있었고, 다시 2004년에 금리 하락 추세가 한 번 더 있었다. 이 당시에 시중 은행 예금금리는 평균 3%대였으며, 은행 특판 예금이 4% 대만 되어도 개인들의 자금 쏠림 현상이 일어나곤 했었다.

이때 상대적으로 안정적이면서 수익률이 예금보다 좋았던 상품 중에 대표적인 것이 바로 채권형 펀드였다. 은행이나 증권사와 같은 판매사들도 보수적인 성향의 고객들에게 쉽게 추천할 수 있는 상품이 회사채 펀드 같은 상품이었는데, 당시에는 채권시장의 이슈와 맞물려서 은행 예금과 채권형 펀드 모두 2~3% 이상의 수익률을 기록하게 된다. 수탁고는 하루가 멀다 하고 고점을 갱신하였고, 우수 채권형 펀드 운용사는 언론의 집중 조명을 받게 된다.

하지만 곧 오게 되는 금리 상승기에는 채권형 펀드와 채권 직접 투자의 명암이 엇갈리게 되었다. 채권 직접 투자는 증권사에서 적정 스프레드(수수료 개념)를 붙여서 매매를 하기 때문에 금리 차이가 일정 수준 발생해야 중도 매각 시 수익을 얻을 수 있는데, 채권형 펀드는 전문 채권 펀드매니저가 운용하기 때문에 지속적인 매매 차익이 가능하다.

즉, 채권 직접 투자는 1회성 수익 정도에서 그친다면 채권형 펀드의 경우 이론상으로 매일 일정 수준의 수익을 얻는 것이 가능하다는 이야기다. 하지만 이는 금리 하락기에 해당되는 말이고, 금리가 상승하게 되면 전반적으로 채권가격들이 하락하기 때문에 지속적인 수익을

구분		S&P 500		LB AGG BD	
		수익률	위험	수익률	위험
1999년		21.0%	13.1%	−0.8%	2.7%
2000년		−4.2%	18.4%	9.1%	3.0%
2001년		−11.9%	19.9%	8.4%	3.8%
2002년		−22.1%	20.7%	10.3%	3.8%
2003년		28.7%	11.4%	4.1%	5.3%
2004년		10.9%	7.3%	4.3%	4.0%
2005년		4.9%	7.9%	2.4%	3.1%
2006년		15.8%	5.6%	4.3%	2.7%
1년	2007/12/31	5.5%	9.7%	7.0%	2.6%
3년	2007/12/31	8.6%	7.8%	4.6%	2.8%
5년	2007/12/31	12.8%	8.6%	4.4%	3.6%
가장 나쁜 3년	2000/4/1~2003/3/31	−16.1%	17.6%	9.8%	3.4%
가장 좋은 3년	2003/4/1~2006/3/31	17.2%	8.8%	2.9%	4.1%
1999/1/1~2007/12/31		3.7%	13.8%	5.7%	3.5%

자료: 모닝스타

표 4-8 S&P 500 지수와 리먼브라더스 채권 지수의 수익률 및 위험 비교

1999년 1월부터 2007년 12월까지 미국 대형주 중심의 S&P 500 지수와 리먼브라더스의 채권 지수의 수익률과 위험을 비교한 표다. 장기투자라고 한다면 흔히들 우량주에 투자하는 것을 생각할 수 있지만, 채권의 경우도 장기투자에 적합한 상품 중에 하나다. 변동성이 주식보다 적고 최고 수익률이 주식보다 높지는 않지만 꾸준한 수익률을 달성할 수 있다는 장점이 있다. 한국의 경우에도 2000년대 이후 채권에 3년 이상 투자하게 될 경우 은행예금보다 평균적으로 1% 이상, 많게는 2% 이상 꾸준히 높은 수익률을 냈던 것으로 나타나고 있다.

발생하기가 어렵다. 물론 펀드매니저의 역량이나 운용사의 노하우 등을 통해서 다른 채권형 펀드들보다 우월한 성과를 보이는 펀드가 생길 수 있다. 그러나 이 역시 시장을 거스를 정도로 탁월한 성과를 보이기는 쉽지 않다.

시중 금리가 상승하면서 바닥을 찍은 예금금리는 상승하기 시작했고, 금리 상승에 따라서 전반적인 채권가격이 하락하게 되자 채권형 펀드들의 수익률은 하락했다. 이제는 예금금리가 채권형 펀드 수익률을 역전하는 현상이 생기는 것이다.

채권 직접 투자의 경우는 이런 금리 상승기에는 어떻게 될까?

채권 직접 투자는 금리 상승기에 채권형 펀드보다 상대적으로 유리하다. 이유는 채권 직접 투자의 경우 투자 당시에 결정된 수익률이 있기 때문에 금리가 하락하여 채권가격이 하락한다 하더라도 만기까지 보유하게 되면 수익률 상승에 따른 위험을 회피할 수 있게 된다. 이 부분이 채권 직접 투자와 채권형 펀드의 큰 차이점이라고 볼 수 있다.

쉽게 말해서 채권 직접 투자는 투자할 시점에 정해진 만기 수익률을 중도에 금리 변동이 있더라도 확보할 수 있는 반면에, 채권형 펀드의 경우 시가 평가제를 적용받기 때문에 일별로 수익률 변동이 생길 수 있다는 말이다(금리 상승기에는 일별 시가 평가제가 적용되므로 펀드의 수익률이 좋지 않을 확률이 높음).

하지만 채권형 펀드를 가지고 있을 때 장점도 있다. 우선 전문 채권 펀드매니저에 의해 운용되므로 투자전략이 채권에 직접 투자하는 개인에 비해 다양하며 효과적이다.

개인의 경우에는 구사할 수 있는 채권투자전략이 '사다리전략', 소극적 투자전략(금리를 예측하거나 시장 환경을 고려하기보다는 위험을 회피하는 데 목적을 둔 투자전략)이 대부분이다. 하지만 채권 펀드매니저의 경우에는 적극적 투자전략을 구사하는 등 전문적인 투자전략 수립이 가능하다.

또한 채권형 펀드는 투자와 환매가 자유롭다. 채권 직접 투자의 경우 상대적으로 채권형 펀드에 투자하는 것에 비해 많은 시간과 에너지, 그리고 지식 등이 필요하다. 반면 채권형 펀드의 경우 이런 측면에서 더 간편하다고 볼 수 있다.

또한 회사채 직접 투자자의 경우 만기 이전에 중도 매각이 어려운 경우가 대부분인데, 회사채 펀드의 경우 유동성이 회사채 직접 투자자에 비해서 훨씬 좋다고 할 수 있다. 투자자산의 매력을 측정하는 지표 중에 하나가 유동성인 것을 감안하면 채권형 펀드가 이 부분에서는 더 높은 점수를 받는다고 볼 수 있다.

채권 직접 투자와 채권형 펀드 모두 채권이라는 공통된 기초자산에 투자하는 상품이다. 그러나 투자자의 투자 목적, 기간, 성향 등에 따라서 선택적인 접근이 필요한 상품이라 판단된다. 특히 채권형 펀드는 금리에 민감한 상품이므로 투자에 앞서서 금리의 방향성에 대해서 생각해 보는 것이 좋을 것으로 판단된다.

국채선물과 채권 ETF로 마무리하는 금리투자

'이 상품의 특징은 무엇보다 상관도가 낮은 자산들로 포트폴리오를 구성해 투자위험성을 크게 낮췄다는 것. 또 투자 지역과 투자 대상을 다양화해 분산투자의 효과도 얻을 수 있다. 투자 운용전략은 우선 G7국가 우량 장기 국채선물 투자로 펀드의 안정적인 수익을 확보하고⋯.'

국내에 판매된 어떤 펀드의 투자전략 부분에 소개된 글을 가져온 것이다. 펀드의 전략 중에 하나가 국채선물 투자로 안정적인 수익을 확보한다는 것인데, 국채선물 투자가 어떤 것인지에 대해서 일반투자자들은 조금 생소할 수 있을 것이다.

선물Futures이란, 미리 정한 가격으로 자산을 사거나 팔아야 하는 의무가 부여되어 있는 계약이다. 따라서 미래에 대한 현물(주식이나 채권, 실물상품 등)의 가격을 예측하여 현재의 가격에서 매매를 하는 개념이라고 보면 된다.

사실상 금리의 변동에 대해서 가장 민감하게 반응하는 상품을 꼽으

라면 국채선물, 그중에서 3년 국채선물인 KTBKorean Treasury Bond선물
이다. 선물·옵션이라는 것은 변동성이 상당히 크며, 레버리지(남의 돈
을 이용해서 투자하는 행위) 투자가 가능한 상품이기 때문에 전문적 지식이
부족할 경우에는 낭패 보기 쉬운 투자자산 중에 하나다. 주식의 변동성
이 크다고 느낀다면 선물·옵션의 경우에는 이보다 몇 배는 더 변동성
이 큰 상품이라 할 수 있다.

그런데 여기서 국채선물을 소개하는 이유는, 하나의 대체투자 자산
으로서 또한 금리관련 상품으로서 국채선물은 필요하다는 판단이 들었
기 때문이다. 우선 국채선물에 대해서 알아보도록 하자.

국채선물은 3년 국채선물과 10년 국채선물 등이 있다. 이 중에서 매
매가 활발하게 이뤄지고 있는 상품은 3년 국채선물이다. KTB라고 부
르기도 하는 3년 국채선물은 표면금리 8%, 6개월 단위 이자지급 방식
의 3년 만기 국고채가 거래 대상이다. 기본 거래 단위는 1억 원인데,
국채의 특성상 가격 변동폭이 크지 않아 증거금이 최근 기준으로 최저
1.5%(차등 적용) 정도밖에 되지 않는다. 금액으로 따지면 180만 원 내외
의 금액으로 액면가 1억 원짜리 국채를 매매할 수 있는 것이다.

호가 단위는 1bp(Basis Point, 0.01%)이며, 1bp 움직일 때마다 1만 원(1
억 원 × 0.01 × 1/100)의 가치가 변동되므로 최소 변동금액은 1계약당 1
만 원이라고 생각하면 된다. 유지증거금이 있으므로 일정 수준 이하(위탁

증거금이 최소 1.5%에서 차등 적용되며, 유지증거금은 1% 수준이므로 현재 기준으로 100만 원 내외 수준)로 가격이 떨어지게 될 경우 추가로 돈을 입금해야 하기 때문에 최소 금액(최근 가격 기준으로는 180만 원 내외)만 가지고 투자하기에는 조금 부담이 있다.

일간 변동성은 2009년 3월물 KTB선물의 경우 일간 등락률이 보통 30bp(0.3%)를 넘어가지 않는 수준이다. 금액으로 환산하면 1계약을 투자했을 때 일간 등락률이 30만 원 이내로 손익이 난다는 의미인데, 최근과 같이 금융시장이 불안정하거나 민감한 이슈가 발생하게 될 경우에는 일간 등락률이 평소보다 높아지기도 한다.

국채선물 거래를 위해서는 계좌가 필요한데, 이 계좌는 증권사에서는 개설할 수 없다. 증권사에서 다루는 상품은 주가지수 선물 및 옵션 등이고 나머지 대부분의 국내선물(3년 국채선물, 미국달러선물, 엔선물, 돈육선물 등)과 해외선물(통화선물, 금리선물, 지수선물, 비철금속 등)은 선물회사 계좌를 개설해야 한다. 선물회사 계좌는 선물회사 본점이나 지점에서 계좌 개설이 가능하다. 이때 선물회사의 본·지점망은 은행이나 증권사에 비해 상대적으로 적기 때문에 편리하게 계좌를 개설하기 위해서라면 가까운 거래 은행에 방문해서 선물회사 계좌를 개설하면 된다.

선물의 투자전략은 크게 4가지 정도로 나누어 볼 수 있다.

첫 번째는 헤지 거래다. 가격 상승이나 하락에 대비하여 선물을 사서

항목	내용
거래대상	표면금리 8%, 6개월 단위 이자지급방식의 3년만기 국고채
거래단위	액면 1억 원
결제월	3 · 6 · 9 · 12월
상장결제월	6월 이내의 2개 결제월
가격의 표시	액면 100원당 원화(소수점 둘째 자리까지 표시)
최소가격 변동폭	0.01포인트
최소가격 변동금액	1만 원(1억 원 x 0.01 x 1/100)
거래시간	〈평일〉 단일가매매: 08:00~09:00 접속매매: 09:00~15:05 단일가매매: 15:05~15:15 〈최종거래일〉 단일가매매: 08:00~09:00 접속매매: 09:00~11:30 단일가매매: 시간 없음
최종거래일	결제월의 세 번째 화요일
최종결제일	최종거래일 다음 거래일
결제방법	현금결제

증거금 종류	내용
위탁증거금률	차등 적용(최저 1.5%)
유지증거금률	1.0%

3년 국채선물은 표면금리 8%, 잔존만기 3년의 국고채를 거래대상으로 하는 국내 최초의 장내 채권선물이다. 1999년 9월 29일에 상장된 3년 국채선물은 국채전문딜러제도(1999년 7월)의 도입, 채권시가평가제도(2000년 7월 1일)의 전면시행 등으로 인해 헤지 수요가 커지면서 거래가 점차 증가하여 전 세계 국채선물 중 8위를 차지하는 성공을 거두고 있다. 3년 국채선물의 CBOT, EUREX 등의 채권선물과는 달리 현금결제를 채택하고 있는 것이 큰 특징이며, 최종 결제일에 최종 결제가격을 이용하여 자신의 포지션을 정산하는 등 투자자들은 국채의 실물 인수도에 대한 부담 없이 쉽게 거래에 참여할 수 있다.

위험을 회피하는 거래로, 채권 보유자의 경우 금리가 상승하게 되면 가격이 하락하는 위험에 노출되어 있다. 이 경우에는 국채선물 매도를 통해서 위험을 회피할 수 있다.

두 번째는 단순 투기 거래Outright Speculation다. 단순히 선물가격이 상승할 것인지 하락할 것인지를 예측한 다음에 등락을 이용하여 차익을 얻는 거래다. 투기 거래에서도 초단기 거래자Scalper, 일중 거래자Day Trader, 포지션 거래자Position 등으로 나누어진다.

세 번째는 스프레드Spread 거래다. 스프레드 거래는 동일한 상품을 대상으로 결제월이 다른 두 개의 종목을 거래하거나 만기는 같으나 대체 상품을 활용하는 등의 거래를 하는 것이다.

마지막으로는 차익 거래인데, 선물의 이론 가격과 실제 가격 사이에

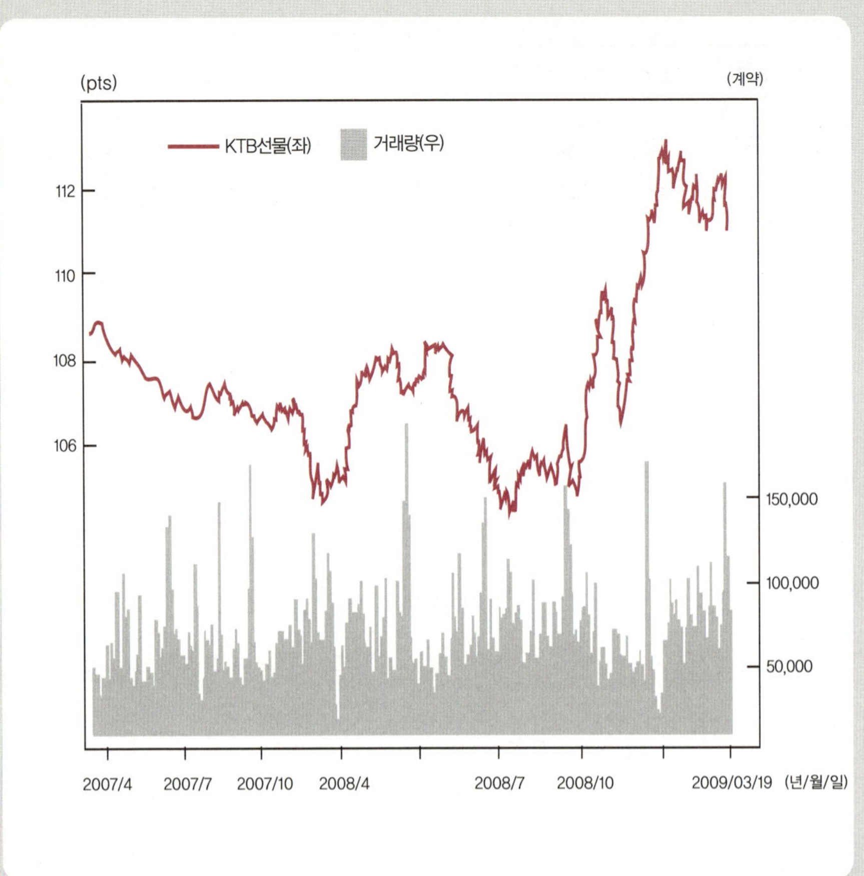

자료: 증권선물거래소

표 4-10 국채선물(3년, KTB F 200812)의 가격 추이

국채선물은 채권 보유자의 위험회피전략(헤지전략)과 금리 추세에 대한 투자가 가능한 상품이다. 금리의 경우 특성상 추세 형성이 강하기 때문에 중장기적인 투자가 가능하며, 선물의 특성상 단기적인 투자도 가능하다.

일시적인 가격 불균형이 발생했을 경우에 그 차이가 좁혀질 것으로 예상하고 투자하는 전략이다.

아쉽게도 헤지 거래를 제외한 대부분의 거래 전략은 개인이 하기에는 진입장벽이 있거나 고도의 전문성을 요구하는 등 위험 요소가 많기 때문에 개인투자자에게 있어 활용도는 높지 않다고 할 수 있다. 하지만 국채선물의 경우 선물투자의 관점이 아닌 금리투자의 관점에서 본다면 대체 상품으로서의 매력은 충분히 있다.

예를 한번 들어보자. 2000년부터 2004년 중순까지 시중의 금리는 지속적인 하락 추세를 보였다. 크게 보면 4년 정도의 사이클이 생겼던 셈이다. 그 다음 금리 추세는 반대로 상승 추세를 타게 되는데, 이 상승 추세는 2008년 글로벌 금융위기가 최고조에 달했던 10월경을 전후로 하여 전 세계적으로 금리인하 랠리를 시작하게 된다. 그리고 그 이후로는 잘 알고 있듯이 미국의 경우 실질적으로 제로 금리 수준까지 금리를 인하한 상태다. 한국의 경우에도 기준금리를 지속적으로 내리고 있는 상황이다.

한국이 금리를 내리기 시작하면서 나온 금융통화위원회의 발언을 살펴보면 추가적으로 금리인하가 가능하다는 여지를 충분히 밝혔고, 금리인하가 지속될 것이라며 많은 이야기들을 했었다. 이런 뉴스를 접한 투자자가 향후 금리가 지속적으로 인하될 것이라는 사실을 인식했다면, 예금이나 장기 대출의 경우 변동성 금리를 선택하는 것이 정석적인

구분	금리인상 예상	금리인하 예상
금리상품(예금 등)	만기를 짧게	만기를 길게
대출상품	고정금리	변동금리
국채선물	선물 매도	선물 매수

표 4-11 ▶ 금리 변동에 따른 금리관련 상품의 투자전략

금리에 대한 가장 정확한 정보 중에 하나는 매월 열리는 금융통화위원회의 발언으로, 이를 참고로 하면 된다. 금융통화위원회에서는 지금 한국의 경제 여건과 글로벌 경기의 방향 등을 종합적으로 검토하여 금리 인상·동결·인하 여부를 결정하는데, 이런 발언들이 언론이나 기관투자가들에게도 중요한 참고자료가 된다.

자산관리전략이 된다(반대로 금리가 향후 인상될 여지가 있을 경우 예금은 되도록이면 만기를 짧게 가져가고, 대출의 경우 고정금리가 유리하다).

"오늘 금융통화위원회에서는 한국은행 기준금리를 5.25%에서 0.25%포인트 낮춰 5%로 정하고 앞으로 통화정책을 운영키로 했다. 결정의 배경을 보면 실물 쪽에서는 수출 증가세가 꾸준하다. 그러나 소비나 투자 같은 내수가 계속 더 부진해지면서 경기 둔화 움직임이 점점 더 뚜렷해지고 있다(2008년 10월 9일 목요일 한국은행 총재의 발언)."

"오늘 금융통화위원회는 정책 목표로 삼는 한국은행 기준금리를 그동안의 4.25%에서 4.00%로 0.25%포인트 낮춰서 운용하기로 했다. 국내 경기는 수출 증가율이 떨어지고 있다. 소비투자와 같은 내수도 부진해 경기가 전체적으로 상당히 빠르게 둔화돼가고 있는 모습을 보이고 있다. 연초부터 선진국에 대한 수출이 약화됐지만, 최근에는 신흥시장 국가에 대한 수출도 약화되고 있고 주력 수출품도 부진하다. 소비는 취업자증가율 감소, 주가하락, 가계의 부담도 늘어 심리가 안 좋다(2008년 11월 7일 금요일 한국은행 총재의 발언)."

"오늘 한국은행 금융통화위원회에서는 앞으로 통화정책의 기준인 한은 기준금리를 4%에서 1%포인트 내린 3%로 운용하기로 했다. 정책 결정의 배경이 되는 실물 경제를 보면 국내 경기가 최근 두세 달 사이에 급속히 나빠지고 있다. 소비투자와 같은 내수 부진은 연초부터 있었지만, 최근에 와서 심화되고 있고 지난 가을까지 꾸준히 증가세를 보이던 수출도 지난 11월에 예상보다 빠르게 감소하고 있다(2008년 12월 11일 목요일 한국은행 총재의 발언)."

국채선물의 경우는 어떨까? 앞에서도 간단히 짚어 보았지만, 금리와 채권가격은 반대로 움직인다. 즉, 금리가 인상되면 채권가격은 하락하고, 금리가 인하하면 채권가격은 상승한다는 말이다. 채권은 금리 기준으로 말하며, 채권선물은 가격 기준으로 말한다. 쉽게 말해서 금리가 내려간다고 하면 채권가격은 상승하며 채권선물 역시 상승한다. 반대로 금리가 올라가면 채권가격은 하락하고 채권선물 역시 하락하게 된다.

앞의 사례에서 2008년 금융위기가 본격화되고 선진국부터 시작하여 금리인하 공조를 시작하자 대한민국 역시 금리인하를 시작하였다고 말했다. 그리고 금융통화위원회의 발언을 보면 금리인하 추세는 그리 쉽게 끝나지는 않을 것으로 보인다. 이 경우 금리인하를 한다는 데 투자를 해야 한다면(채권가격 상승) 채권선물을 매수하면 실제로 금리가 하락했을 경우 수익이 나게 된다.

그렇다면 이를 실행에 옮겼을 때는 어떤 결과가 나왔을까?

우선 2008년 12월물 KTB선물에 투자(매수포지션은 '금리하락→채권가격 상승'이므로, 채권선물은 가격기준임)했을 경우 만기일 이전까지 가져가게 되면, 기간 수익률은 200%가 넘고 이를 연환산 수익률로 바꾸면 1,000%가 넘는 수익률(하지만 주식, 펀드, 선물·옵션, 부동산 등의 투자상품은 연환산 수익률이 아무 의미 없다. 단순 비교용)이 나온다.

두 번째로 KTB선물 2009년 3월물 역시 마찬가지로 금통위 발언 이후 금리하락이 이어진다고 생각하고 투자했다면, 2월 24일 종가로 기간 수익률 45.7%가 나온다. 앞서 2008년 12월물에 투자하였을 경우는 마진콜(현금을 초기 증거금 수준까지 채워 넣는 것)이 발생하지만, 두 번째 시나리오인 2009년 3월물에 투자 시에는 마진콜이 발생하지 않는다. 그리고 첫 번째 시나리오에서는 정책금리가 급격히 떨어지고, 파격적으

종목 명	투자가격	정리가격	기간 중 최고가	기간 중 최저가	단순기간 수익률
KTB F200812 (정리가격: 12월물, 2008년 12월 16일 기준)	107.30%	110.76%	110.85%	106.16%	214.9%
KTB F200903 (정리가격: 3월물, 2009년 2월 24일 종가)	110.67%	111.47%	113.04%	110.70%	45.7%

*투자가격은 금융통화위원회 성명서 발표일 종가 기준
*수익률은 위탁증거금(1.5%) 대비 수익률
*상기 시나리오는 과거의 데이터를 기반으로 한 시뮬레이션이므로, 개인투자자들이 쉽게 낼 수 있는 수익률이 아님

자료: 하나대투증권

표 4-12 2008년 11월 금통위 발언 이후, KTB선물 2008년 12월물과 2009년 3월물 투자 비교

로 100bp(1.00%) 인하하는 조치까지 취해졌던 시기이므로 이례적인 수익률이라고 보는 게 옳을 것이다.

하지만 언급한 대로 금리의 큰 추세에 따른 투자의 측면에서 본다면 적어도 최근 반년간의 투자 성과는 매우 성공적이라 할 수 있다. 이런 아이디어는 금리시장에 지속적으로 적용할 수 있다. 금리가 최저 수준으로 내려갈 경우 물리적으로 금리를 인하하기보다는 인상할 확률이 높을 것이고, 금융통화위원회에서 금리를 인상하기 시작할 경우 유심

히 그 추이를 지켜보면 다시 한 번 금리 인상 시기에 채권선물을 매도
할 수 있는 기회가 생길 수 있다.

마지막으로 채권 ETF를 간단히 점검해 보기로 하자.

ETF의 경우 자본시장법 시행에 따라서 다양한 상품들이 출시를 준
비하고 있다. 2009년 3월 현재까지는 해외지수ETF, 지수ETF, 섹터
ETF, 스타일ETF 등이 출시되어 있지만, 향후 레버리지ETF(지수 2배로
상승하면 수익률이 10배가 나는 ETF), 리버스ETF(지수하락 시 수익이 나는 ETF),
ELS ETF(ELS 수익률을 지급하는 ETF), 채권형 ETF(채권 수익률을 지급하는
ETF) 등이 나올 예정이다.

정리해보면, 아직은 국내에는 채권 ETF가 아쉽게도 없는 상황이다.
ETF는 사실상 선진국에서 매우 효율적인 상품으로 각광받고 있다. 저
렴한 보수에, 장기적으로 볼 때 일반적인 뮤추얼 펀드를 압도하는 성
과, 그리고 거래의 편리성, 세금 혜택 등 굉장히 다양한 장점을 가지고
있는 상품이지만, 국내에서는 이제 막 주목을 받기 시작한 시장이다.

해외의 경우에는 채권관련Fixed Income ETF가 상당한 인기를 끌고
있다. 기간별로는 단기Short Term, 중기Intermediate, 장기Long Term로 구
분되고, 채권등급에 따라 고위험 고수익군High Yield Corp., 투자적격등
급Investment Grade, 국공채Government로 구분되어 상품들이 상세하게
출시되어 있다.

구분	ETF 명	Ticker	Expense Ratio	Index
국채단기	iShare Lehman Short U.S. Treasury	SHV	0.15%	LB Short U.S. Treasury
국채장기	Amristock/ Ryan 10-Year U.S. Treasury	GKD	0.15%	Ryan 10-Year U.S. Treasury
인플레이션 방어	SPDR Barclays Capital TIPS	IPE	0.20%	LB U.S. Treasury TIPS
회사채	Vanguard Total Bond Market	BND	0.11%	LB U.S. Aggregate
하이일드채	iShares iBoxx $High Yield Corporate	HYG	0.50%	iBoxx $Liquid High Yield
우선주	PowerShares Financial Preferred	PGF	0.60%	Wachovia Hybrid& Preferred Financial

표 4-13 해외 ETF 사례들

정부채, 물가연동채권, 회사채, 하이일드채, 그리고 우선주에 이르기까지 굉장히 다양한 ETF들이 있는 것을 볼 수 있다. 어림잡아 미국에만 채권관련 ETF들이 30~40개를 훨씬 넘어갈 정도로 많은데, 한국의 경우에도 투자의 다양성 측면에서 이런 채권관련 ETF들이 다양하게 출시될 것으로 기대해본다.

채권관련 ETF들의 경우 평균적인 보수율은 0.19%다. 우리나라 채권형 펀드들의 보수율이 1~2%대인 것을 감안하면 매우 저렴하다는 것을 느낄 수 있다.

미국의 경우 채권인덱스시장은 크게 정부채와 크레디트물(신용등급이 부여되는 회사채와 같은 채권들)과 모기지관련 채권들, 그리고 ABS관련 채권(Credit Card Receivable, Auto Loans, Bank Loans 등)들이 있다. 대부분의 인덱스가 ETF화되어 증권시장에서 거래되고 있다. 한국의 경우 어떤 형태의 ETF들이 상장될지는 모르나, 아마도 국공채와 회사채(투자적격등급)관련 ETF부터 상장될 것으로 예상된다.

글로벌 금융위기 이후 이어진 경제위기는 모든 국가들의 금리를 너무도 쉽게 낮춰버렸다. 특정 자산의 가격이나 지표가 극단으로 치닫게 되면, 반드시 그에 대한 반응이 일어났던 것이 과거의 사례다. 물론 앞으로 어떻게 될지는 아무도 모른다. 하지만 지금과 같이 금리가 최저 수준으로 내려가고 있다는 것은 금리투자에 대해서도 준비를 해야 한다는 것을 의미한다.

그냥 막연하게 예금만 생각하고 있다면, 시장이 주는 기회를 놓치고 있는 것인지도 모른다. 보다 다양한 자산, 그리고 다양한 가능성에 눈을 돌려보자. 위기 이후 경제는 항상 우리에게 그 어떤 기회를 주었다는 것을 상기해 보자.

1929년 세계대공황

세계대공황이 있기 전, 1928년 2월까지 주가는 1년 반 동안 지속적으로 상승했고, 5~10월 주가는 40% 이상 상승했다. 그러나 1929년 가을 주식시장이 붕괴된 후 4년간 깊은 침체기를 맞아 10년간 완전한 회복을 하지 못했다.

대공황에 대해 일반적으로 알려진 얘기는 주식시장의 대붕괴가 대공황의 시작이자 원인이었다는 것이다. 비록 1929년 10월 처음으로 위기가 가시적으로 드러나긴 했지만, 실제 대공황은 더 일찍부터 시작된 것이었다. 또한 대공황이 발발한 데에는 더 중요한 이유가 있었다.

| 세계대공황의 원인들 |

경제학자와 역사가들은 수십 년간 대공황의 원인에 대해 논란을 거듭해왔다. 그러나 대부분의 학자들은 몇 가지 면에서 동의하고 있다. 위기가 발생했던 것 자체가 중요한 것이 아니라(위기는 자본주의의 정상적인 주기적 현상이다) 그것이 왜 그렇게 심각했고, 오래 지속되었느냐 하는 것에 초점을 맞춰야 한다.

원인을 살펴보자.

첫째, 1920년대 미국 경제에는 다양성이 부족했다. 경제적 번영은 특히 건축과 자동차 산업과 같은 소수의 기초 산업에 과도하게 의존하고 있었다. 그러던 중 1920년대 후반 이들 산업은 쇠퇴하기 시작했다. 석유, 화학, 플라스틱 등 새로운 산업들이 등장하고 있었지만 이들을 대신할 정도로 충분하지는 못했다.

둘째, 구매력의 분배가 잘 되어 있지 않았다. 1920년대 10년간의 경제적 번영 이후에도 미국 가정의 절반 이상은 너무 가난하여 산업 경제가 생산하는 상품을 제대로 구매할 수 없었다.

셋째, 경제의 신용 구조가 문제였다. 농민들은 빚을 지고 있었고, 농산물가격이 너무 낮아 빚을 청산할 수도 없었다. 그래서 농업 경제와 연계된 작은 은행들은 다수가 파산하였고, 또 거대 은행들은 주식에 함부로 투자하거나 현명하지 못한 대부를 해주고 있었다.

넷째, 국제무역에 있어 미국이 차지하고 있던 위치를 들 수 있다. 1920년대 후반 미국 상품에 대한 유럽의 수요는 감소하기 시작했다.

다섯째, 국제적 채무 구조를 들 수 있다. 1928년 전쟁이 끝나고 나자 유럽 국가들은 미국 은행에 대규모 빚을 지고 있었으며 이를 갚을 능력이 부족했다. 이러한 국제 신용 구조의 붕괴는 유럽에 대공황을 파급시켰다.

| 세계대공황의 전개 |

가장 심각한 문제는 금융 시스템의 붕괴였다. 1930~1933년 사이에 9,000개가 넘는 미국 은행이 도산 혹은 폐업했다. 은행 폐쇄로 통화 공급이 감소하였고(1/3 이상), 이는 구매력 감소와 물가하락을 가져왔다. 제조업자들과 상인들은 가격을 낮추고 생산을 감축하며, 노동자들을 해고했다.

또한 경제학자들은 연방준비제도Federal Reserve System에 잘못이 있다고 지적했다. 1931년 후반, 이자율을 높여 달러에 대한 국제적 신뢰를 쌓으려는 잘못된 시도로 인해 통화 공급은 더 감소했고, 이는 은행과 기업의 붕괴를 촉진했다. 미국의 국민총생산은 25% 감소했고, 실업률은 20% 정도나 되었다.

주식시장을 이해하기 위해서 가장 중요한 것은 과거의 역사라 생각한다. 특히 1929년의 세계대공황의 원인과 전개에 대한 분석은 증권연구의 시작이고 이해의 기초가 될 것이다.

위기 이후의 대안투자

우선 미술품의 금융상품에 비해 일반적으로 가격 진폭(변동성)이 상대적으로 작다고 한다.
실제로 아트프라이스닷컴에 따르면, 1997년부터 2004년 6월까지 미술과 주식투자의
평균수익률과 표준편차를 비교한 결과 미술작품의 표준편차가 10.25%로 S&P 500의
표준편차 28.29%, 다우지수의 표준편차 20.39%보다 낮은 것으로
나타났다고 한다. 이 기간 동안 수익률은 미술품이 더 좋은 것을
감안하면 생각보다 훌륭한 성과라고 볼 수 있다.

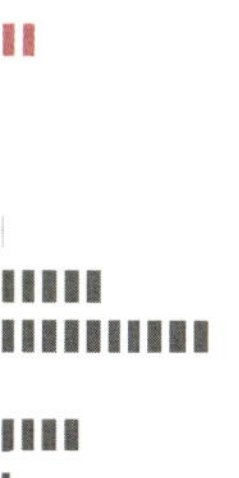

나의 퍼스트 콜렉션

우리에게 글로벌 투자은행으로 잘 알려져 있는 JP 모건의 창립자인 모건J. P. Morgan은 금융계의 '황제' 로 군림했었다. 미국 금융위기 해결을 위한 협상 테이블에서 양측의 대표들을 감금하면서까지 강한 연방은행의 역할을 해왔던 그에게 그 별명은 결코 어색한 것이 아니었다.

그런 모건이 1913년 3월 31일 숨을 거두었다. 그가 숨을 거두자 세계 예술품시장이 큰 불안에 떨었다고 한다. 그도 그럴 것이 모건은 전 세계 미술품시장에서 큰손으로 통할 정도로 미술품 수집에 열정적이었던 사람이기 때문이다.

그로부터 90년이 넘게 흐른 2007년, 미술시장은 사상 최대의 호황을 누리게 된다. 예전에는 미술품투자라는 것이 특정 계층이나 부호들의 전유물로 인식되어왔다. 하지만 이제 이런 인식이 많이 달라졌다. 우리가 생각하는 것보다 적은 돈으로도 자신들이 원하는 미술품들을 소유할 수 있게 되었기 때문이다.

채권 왕으로 불리는 핌코PIMCO의 최고투자책임자CIO 빌 그로스는 자신의 전공 분야인 채권이 아닌 우표투자를 통해서 큰 수익을 냈다고 한다. 그가 우표를 수집하기 시작한 2000년대 초반에 사들인 영국 우표들을 2007년 경매에 내놓아서 900만 달러가 넘는 수익을 챙긴다. 4배의 수익을 낸 셈이었다.

모든 자산가격들이 자고 일어나면 상승을 하고, 달러는 약세를 보이다 보니 투자처를 찾지 못한 투자자금들과 여유자금들이 다양한 시장에 몰리고 있다. 상당수의 투자자산들이 그렇듯 미술품 역시 '되는 때'가 있었다. 그러나 '안 되는 때'도 분명히 있다. 2008년의 미술품시장이 바로 그 '안 되는 때'였다.

최근 국제적인 신용평가사인 S&P에 따르면 경기침체로 인해 국제 예술품 경매시장의 외형이 크게 감소할 것으로 예상되고 있으므로, 세계적인 경매업체인 소더비의 신용등급을 낮출 가능성이 있다는 보도를 했다(실제로 2009년 2월 9일자 AP통신에 따르면 S&P에서는 소더비의 신용등급에 대해 부정적 의견을 내놓았다).

260년이 넘는 전통을 가진 경매업체인 소더비의 신용등급은 BBB-다. 등급이 떨어지게 되면 그나마 투자적격등급에 간신히 걸쳐있던 회사등급이 투기등급으로 바뀐다. 하지만 2009년 2월 열렸던 소더비의

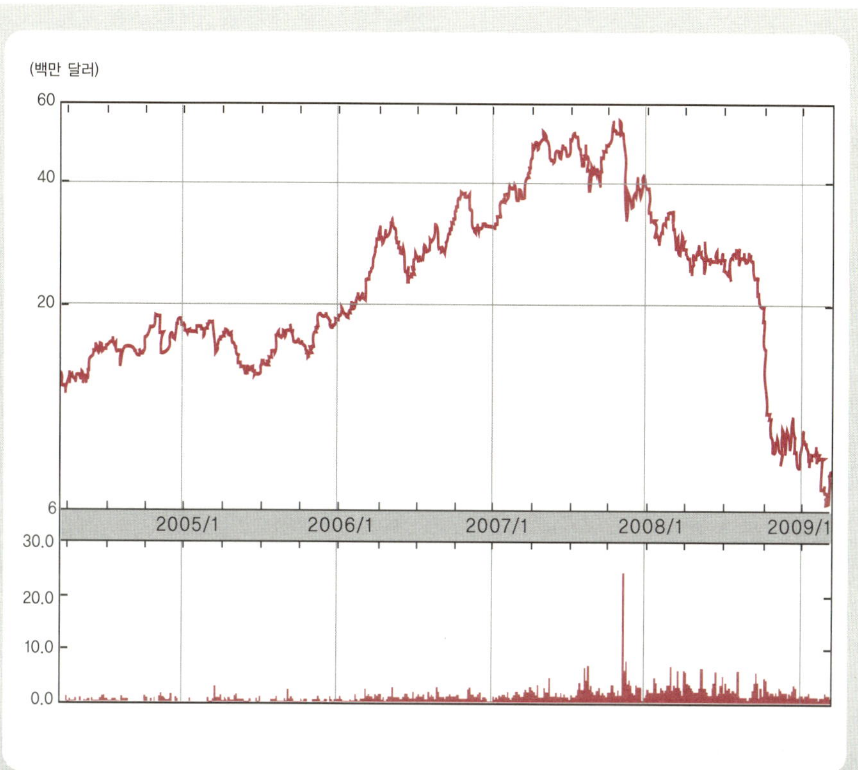

자료: 야후 파이낸스

표 5-1 소더비의 최근 5년간 주가 흐름

2007년 미술시장이 호황일 당시에 50달러를 넘어섰던 주가가 최근에는 7달러대까지 떨어졌다. 주가가 1/7 수준으로 내려 온 것이다. 이를 보고 어떤 전문가는 소더비 같은 고급Luxury재화를 다루는 주가를 보면 해당 고급 재화를 어느 시점에 사야 하는지를 알 수 있지 않겠느냐며 우스갯소리를 하곤 했다. 소더비의 주가가 바닥이라면 그림투자 시기로 적절하다는 말이었다. 미술품은 경기에 민감한 특징 때문에 2008년의 글로벌 경기침체의 직격탄을 맞게 되었다.

경매 규모가 전년 대비 80% 넘게 감소했다는 사실을 보면 S&P의 발언이 결코 위협만은 아니었음을 알 수 있다.

한국의 경우도 글로벌 미술품시장의 등락과 같은 길을 걷고 있다. 최근 몇 년간 미술계는 큰 호황을 누리게 되는데, 2007년 경매시장 규모는 1년 만에 2006년의 두 배인 1,900원을 넘겼고, 새로운 경매회사들이 생겨나기까지 했다. 하지만 2008년은 유난히 미술계에 험난한 일들이 많았다. 2008년 마지막에 열린 몇몇 경매회사들이 했던 경매의 경우 낙찰률이 50%대까지 하락했다. 80%대에 이르렀던 낙찰률을 감안하면 미술계에서 느껴지는 체감 경기가 얼마나 추운지를 알 수 있다.

이런 미술시장의 불황은 크게 3가지 정도의 이슈로 생각해볼 수 있다.

첫 번째 세금 문제다. 2011년부터 개인이 소장한 미술품에 대해 양도세가 부과될 예정(2009년 현재 국회 본 회의에서 통과되었고, 미술계에서는 큰 반발을 하면서 양도세 철회 운동을 하고 있는 상황이다)이라는 소식이 전해지면서 미술시장이 들썩이게 된다. 물론 금액은 6,000만 원 이상의 작품에 관련된 내용이라서 미술품 전체에 대해서 양도세를 부과하는 것은 아니지만, 미술계의 반대가 심하다는 것은 불 보듯 뻔한 일이다.

두 번째로는 그림관련 스캔들이다. 미술시장이 어려움을 겪기 시작하면서 유독 그림관련 스캔들이 많았다. 세금을 회피하거나, 그림 로

2008년			2007년		
작가 명	작품 수	낙찰총액	작가 명	작품 수	낙찰총액
이우환	59	106억 2,500만 원	이우환	116	215억 9,740만 원
오치균	36	38억 180만 원	김환기	62	145억 6,860만 원
김종학	57	23억 6,480만 원	김종학	113	97억 4,170만 원
백남준	24	22억 7,057만 원	이대원	68	92억 2,520만 원
김창열	39	19억 1,620만 원	오치균	54	73억 5,270만 원
이왈종	23	4억 1,320만 원	김창열	52	28억 249만 원
박항률	26	3억 6,427만 원	사석원	107	21억 4,420만 원
황영성	20	2억 2,580만 원	이왈종	61	9억 3,060만 원
이수동	33	1억 9,160만 원	최영림	44	7억 6,060만 원
최영림	24	1억 9,035만 원	황영석	47	6억 4,020만 원
계	341	223억 6,359만 원	계	724	697억 6,369만 원

자료: 국민일보

표 5-2 미술경매 낙찰 상위 10명 작가 비교

낙찰 총액이나 작품 수를 비교해보면 2007년 호황과 2008년 불황의 차이를 한눈에 볼 수 있다. 작가에 따라서 작품가격의 낙폭이 큰 사람이 있는 반면에, 작품가격의 낙폭이 적은 사람도 있다.

대부분의 그림은 경매회사나 화랑(갤러리) 등을 통해서 거래되고 있다. 이를 조금 더 구분해본다면 화랑의 경우에는 1차 시장Primary Art Market, 경매회사의 경우 2차 시장Secondary Art Market이라고 볼 수 있다. 주식시장과 비유해 본다면, 화랑은 발행시장, 경매회사는 유통시장(주식시장)으로 보면 이해하기 편하다. 사설화랑(갤러리)은 상설판매점을 통해 이미 정해진 가격의 작품에 대해 선구매자가 우선권을 갖는 시장형태고, 경매는 경매 위탁자의 작품을 모아 특정한 경매일자에 수요자들을 불러모아 주최자의 경매방식에 따라 매매가격의 변동이 가능하다.

화랑은 작가와 계약을 맺고 작가의 그림에 관련된 전반적인 매니지먼트 업무를 수행하고, 그 작가의 그림을 전시회 등을 통해서 직접 판매를 한다. 경매회사는 2차 시장인 만큼 화랑에서 팔린 작가의 그림을 시장에서 되팔 때 형성되는 시장이다. 물론 개인만 경매시장에 참여하는 것은 아니다. 화랑에서 소유하고 있던 작품이 경매시장에도 나온다(최병식 교수의 추정에 따르면 1차 시장의 경우에는 2007년도 기준으로 약 4,045억 원 규모로 2차 시장보다 크다).

화랑을 발행시장, 경매시장을 유통시장으로 구분한 또 다른 이유는 가격 형성 방식도 다르기 때문이다. 화랑보다는 다수가 참여할 수 있는 경매시장이 상대적으로 공정가격이 형성될 가격이 높다. 실제로 필자가 화랑에서 구매한 그림을 경매시장에 내놓으려고 할 때 화랑에서 구매한 가격이 일반적인 시장가격보다 높아서 예술품 소유주가 난감해했던 경우를 목격했던 적이 있었다.

그러나 화랑이라고 해서 모두 다 가격이 불공정한 것은 아니며, 화랑의 경우에는 작가나 화랑 직원들과의 유대 관계를 통해서 금액으로 환산할 수 없는 문화적 교류와 정보 등을 얻을 수 있으며 때로는 더 싸게 살 수 있는 경우도 있다. 또한 경매시장이라고 해서 공정가격에 형성되는 것은 결코 아니며, 당시의 시장 분위기와 경매 분위기에 따라서 가격이 달라질 수 있다.

비, 유명작가의 위작 사건 등의 사건들이 일반인들에게 미술품에 대한 부정적 인식을 심어주는 계기가 되었다. 마치 미술품은 은밀한 뇌물이 자 부자들의 세금 회피의 목적으로 사용되는 듯한 인식은 미술품 수집 가들의 저변 확대에는 좋지 못한 뉴스인 점은 분명하다.

마지막으로는 경기침체다. 가장 직접적이고 영향력 있는 변수라고 볼 수 있다. 경기침체가 본격화되기 시작하자 미술시장이 급속도로 위 축되기 시작했다. 이를 뒤집어서 생각해보면, 경기침체기에 미술품을 구매하면 경기호황기에는 투자 측면에서 볼 때 만족할 만한 수익률로 되팔 수 있다는 것을 의미하기도 한다. 일부 전문가들은 경제위기로 인 한 미술시장의 침체 때문에 어려움을 겪을 수는 있지만, 특정 작품을 집중 매입하여 가격을 올리고 단기간에 팔아 치우는 투기 세력들이 사 라지는 기회가 될 수 있다고 진단한다. 진정으로 작품을 보유하고 즐기 는 수집가들이 늘고 있다는 것은 오히려 긍정적일 수도 있다는 이야기 를 하기도 했다.

그렇다면 미술품이 투자 가치로서 가지는 매력은 어떨까?

우선 미술품의 금융상품에 비해 일반적으로 가격 진폭(변동성)이 상대 적으로 작다고 한다. 실제로 아트프라이스닷컴에 따르면, 1997년부터 2004년 6월까지 미술과 주식 투자의 평균수익률과 표준편차를 비교한

시기	특징
올드 마스터화(1300~1860년)	르네상스, 바로크, 로코코 시절의 이태리, 스페인, 독일, 프랑스, 영국 등 작품 대상
인상파(1860~1910년)	드가, 르느와르, 모네, 마네, 피사로, 로댕, 반 고흐 등 프랑스 작가의 신인상주의 및 후기인상주의 작가 대상
모던아트(1940~1970년)	피카소, 칸딘스키, 샤갈, 어니스트, 미로 등 큐비즘, 표현주의의 초현실주의, 바우하우스 등 대상
현대 거장화(1970~1985년)	잭슨 폴락, 클랑인, 클리네, 폰타나, 스미스 등 추상 표현주의 및 모노크롬 페인팅 등을 포함
포스트 모더니즘(1985년 이후)	세라, 플라빈, 마르덴, 바스키아 등 팝아트, 네오다다이즘, 미니멀리즘 등 1950년대 이후의 포스트모더니즘 작가 및 신진 작가

자료: 대신증권

표 5-3 서양 미술품시장 구분

아트프라이스닷컴이라는 해외 사이트에 들어가면 위의 미술품시장별로 가격 추이를 볼 수 있으며 정보들을 얻을 수 있다. 해외에만 시장별로 작품들이 있는 것은 아니고, 국내에도 여러 시장에 해당되는 작가들이 존재한다. 예를 들어 이인성 작가의 경우에는 서양의 인상주의와 후기 인상주의의 화풍을 독자적으로 발전시켜서 서정주의의 한 전형을 만들기도 하였다. 그림가격은 미술품시장이 침체기라고 해서 모두 가격이 똑같이 떨어지지 않는다. 작가별로 등락의 폭이 상대적으로 다르게 나타난다.

결과 미술작품의 표준편차가 10.25%로 S&P 500의 표준편차 28.29%, 다우지수의 표준편차 20.39%보다 낮은 것으로 나타났다고 한다. 이 기간 동안 수익률은 미술품이 더 좋은 것을 감안하면 생각보다 훌륭한 성과라고 볼 수 있다.

그러나 미술품에 관련된 한 논문(김태성, 〈투자로서의 미술품과 미술품가격 형성 요인에 관한 연구〉)에 따르면 수익률 간의 낮은 상관관계는 미술품이 분산투자로 인한 마코위츠의 '평균–분산 효율적 포트폴리오'를 구성하는 데 긍정적인 효과를 나타내지 못하는 것으로 나타났다고 한다. 즉, 포트폴리오 편입에 따른 효과가 크지 않다는 것을 의미하는 말이다.

하지만 이 논문에서도 나와 있듯이, 이 부분은 현재까지 논란의 여지가 많은 부분이며 미술품만으로 포트폴리오를 구성할 경우 현대 거장화, 19세기 유럽화, 올드 마스터화와 20세기 영국회화로 이루어진 포트폴리오는 분산투자 효과가 있다고 한다.

다음으로는 성장성 측면이다. 미술품의 성장성에 대해서는 많은 전문가들이 후한 점수를 주고 있는 편이다. 일반적으로 경제 성장 규모가 커지면 예술품으로 돈을 몰리는 현상은 과거부터 지속되어왔던 현상들이다. 과거 로마제국이나 중국, 이집트 등 예술품이 많은 국가들의 공통점은 문화적 · 경제적 등으로 번성했다는 것이다.

1980년대 일본 엔화 가치가 치솟고 자산가치가 상승하면서 넘치는

서울옥션의 2009년 첫 경매 홍보물

국내의 유일한 상장업체인 서울옥션이 2009년 첫 경매로 '마이 퍼스트 콜렉션My First Collection'이라는 제목의 기획 경매를 열었다. 초보 수집가가 큰 부담 없이 구입할 수 있도록 300만 원 이하의 작품을 대거 내놓았는데, 초보 수집가들이라면 이런 작품들에 관심을 가져 보는 것도 좋을 듯하다. 이 밖에도 인사동을 가게 되면 10~50만 원대의 작품들이 독특한 콘셉트들로 판매되고 있다. 그림은 '그림의 떡'이라는 고정관념은 깨야 한다.

부를 주체하지 못한 일본인들이 해외투자를 시작하면서 사들였던 것 중에 하나가 프랑스의 고가 예술품들이었다.

가장 최근인 2000년대에는 원자재버블이 생기면서 원자재 수출로 큰 부를 이룬 국가들과 경제적인 성장을 빠르게 이룩한 중국과 같은 국가들이 예술품투자에 열을 올렸다.

미술품 경매 분석기관인 아트프라이스의 보고서에 따르면 회화, 드로잉, 사진 등을 거래하는 전 세계 예술시장의 규모는 2007년 경이적인 해라고 할 만큼 커졌다. 이 중에서 예술품 거래가 가장 활발한 곳은 미국 뉴욕이고 다음이 영국 런던, 그리고 세 번째가 중국이었다. 중국에서 고가품 거래가 급증하면서 기존의 3위였던 프랑스를 제친 것으로 나타난 것이다.

투자로서의 가치도 있지만 미술품은 그 자체가 갖는 매력으로서의 가치도 뛰어나다고 할 수 있다. 예술과 인류문명의 밀접한 관계에 대해 이야기하지 않더라도 우리 가까이에서 미술품에 대한 선호 현상은 쉽게 발견할 수 있다. 웬만한 집에는 동양화나 서양화, 아니면 조그만 액자나 도자기 등이 하나쯤은 다 있고, 각종 미술전에는 마니아층은 물론이고 회사원부터 학생들에 이르기까지 상당한 인기를 끌고 있다. 해외의 아트 펀드들은 많은 투자자들의 관심을 보이면서 국내에까지 소개가 되기도 했었다. 이런 이야기들은 그림에 대한 잠재 수요가 얼마나 되는지를 알 수 있는 부분들이다.

부동산과 마찬가지로 실물 자산이면서 투자로서의 매력까지 겸비한 '아트 재테크'는 돈이 많은 부자들만의 전유물이 결코 아니다. 인테리어, 감성적 욕구 충족, 그리고 투자 등의 다양한 형태로 매력을 갖고 있어 점차 보편화될 것이다.

《나는 주식투자보다 미술투자가 좋다》라는 책을 보게 되면 다음과 같은 이야기가 나온다.

인사동 모 화랑에서 젊은 작가를 만나서 30만 원 값을 치르고 작품을 구매했는데, 30만 원의 가격은 액자 값과 물감 값 정도가 나오는 수준이라고 한다. 하지만 개인적으로 작품이 너무 좋아서 산 것으로 27살 학생의 첫 개인전이었는데, 길게 지켜보고 싶은 작가였다고 한다. 그리고 '이런 경우는 정해진 작품가격이 없다' 라는 말로 글을 마친다. 새로운 시각에서 미술투자를 생각해볼 수 있게 해주는 구절이라 할 수 있다.

Tip

국내 유명 갤러리: 가나아트갤러리(뉴욕지점 개설), 가람화랑, 가산화랑, 공화랑(베이징지점 개설), 갤러리동호, 갤러리메이, 갤러리서화, 갤러리현대(베이징지점 개설), 국제갤러(뉴욕지점 개설), 공간화랑, 관훈미술관, 금산갤러리, 나라갤러리, 남경화랑, 노화랑, 다다갤러리, 단성갤러리, 덕원갤러리, 동방갤러리, 롯데월드화랑, 르네갤러리, 문예진흥원 미술회관, 문갤러리(베이징지점 개설), 표화랑(베이징지점 개설, LA지점 개설), 서울갤러리, 세종문화회관 전시장, 신세계 갤러리, 이음화랑(베이징지점, 국내 최초로 해외에 진출한 한국화랑), 예일화랑, 인사갤러리, 일본대사관갤러리, 조선일보갤러리, 정동갤러리, 줄리아나갤러리(뉴욕지점 개설), 이엠아트갤러리(베이징지점), PKM갤러리(베이징지점 개설), 박여숙화랑(상하이지점 개설), 카이스갤러리(홍콩지점 개설)

평소에 미술품에 대해 관심이 있는 사람이라면 최근의 경기침체 기
간에 상대적으로 싼 가격으로 그림을 살 기회를 엿볼 수 있는 좋은 생
각이라 할 수 있다. 그림은 시간이 지나면서 가격은 변할 수 있지만, 그
가치는 변하지 않는다는 말을 한번 생각해보자.

또 하나의 투자 기회는 환율 상승에서 온다

2009년 2월 말 JP 모건에서 '원 원 시추에이션Won Won Situation'이라는 페이퍼를 통해 한국에 대한 투자 의견을 비중확대Upgrading Korea to Overweight from Underweight하면서 원화에 대한 숏Short(매도) 포지션을 제시했다. 원-달러 환율에 대한 숏 포지션이라는 것은 향후 원-달러 환율이 하락할 것(원화평가 절상, 달러평가 절하)을 예상하고 취하는 투자전략이다.

환율은 변동성이 매우 큰 상품이다. 투자를 하는 사람들 사이에서도 주식시장보다 무서운 시장이 선물·옵션시장이고 그 선물·옵션시장을 뛰어넘는 것이 환율시장이라고 말을 하는 것만 보더라도, 환율시장의 변동성이 얼마나 큰지를 알 수 있을 것이다.

글로벌 금융위기가 본격화된 이후 잠잠했던 우리나라의 환율시장이 급속도로 상승하기 시작했다. 이런 급변하는 환율시장을 예측 못한 중소기업들은 키코KIKO를 통해서 큰 손실을 보게 되었으며 어떤 기업의

표 5-4 원-달러 환율 차트(월봉)와 기간별 이슈

1995년 이후 원-달러 환율시장을 월 단위로 표시한 것이다. 국내외에 경제적으로 큰 이슈가 있을 때마다 환율의 변동 폭이 커지는 것을 볼 수 있다. 특히 최근의 환율 상승은 1997년 말에서 1998년 초까지 환율 변동과 비교해볼 때 그 시간이 더 길다는 것을 알 수 있다. 물론 변동 폭이야 당시와 비교해볼 때 적은 것이 사실이다. 그러나 기간으로 놓고 보면 최근의 환율 상승이 더 오랜 기간을 두고 오르고 있는 것을 볼 수 있다. 이는 다른 관점에서 보면 1997~1998년은 한국, 혹은 아시아 국가들의 위기 문제였고, 최근의 위기는 글로벌 전반적으로 총체적인 위기이기 때문이라는 이야기도 있다.

구분	빅맥가격		구매력 수준 감안한 달러기준	실재환율 (2009/1/30)	저·고평가 여부 (달러 대비)
	현지통화기준	달러기준			
미국(달러)	3.54	3.54			
아르헨티나(페소)	11.50	3.30	3.25	3.49	−7
오스트레일리아(호주달러)	3.45	2.19	0.97	1.57	−38
브라질(리엘)	8.02	3.45	2.27	2.32	−2
영국(파운드)	2.29	3.30	1.55	1.44#	−7
캐나다(캐나다달러)	4.16	3.36	1.18	1.24	−5
칠레(페소)	1,550	2.51	438	617	−29
중국(위안)	12.5	1.83	3.53	6.84	−48
체코(코루나)	65.94	3.02	18.6	21.9	−15
덴마크(DK)	29.5	5.07	8.33	5.82	−43
이집트(파운드)	13.0	2.34	3.67	5.57	−34
유럽연합(유로)	3.42	4.38	1.04	1.28	−24
홍콩(홍콩달러)	13.3	1.72	3.76	7.75	−52
헝가리(포린트)	680	2.92	192	233	−18
인도네시아(루피)	19,800	1.74	5,593	11,380	−51
이스라엘(세켈)	15.0	3.69	4.24	4.07	−4
일본(엔)	290	3.23	81.9	89.8	−9
말레이시아(링기트)	5.50	1.52	1.55	3.61	−57
멕시코(페소)	33.0	2.30	9.32	14.4	−35
뉴질랜드(뉴질랜드달러)	4.90	2.48	1.38	1.97	−30
노르웨이(크로네)	40.0	5.79	11.3	6.91	−63
페루(루보솔)	8.06	2.54	2.28	3.18	−28
필리핀(페소)	98.0	2.07	27.7	47.4	−42
폴란드(즈워티)	7.00	2.01	1.98	3.48	−43
러시아(루블)	62.0	1.73	17.5	35.7	−51
사우디아라비아(리얄)	10.0	2.66	2.82	3.75	−25
싱가포르(싱가포르달러)	3.95	2.61	1.12	1.51	−26
남아프리카공화국(랜드)	16.95	1.66	4.79	10.2	−53
대한민국(원)	)3,300	2.39	932	1,380	−32
스웨덴(SKR)	38.0	4.58	10.7	8.30	−299
스위스(스위스프랑)	6.50	5.60	1.84	1.16	−58
타이완(타이완달러)	75.0	2.23	2.12	33.6	−37
타일랜드(바트)	62.0	1.77	1.75	35.0	−50
터키(리라)	5.15	3.13	1.45	1.64	−12

자료: 〈이코노미스트〉, 2009년 2월 4일

환율은 각국 통화의 구매력에 따라 결정된다는 구매력 평가설과 하나의 상품에는 하나의 가격이 주어진다는 일물일가의 법칙을 기반으로 하여 작성되는 지수다. 맥도날드의 대표적인 상품인 빅맥가격을 비교하여 환율의 고평가 및 저평가 여부를 비교하는 지표인데, 환율 변화의 환경적 요인보다는 구매력을 기준으로 작성되었기 때문에 현실과 괴리가 있기도 하다. 이 자료를 기반으로 보면 원화는 달러 대비 32% 평가절하되어 있는 것으로 나타난다.

경우 눈 뜬 채로 기업이 파산하는 것을 보아야 했다.

환율은 우리가 잘 알고 있듯이 화폐의 교환 비율이다. 환율이 상승한다는 것은 우리나라 통화가 타 국가의 통화에 비해 저평가를 받는다는 의미다. 환율이 최고점을 기록했던 시점을 돌이켜 보면 국가 부도설이나 우리나라 경제체제가 심하게 흔들렸을 시기와 일치하는 것을 보면 알 수 있다.

환율이 상승하면 외화 부채가 많거나 원재료의 해외 의존도가 높은 산업이 불리하다는 사실은 익히 들어 알고 있을 것이다. 반대로 외화자산이 많거나 수출비중이 높은 산업의 경우 유리하게 된다는 것도 일반적인 상식이지만, 실질 경제에서는 이런 것들이 항상 들어맞는 것은 아니다.

최근과 같이 글로벌 전반적인 경기침체와 소비 부진 하에서는 환율 상승이 유리한 수출 기업이라 하더라도 수출 실적이 좋지 않게 나온다. 또한 원자재 수입 의존도가 높은 경우에는 이런 이익이 상쇄되는 경우도 생기기도 한다. 만약 독보적인 경쟁력을 가지고 있는 경우에는 해당되지 않겠지만, 경쟁력이 없는 기업이 수출을 한다고 해서 단순히 환율이 상승했다는 이유만으로 큰 수혜를 입는다고 생각하면 큰 오판이 될 수도 있다.

하지만 환율 상승을 다른 각도에서 보면 한숨만 나올 일은 아니다. 환율 상승의 원인과 배경에 따라 달라질 수 있지만, 지나친 원화 저평가에서 오는 경우라면 가치를 회복할 가능성이 높기 때문이다. 특히나 국내 투자자들의 경우에는 '환율'이라는 변수에 대해 크게 관심을 가지지 않는 경우가 대부분이다. 2008년에 원-달러 환율이 1,500원 넘었을 때와 2009년 2월 원-달러 환율이 1,500원을 넘었을 때의 분위기를 한번 생각해보자.

2008년에 원-달러 환율이 1,500원을 넘었을 때에는 신문이나 방송에서 마치 대한민국이 곧 쓰러질 것처럼 보도를 해댔다. 하지만 2009년 2월 1,500원을 재돌파했을 때에는 이와 비교해서는 너무나 잠잠하다고 표현할 정도로 상대적으로 보도 횟수가 너무 적었다.

또 하나 생각해보자. 1996년 1월 1일 이후 2009년 2월 19일까지(외환위기 포함) 원-달러 환율이 1,600원 이상이었던 날이 며칠이나 될까? 너무 많아서 셀 수 없을 정도일까? 이런 질문을 하게 되면 사람들은 꽤

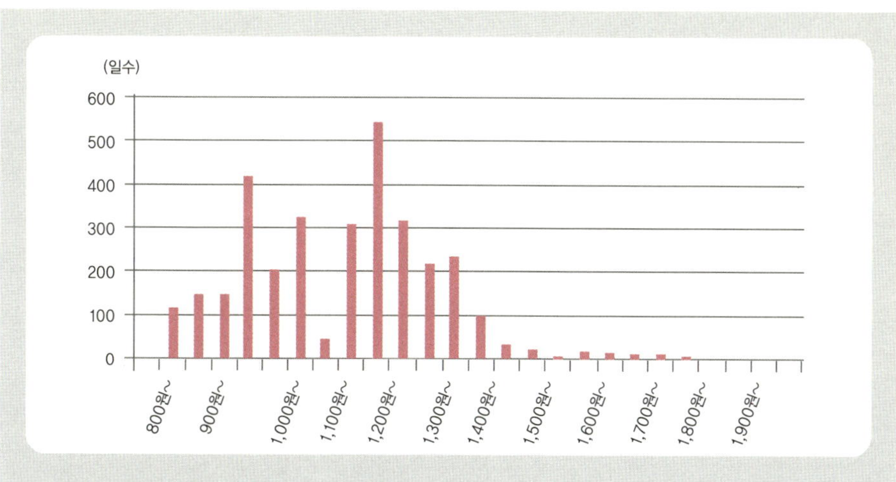

표 5-6 원-달러 환율 종가 가격대별 일수

1996년 1월 1일부터 2009년 2월 19일까지 총3,251일 동안 종가기준으로 환율이 1,400원 이상이었던 날은 117일(전체의 3.60%)이고, 종가기준으로 1,300원 이하였던 날은 3,034일(전체의 86.16%)이다. 즉, 이 기간 동안 대부분의 환율 종가는 1,400원 이하에 있었던 것을 알 수 있다.

오랜 기간이 해당될 것이라 추측한다.

그러나 1996년 1월 1일부터 2009년 2월 19일까지 총3,251일 동안 1,600원 이상이었던 날은 39일밖에 안 된다. 그런데도 불구하고 환율이 1,900원을 넘었던 때를 기억하는 우리의 인식 속에는 1,600원 이상이었던 때가 상당히 많을 것이라고 지레 짐작을 하게 된다. 그러다 보니 환율이 1,400원을 넘어서는 상황에서도 과거와 비교해보면 '별거 아니네' 라고 오해를 하는 경우가 생길 수도 있는 것이다. 실제로 1996년 1월 이후 2009년 2월까지 환율이 1,400원을 넘었던 날은 전체의 3.6%밖에 안 된다.

그러면 최근의 환율 상승은 다시 하락으로 접어들 가능성이 있을까?

우선은 확률적인 접근에서 보게 되면 그럴 가능성은 매우 높다. 물론 최근의 금융위기는 우리가 예측할 수 있는, 즉 허용할 수 있는 확률의 범주를 벗어난 데에서 시작하였기 때문에 그 여파가 더 컸다. 그러나 원화가 지속적으로 저평가를 받아야 하거나, 원화 저평가 추세가 한동안 지속될 마땅한 근거 또한 없는 것이 사실이다.

다음은 환율과 글로벌 자산들과의 연관성 부분을 생각해볼 수 있다. 원-달러 환율과 글로벌 증시는 최근 들어 높은 연관성을 보이고 있는데, 글로벌 증시가 하락하는 것과 비슷하게 원-달러 환율도 상승하는 모습을 확인할 수 있다. 이를 연장해서 생각해보는 것이 논리의 비약일 수도 있지만, 글로벌 증시가 안정화를 찾거나 상승 반전하게 될 경우 그간의 상관관계를 고려해본다면 원-달러 환율은 안정화나 하락 반전할 가능성은 충분히 있다.

환율관련 경제지표나 환경들도 많이 개선되고 있다. 경상수지의 경우 글로벌 경기 하락에 의해 수출은 감소하겠지만, 환율 상승, 유가 하락, 유학 감소 등 수입의 더 큰 감소로 인하여 흑자를 기록할 것으로 전

자료: JP 모건

표 5-7 MSCI 세계 지수와 원-달러 환율(축 반전)

전 세계 증시를 대표하는 지수 중 하나인 MSCI 세계 지수와 원-달러 환율(축 반전 차트)의 움직임을 비교해보면 2008년 이후 상당히 비슷한 모습으로 움직이는 것을 볼 수 있다. 얼마 전 해외 언론에서 '한국이 글로벌 경제의 카나리아'라고 표현한 것을 생각해보면 수출비중이 절대적인 한국 경제가 글로벌 경제와 밀접한 관계가 있다는 것을 짐작해볼 수 있다.

망된다. 치앙마이 이니셔티브CMI의 800억 달러, 한·미 300억 달러 통화 스와프, 한·중 260억 달러 원-위안화 통화 스와프, 한·일 200억 달러 상당의 원-엔 통화 스와프 등은 환율 안정화 부분에 호재로 작용될 것으로 판단된다.

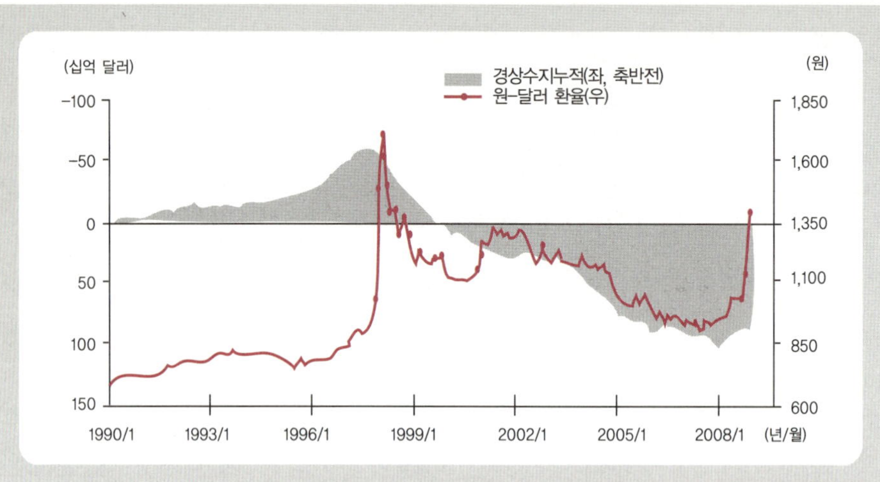

자료: 동부증권

표 5-8 환율과 경상수지(축 반전)의 흐름

환율은 중장기적으로 경상수지와 흐름을 같이 한다. 경상수지를 역전시키고 환율을 정상으로 높고 차트를 비교해보면 1990년대 이후 상관성 있는 움직임을 보이는 것을 확인할 수 있다. IMF 외환위기(1997~1998년)나 글로벌 금융위기(2008~2009년) 같은 시기에는 환율의 움직임이 극도로 커지지만 곧 이어 다시 제자리를 찾게 된다.

특히 지난 2003년부터 2007년까지의 자본수지 흑자는 504억 달러, 2008년 자본수지 적자는 513억 달러인 것을 감안하면, 급한 불은 상당 부분 꺼졌다는 것을 짐작케 하는 하나의 단서가 된다. 이는 자본수지 적자 폭의 축소나 적자의 가능성을 제한시킬 수 있다고 판단된다.

그러면 지금과 같이 원-달러 환율이 단기간 동안 큰 폭의 오름세를 보일 때 어떠한 투자를 생각해볼 수 있을까?

일단 환율 상승에 베팅할 수 있겠지만, 과거 10년이 넘는 기간 동안의 원-달러 환율의 움직임을 보았을 때는 상당히 민첩한 행동이 요구될 것(원-달러 환율이 1,500원 이상에 있었던 기간이 얼마 되지 않는다)으로 보인다.

반대로 환율 하락에 베팅을 한다면? 오히려 이것이 승산이 높을지도 모른다. 일반투자자들이 환율 하락에 베팅하는 상품은 그리 많지 않다. 하지만 그중에서 가장 적합한 상품을 찾자면 달러선물이 있다. 달러선물은 1999년 국내에서 첫 거래가 되었는데, 외환위기를 거치면서 기업들과 개인들의 환관련 상품에 대한 수요가 증가하면서 상장된 상품이다. 국내에서는 환관련 상품 중에서 가장 활발하게 거래가 되고 있고, 실질적으로 투자 가능한 유일한 상품이라고 생각해도 무방하다.

달러선물의 투자 방법은 간단하다. 달러의 가치가 상승(환율 상승, 원화 가치 하락)할 것 같으면 달러선물 매입Long Position을 하고, 달러의 가치가 하락(환율 하락, 원화 가치 상승)할 것 같으면 달러선물을 매도Short Position를 하면 된다. 달러선물이기 때문에 달러 가치를 기준으로 살 것인지, 팔 것인지를 생각하면 된다.

계좌 개설 방법은 삼성선물, 우리선물, 외환선물 등과 같이 선물회사의 본 지점에 방문(하지만 아쉽게도 선물회사의 경우 지점망을 보유하고 있는 회사가 그리 많지 않아서 본사를 방문하는 것이 제일 좋다)하여 계좌를 직접 개설하는 방법이나 근처 은행을 방문하여 선물회사 계좌를 개설해달라고

환율	총매도금액	원화 환산액	누적손익	추가입금	최소추가입금액
1,850원	50,000달러	92,500,000원	-17,500,000원	Y	515,000원
1,800원	50,000달러	90,000,000원	-15,000,000원	Y	515,000원
1,750원	50,000달러	87,500,000원	-12,500,000원	Y	515,000원
1,700원	50,000달러	85,000,000원	-10,000,000원	Y	515,000원
1,650원	50,000달러	82,500,000원	-7,500,000원	Y	515,000원
1,600원	50,000달러	80,000,000원	-5,000,000원	Y	515,000원
1,550원	50,000달러	77,500,000원	-2,500,000원	Y	515,000원
1,500원	50,000달러	75,000,000원	0원	N	0원
1,450원	50,000달러	72,500,000원	2,500,000원	N	0원
1,400원	50,000달러	70,000,000원	5,000,000원	N	0원
1,350원	50,000달러	67,500,000원	7,500,000원	N	0원
1,300원	50,000달러	65,000,000원	10,000,000원	N	0원
1,250원	50,000달러	62,500,000원	12,500,000원	N	0원
1,200원	50,000달러	60,000,000원	15,000,000원	N	0원
1,150원	50,000달러	57,500,000원	17,500,000원	N	0원

표 5-9 ▶ 환율당 원-달러 선물 손익 구조

위탁증거금율 4.5%, 유지증거금율 3.0%, 1계약의 크기 5만 달러, 1원당 손익 5만 원으로 했을 경우 원-달러 선물을 1,500원에 1계약 매도했을 때에 환율 변동에 따른 손익을 나타내고 있다. 1계약을 투자하는 데 초기투자금(위탁증거금)이 337만 5,000원이므로 환율이 1,100~1,200원대로 안정화된다고 가정했을 때는 큰 수익이 날 수 있다. 물론 반대로 1,700~1,800원으로 올라갔을 경우에는 큰 손실이 날 수 있다.

하면 된다. 대부분의 은행에서 상당수의 선물회사 계좌를 개설할 수 있으므로 회사 선택은 임의대로 하면 된다.

다만 개설 시에 국내선물을 할 것인가 해외선물을 할 것인가를 물어보게 되면 두 개 모두를 선택하거나 국내선물을 선택해야 한다. 달러선물이기 때문에 해외선물이라고 착각하는 사람들이 많은데 달러선물은 국내선물에 해당된다.

달러선물에서 한 계약의 크기는 미국달러USD 기준으로 5만 달러다. 원-달러 환율이 1원 움직일 때마다 손익은 한화KRW로 5만 원이 움직인다고 보면 된다.

예를 들어 원-달러 환율이 1,500원에서 1,510원으로 상승하게 되면 달러선물을 1,500원에 1계약 매도한 사람은 50만 원의 손실이 발생하게 된다. 반대로 원-달러 환율이 1,500원에서 1,490원으로 하락하게 되면 달러선물을 1,500원에 1계약 매도한 사람은 50만 원의 이익이 발생하게 된다. 1,500원에 달러선물을 1계약 매도하는 데 요구되는 금액은 최근 기준으로 340만 원 정도가 되며 1,530원이 넘어가게 되면 추가입금이 필요(이때 최소 추가입금 금액은 42만 원)하다.

달러선물의 매도전략은 달러선물시장에서 단기 차익이나 투기를 목적으로 하는 것이 아니다. 달러자산의 위험 관리나 중장기적으로 원-달러 환율이 과거의 평균적인 가격에 수렴할 것이라는 예상에 투자하는 것이다. 그러므로 잦은 매매는 피해야 한다.

항목	내용
거래대상	미국달러
거래단위	USD 50,000
결제월	최근 연속 3개월 및 3·6·9·12월
상장결제월	1년 이내의 6개 결제월
가격의 표시	원/USD(소수점 둘째 자리까지 표시)
최소가격변동폭	0.10원
최소가격변동금액	5,000원(USD 50,000 x 0.10원)
거래시간	〈평일〉 단일가매매: 08:00~09:00 접속매매: 09:00~15:05 단일가매매: 15:05~15:15 〈최종거래일〉 단일가매매: 08:00~09:00 접속매매: 09:00~11:20 단일가매매: 11:20~11:30
최종거래일	결제월의 세 번째 월요일
최종결제일	최종거래일로부터 세 번째 거래일(T+2)
결제방법	인수도결제

표 5-10 미국 달러선물 상품 명세서

미국 달러선물은 1997년 외환위기 이후 국내 투자자들과 기업들이 환위험에 노출되어 있다는 지적에 1999년 4월 한국거래소 개장과 함께 상장되었다. 통화관련 선물 가운데서 가장 활발하게 거래되고 있는 상품이며(사실상 다른 통화 상품들은 거래가 힘들다고 볼 최근과 같이 달러선물시장의 변동성이 확대되었을 때에는 특히나 잦은 매매를 하게 되는 유혹에 빠질 수도 있다. 그러나 잦은 매매에 빠져들게 되면 개인투자자가 달러선물시장에서 높은 승률을 가져가기가 결코 쉽지 않다.

예를 들어 해외자산(해외 주식이나 ETF, 부동산 혹은 기타 자산) 등에 투자했다면 투자 지역 국가의 통화로 투자가 되는 것이 일반적이다. 이 경우 투자 국가 통화가 강세이면 환차익을 얻을 수 있지만, 반대로 투자 국가의 통화가 약세로 전환되었다면 환손실을 입을 수 있다. 따라서 이럴 때는 기업이나 개인도 달러선물의 매도를 통해서 환위험 관리를 할 수 있다.

중장기적인 환율투자의 개념은 비교적 간단하다. 앞에서도 여러 차례 언급을 했지만, 환율이 과거의 평균적인 가격에 수렴할 것이라는 것이 투자 아이디어이기 때문이다. 지금의 환율 상승은 원화의 근본적인 문제가 아닌 외부 환경의 영향을 더 받는다고 생각된다. 따라서 이런 외부 환경적 요소가 잘 마무리된다면 원–달러 환율은 안정화를 되찾을 것이다. 그리고 이런 안정화 과정(환율 하락)에서 달러선물을 매도한 사람들은 수익을 창출할 수 있을 것이다.

하지만 문제는 환율이 하락하는 게 어느 시점인지, 어떤 이슈로 인해 반전이 이루어질지, 그리고 하락이 아니라 오히려 상승을 하게 될 경우 그 기간은 또 얼마나 갈 것인지 등에 대한 것들이다. 따라서 달러선물 매도를 하게 될 경우에는 기본적인 투자금액(예를 들어 1계약 340만 원)만으로 투자를 한다는 것은 중장기적인 투자전략으로는 부적합하다. 증거금의 몇 배에 해당되는 금액이 여유자금으로 있어야 중장기적으로 달러 가치 하락(여기서의 가치 하락 수준은 평균 회귀로의 수준을 말한다)에 베팅할 수 있다는 것을 기억해야 한다.

환율 하락에 베팅하는 것은 시간과 인내, 그리고 자금 규모의 싸움이다. 최근의 금융 환경은 미래에 대한 어떠한 속단을 내리기가 무서울 만큼 예측이 어렵지만, 이런 변동성이 큰 시장 하에서도 분명히 자산의 기본적인 가치라는 것은 존재한다고 믿고 있다. 또한 이런 기본적인 가치, 그리고 통계적인 확률은 시장이 안정화되면 자리를 잡을 것으로 보인다. 하나의 대안투자로서 환율에 투자하는 것은 자산의 증식뿐 아니라 투자자들의 환율 지식을 높이는 매우 좋은 실전 교과서가 될 것이다.

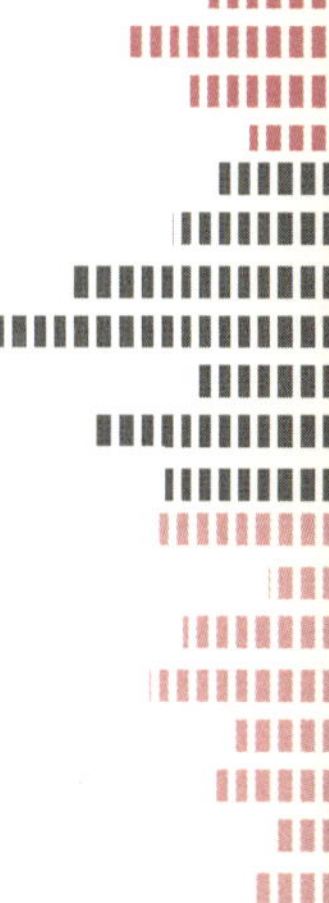

미국국채가 진정한 안전자산인가

1987년 블랙먼데이를 예고해 닥터 둠Dr. Doom이란 별명을 얻은 마크 파버(《글룸, 붐 앤 둠Gloom, Boom and Doom》 발행인)가 2008년 한국을 방문했다. 많은 언론과 투자자들의 관심을 모은 이 자리에서 그는 다음과 같이 이야기했다.

"지금 미국국채를 사서 액자에 넣어 벽에 걸어 보라. 10년 뒤에 휴지조각이 되어 있는 미국국채를 감상할 수 있을 것이다."

그는 현재 미국이 처한 상황이 그리 좋지 않으며 결국에는 파산에 이를 것으로 보고 있다. 더불어 달러는 휴지조각이 될 것이라고 꽤나 강한 어조로 강조했다. 상품투자의 귀재이자 중국에 열렬한 러브콜을 보내고 있는 로저스 홀딩스 회장인 짐 로저스도 이런 이야기를 했다.

"달러의 시대가 종료를 향한 카운트다운에 들어갔다. 이제는 달러자산을 피해서 투자하라."

로저스는 원래 중국투자와 원자재를 선호하고 달러에 대해 비관적이었지만, 그의 발언은 이런 내용을 익히 알고 있는 투자자들에게도 의미 있게 들린다. 실제로 투자의 대가들뿐 아니라 상당수 전문가들도 장기적인 관점에서 미국달러와 미국국채의 가치에 대해 비관적으로 보는 사람들이 많기 때문이다.

미국의 경우 최근 여러 가지 경제적 딜레마에 빠져있다. 대표적인 것은 재정적자의 심화 문제, 국채의 과다 발행 문제, 그리고 통화의 과다 공급 문제 등이 될 수 있다.

미국의 재정적자 문제는 자주 우리의 화두에 올랐었다. 일본에서는 한때 적자투성이의 미국 경제가 어떻게 대표적인 흑자국가인 일본보다 신용등급이 높으냐고 하면서 이제는 국제 신용평가기관의 평가를 받지 말자는 자국 내 여론도 있었다. 그 정도로 적자가 많은 미국이 최근의 경제위기를 극복하기 위해 추가적인 적자재정을 강하게 추진하고 있는 것이다. 이에 대한 평가 역시 미국 내 학자들 사이에서도 여러 견해로 갈리고 있다.

여기서 중요한 건 미국이 달러라는 기축통화를 찍어낼 수 있는 전 세계의 유일한 국가이기 때문에 재정적자 문제가 생겨도 망하지는 않는다는 것(당장 가능성은 별로 없는 이야기지만 기축통화가 하루아침에 바뀐다면 이야기가 달라질 수 있다)이다.

통화에서도 문제가 생기고 있다. 벤 버냉키 연방준비위원회 의장은 과거 미국의 디플레이션 상황에 대한 일종의 전략적 지침서를 발표한

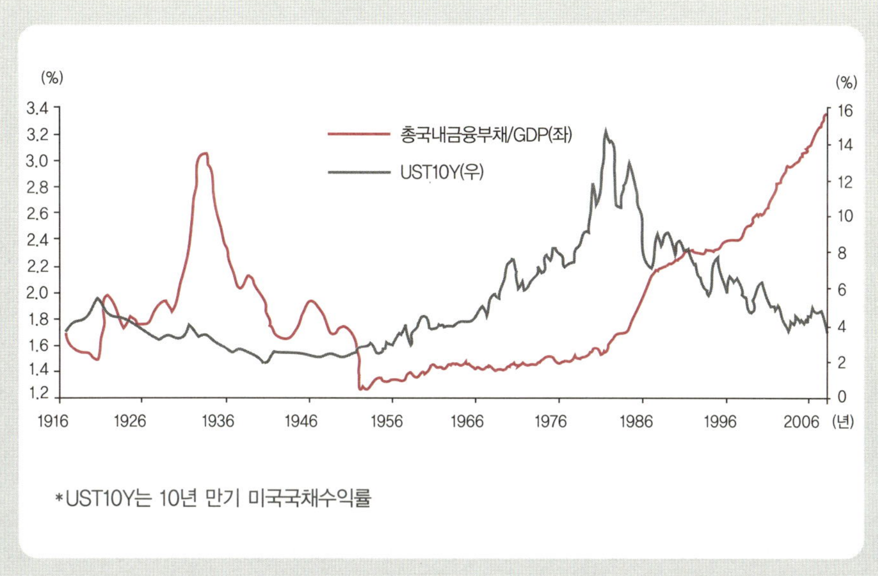

자료: 굿모닝신한증권, NBER, FRB, BEA

표 5-11 ▶ 빚으로 만든 성장

1980년대 이후 금리 하락과 함께 부채 수준은 급등하게 된다. 최근의 GDP 대비 미국의 총 국내 부채는 대공황 당시 수준으로 올라오고 있다. 안정적 성장과 낮은 물가로 대변되는 골디락스Goldilocks(높은 경제성장을 이루고 있어도 물가가 상승하지 않는 상태) 경제는 사실상 환상에 불과했음이 최근의 금융위기에서 드러나게 되었다. 미국 경제 체력에 대한 재평가가 이루어질 것이다. 다만 그 과정에서 미국 정부가 취한 행동들이 전 세계 금융시장과 실물 경제에 어떤 영향을 줄지가 의문이다.

적이 있었다.

실제로 버냉키는 이 발표 내용대로 신속하고 정확한 조치를 취하게 된다. 연방은행의 자산을 TAF, PDCF, 메이든 레인Maiden Lane 등과 같은 쓰레기 자산들로 바꾸면서 시장의 부실 채권들을 흡수하기 시작했고, 금리는 순식간에 5.25%에서 실질적인 제로금리 수준까지 내리게 된다. 이뿐 아니라 일본이 과거 10여 년에 걸쳐서 진행했던 본원 통화 증가율과 비교해, 미국의 경우 불과 1~2개월 만에 일본보다 두 배 이상으로 증가시켰다. 그만큼 시장에 엄청난 통화를, 그것도 초단기간에 풀고 있다는 것이다.

이런 신속하고 빠른 정책이 미국을 디플레이션의 위협으로부터 구해낼 수 있을지는 모르지만, 앞으로의 미국 경제 컨디션에 대해서는 의문을 갖게끔 하는 부분이다.

마지막으로는 미국국채의 수요와 공급에 대해서 한번 고민해보자.

미국 정부가 최근에 가장 힘을 쏟고 있는 분야는 재정정책 부분이다. 재정확대를 진행함에 따라 국채 신규 발행 물량이 큰 폭으로 증가하고 있기 때문이다. 실제로 미국 의회 예산국CBO에 따르면 2009년 회계연도 재정적자가 2008년의 2.6배에 달할 것(이 수치는 TARP의 잔여금과 오바마 정부의 경기 부양책 추진에 따른 재정지출을 포함하지 않았다)으로 보았다. 또한 지금의 재정확대정책이 단기간으로는 경제에 도움이 될지 몰라도 추후 경제 성장에 있어서 발목을 잡게 될 것이라는 보고서를 미국 재무부에 전달하기도 했었다.

국채의 신규 발행 물량이 증가한다면? 공급 측면의 확대로 인한 국채가격의 급락 가능성에 대해서 검토해 보아야 한다. 물론 인위적으로 미국에서 국채 수요시장을 조성한다면 이야기가 달라질 수 있을 것이다.

하지만 수요시장을 살펴보면 이 역시 만만치 않다는 것을 알 수 있다. 우선 중국과 일본에서 미국국채의 투자 가치에 대한 회의론이 고개를 들고 있다. 기존에는 안전자산 개념에서 투자를 했지만, 공급물량이 넘치고 미국 경제 시스템 자체가 불안한 상황이 가중되다 보니 지속적으로 미국국채의 비중을 가져 가는 것은 위험하다고 느끼는 것이다.

앞으로 미국국채의 물량은 더욱 증가할 것으로 예상되는데, 이렇게 될 경우 중국이나 일본 등의 국가에서 미국국채를 기존과 같이 지속적

Tip

중국은 과거 미국이 경제 조치를 내렸을 때의 보복으로 미국국채를 투매했던 경험이 있다. 또한 최근 중국 관영 신문을 보게 되면 '중국이 미국국채 매입을 늘린다고 해서 미국이 다른 나라의 돈을 빌려 금융위기를 해결하는 것을 용인하는 것으로 해석해서는 안 된다'라는 경고를 하기도 했다. 이런 현상들을 두고 세계의 패권이 중국으로 분산되는 것이 아닌가라는 의견들이 제시되고 있다.

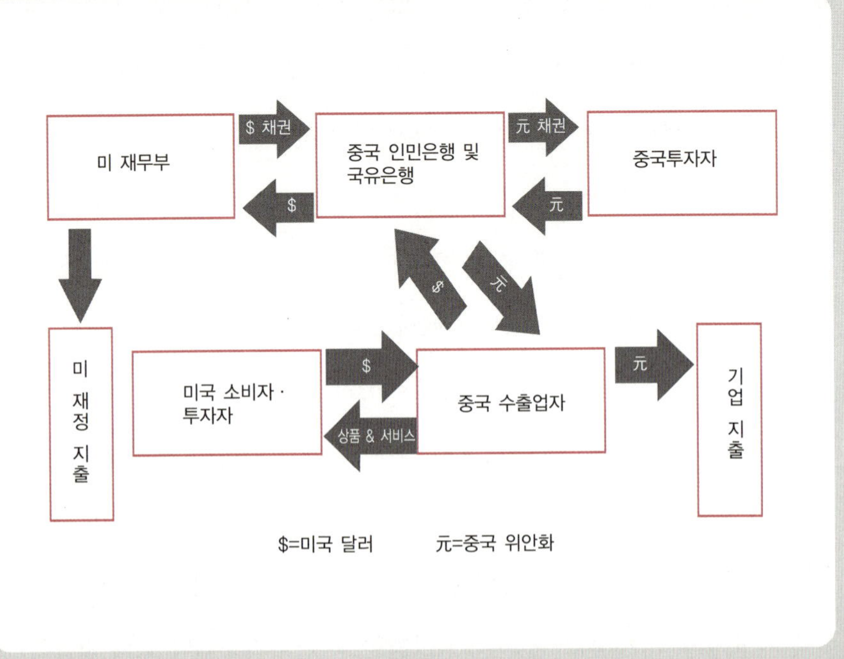

자료: 〈중앙일보〉

표 5-12▶ 달러, 미국국채와 위안화의 흐름도

홍콩 〈동방일보〉에서 '미국국채는 신 시대의 아편이다' 라는 표현을 사용했다. 너무나 잘 알려져 있듯이, 미국이 국채를 찍어내게 되면 그 많은 국채의 상당 부분을 아시아 국가들과 중국, 그리고 일본이 되사주고 있다. 중국의 경우 미국국채 보유 비중 중에 해외부문의 22.1%(단일 국가로는 전 세계에서 미국국채를 가장 많이 보유하고 있다)를 넘게 보유하고 있으며, 일본은 18.7%를 보유(2008년 11월 말 미국 재무부 기준)하고 있다. 사실상 중국과 일본은 미국국채의 가격 결정권을 일정 부분 가지고 있는 것으로 보인다. 반대로 중국과 일본이 미국국채를 더 이상 사주지 않는데도 불구하고 미국에서는 국채 발행의 필요성이 계속 증가하는 상태라면 어떤 결과가 발생할까?

으로 매입해주는 구조는 사실상 쉽지는 않아 보인다.

100번 양보해서 이런 위기들을 모두 잘 넘기고 글로벌 경기가 다시 순풍을 탄 돛단배처럼 앞으로 나아간다고 해보자. 안전자산 선호 현상은 급격히 줄어들 것이고 안전자산의 대표적인 상품으로 인식되어왔던 미국국채의 매력은 상대적으로 떨어질 것이다.

여기에 하나 더 추가해서 글로벌 경기가 다시 회복하고 인플레이션 위협에 노출될 경우(지금은 너무나 먼 날의 이야기로 보일 수 있지만, 지금의 위기 또한 2007년에는 상상도 못했던 일이었다는 것을 감안하자)까지 생각해 보자.

인플레이션에 취약한 대표적인 상품은 무엇일까? 예금과 채권 등과 같은 확정금리 상품들이다. 이유는 간단하다. 자신이 특정 기간 후에 받아야 할 돈이 정해져 있는데, 인플레이션 경제 하에서는 그 금액이 명목상으로는 바뀌지 않지만, 실질상으로는 적어지기 때문이다.

따라서 인플레이션 경제에 접어들거나 하이퍼인플레이션 시대가 오게 되면 현금, 확정금리 상품의 매력은 형편없이 떨어지게 된다. 대표적으로 짐바브웨라는 국가를 보면 이를 알 수 있다. 짐바브웨는 물가상승률이 너무나 빠르기 때문에, 빵을 사러 갈 때와 나올 때의 가격이 다르다고 한다. 이럴 때는 가지고 있는 돈을 소비나 투자로 바로 연결하는 것이 손해를 보지 않는 방법이다.

앞에서 언급한 대로 각 국가들이 적극적인 재정정책과 시중의 화폐

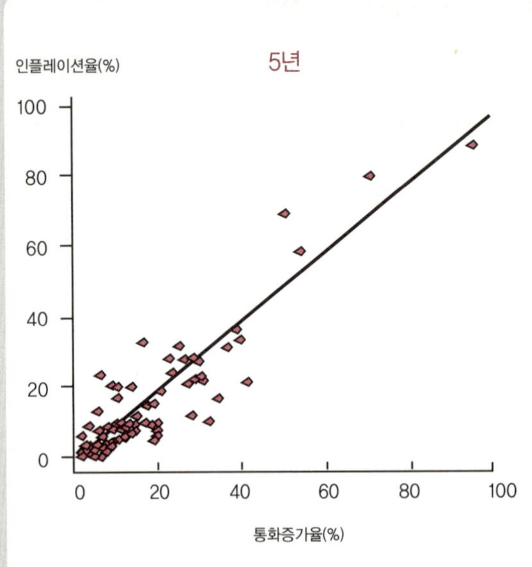

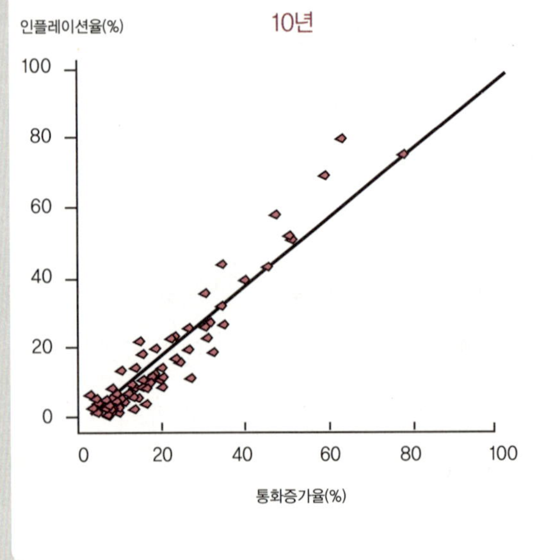

자료: 굿모닝 신한증권, 영국은행 분기 보고서

표 5-13 통화증가율과 인플레이션

통화가 증가할수록(가로축) 인플레이션(세로축)이 증가하는 것을 알 수 있다. 이는 단기보다는 중기, 중기보다는 장기로 갈수록 뚜렷하게 나타난다. 최근과 같이 시중에 엄청난 양의 통화가 풀린다는 것은 추후 경제에 있어서 인플레이션과 맞닥뜨릴 확률을 높여준다고 예상할 수 있다.

유동성을 공급하게 될 경우 경제가 안정화를 찾는 반면, 이런 유동성을 효율적으로 회수하지 못할 경우 심각한 인플레이션에 직면할 수 있다는 논리가 가능할 수 있다. 이렇게 된다면 미국국채에 대한 매력은 역시나 상당히 떨어질 것이라 예상할 수 있다.

현재 미국국채에 대한 수요를 지지하는 것에는 다양한 요인들이 있다. 주택가격은 회복의 기미를 보이지 않고 연준 자체에서도 장기국채의 직접 매입을 검토하고 있는 것도 하나의 요인이 될 수 있다. 또한 금융위기의 끝이 현재로서는 보이지 않기 때문에 이처럼 회복속도가 더딜수록 미국국채에 대한 유효수요는 존재할 수밖에 없다. 앞에서도 잠깐 나왔던 중국의 경우에도 '미국국채를 팔아버리겠다', '미국이 마음에 들지 않는다' 라는 등의 발언을 하고 있지만, 미국국채 보유량은 사실상 아직도 증가 추세에 있는 상황(일본의 경우 소폭 감소)이다.

금융시장에서는 경제학의 논리로는 설명할 수 없는 일들이 종종 일어난다. 엔 캐리 트레이드의 경우 이자율 평가 이론으로는 이해하기 힘든 현상이었고, 신흥 국가들이 수출을 통해서 축적한 달러를 다양한 상품 중에서 유독 미국국채를 선택했다는 것도 합리적인 측면에서 보면 약간의 설명력이 떨어진다. 투자수익률 측면에서 보면 미국국채보다 더 훌륭한 상품들이 있었지만, 신흥 국가들의 경우 과거 외환위기를 경험한 국가들도 있었기 때문에 안전성과 유동성에 더 비중을 두었다고 보는 시각이 있다.

또한 'D의 공포'로 대변되는 디플레이션과 디레버리지 등의 현상은 채권에 대한 투자 매력도를 높이고 있다. 이 중에서 안전하면서 표시통화가 미국달러USD인 채권들, 특히 미국국채에 대한 수요는 당분간 쉽게 수그러들지는 않을 것으로 보인다. 이는 과거의 사례를 찾아보면 이해가 갈 수 있는 부분이다.

과거에 미국국채가 높지 않은 수익률에도 불구하고 각 국가의 중앙은행들이 그토록 열심히 모았던 이유는 채무상환의 시기를 일치시키거나, 기축통화로서의 달러의 비중, 그리고 유동성과 안정성 등이 목적이었다. 투자 수익을 보고 중앙은행의 자산에 편입시킨 것이 아니었다(투자의 목적은 제한적인 위험에서 수익률이 가장 높은 자산을 선택하는 이른바 '지배이론'이 있음에도 불구하고 말이다).

이런 현상들이 반복되다 보니, 만성 적자 국가인 미국의 채권가격이 상승하는(수익률 하락) 모습들이 목격되었다. 국채수익률이 단기간에 상승(가격 하락)하게 될 경우에는 국채에 투자하고 있는 많은 중앙정부들과 기관들의 손실폭은 눈덩이처럼 커질 수 있다. 특히 국채금리의 상승은 시중금리의 상승을 유발하기 때문(회사채 금리도 상승하고 민간의 대출금리도 상승한다)에 투자 측면뿐 아니라 실물 경기 측면에도 영향을 미칠 수 있다.

이런 문제점을 미국 정부 역시 너무나 잘 알고 있다. 그래서 국채를 많이 발행하더라도 현재의 시스템대로라면 미국은 달러를 찍어내어 이를 매입(수요증가 → 국채가격 상승, 금리 하락)하여 국채가격을 방어하는 전략을 취할 가능성이 높다.

그러나 긴 시점(사실 언제가 될지는 모른다. 당장 오늘 새벽에 미국시장에서 어떤 일이 일어날지는 어쩌면 FRB 의장이나 미국의 재무장관도 모를 수도 있다)에서 본다면, 미국국채는 하락할 가능성은 충분히 있다. 또한 미국 채권 시장의 변동성은 시장의 불확실성만큼이나 커질 것(메릴린치의 자료에 따르면 국채시장의 변동성 지수가 2007년 초 50대였던 것이 2008년 최근에는 200까지 넘은 바 있다)으로 보인다.

미국의 지방정부채Municipal Bond의 경우 지방정부채 투자비중이 높던 헤지펀드, 부동산 및 보험사 등이 투자비중을 줄이면서 수익률이 상승(가격하락)하고 있는 것을 보아도 수요와 공급이 변화하게 될 경우 미국도 국채나 지방채의 경우 가격의 등락 가능성은 충분히 있다.

이 같은 분석을 바탕으로 투자를 할 때, 일반투자자 입장에서는 국채 관련 ETF나 미국 채권선물을 생각할 수 있다. 물론 미국 채권을 직접 거래할 수도 있지만, 일반투자자들이 미국 채권을 직접 거래하는 것은 상대적으로 미국 주식을 거래하는 것보다 어렵다. 그래서 주식시장에 상장되어 있으면서 채권의 가격을 추종하는 미국국채관련 ETF를 매매하면 된다.

미국국채선물은 국내에서 마찬가지로 선물회사를 통해서 거래를 할 수 있다. 국채가격이 하락할 것으로 예상되면 이에 대한 베팅까지 할 수 있다는 점에서 전략적인 활용이 가능한 상품이다.

우선 ETF를 살펴보자.

ETF의 경우 국채시장에 투자되는 '국채관련 인덱스들Treasury Indexes'과 관련 있는 ETF들이 대상 범주에 들어갈 수 있다. 국채시장은 전 세계 채권시장에서 가장 유동성이 높은 시장 중에 하나인데, 대표적인 지수가 리먼 인덱스Lehman Treasury Indexes, 라이언 인덱스Ryan ALM Treasury Indexes 등이 있다. 라이언 인덱스가 다른 채권 인덱스와 다른 점은 채권의 만기를 하나의 채권으로 매칭시킨다는 특징이 있다. 예를 들어 라이언의 5년 국채 인덱스는 오직 하나의 5년 만기 국채를 편입한 반면, 다른 인덱스는 2년 국채와 8년 국채를 혼합하여 지수의 평균적인 만기를 5년으로 맞추고 있다.

물가연동국채TIPS, Treasury Inflation Protected Securities의 경우도 전략상으로 유용한 투자 대상이 될 수 있다. 물가연동국채는 우리나라에도 몇 년 전부터 도입되었는데, 간단하게 설명해서 물가상승 시에 채권 보유자의 원금 또는 이자 수익을 물가상승만큼 같이 올려주는 구조의 채권이다. 일반적으로 물가연동국채는 디플레이션 경제 하에서 손실이 발생하며, 인플레이션 경제 하에서는 수익이 증가한다. 따라서 향후 인플레이션을 생각하는 투자자라면 물가연동국채 ETF에 대한 투자는 유효한 전략일 수 있다. 하지만 디플레이션이 오게 될 경우에는 손실을 입을 가능성이 높다.

미국국채선물의 경우 2년, 5년, 10년, 30년 등으로 나뉘는데, 상품에 따라서 거래량 차이가 심하기 때문에 거래량이 적은 국채선물의 경우에는 만기 시 차월 물로 이월하는 과정Roll-over에서 손실이 발생할 수 있다. 또한 선물이라는 것 자체가 레버리지를 일으키는 상품이기 때문에, 손실 허용 한도를 설정한 후에 투자를 하는 것이 좋을 것이다.

2009년 초 현재까지는 글로벌 금융위기의 진앙이었던 미국의 금융시장이 살얼음판을 걷고 있는데도 달러화가 강세를 보이는 이례적인 현상이 계속되고 있다. 특히나 2009년 2월 말에 발행된 미국 재무부의 5년 만기 국채(320억 달러 규모)가 각 국가들의 중앙은행과 기관투자가들로 인해 발행과 동시에 매진되는 사태가 발생하기도 했다.

달러에 대한 수요는 지금과 같은 위기 상황에서는 굳건하며, 각 국가들의 유동성도 일제히 달러로 모이고 있는 상황이다. 그러나 언제까지 이런 위기가 지속되리라고 보는 사람은 없다. 경제에 꽃 피는 봄이 오게 되면 이런 현상은 오히려 반대의 모습을 보이지 않을까라는 추측을 조심스럽게 해본다.

<table>
<tr><td colspan="2" align="center">미국 30년채 선물</td></tr>
<tr><td align="center">항목</td><td align="center">내용</td></tr>
<tr><td>상품개요</td><td>T-본드는 미 재무부가 발행하고 만기가 10년 이상인 양도 가능한 장기채이며, 미 30년채 선물은 만기가 30년인 미 재무부 채권이 대상이다.</td></tr>
<tr><td>종목 명</td><td>미국 30년채 선물</td></tr>
<tr><td>거래소</td><td>CBOT</td></tr>
<tr><td>종목코드</td><td>ZB</td></tr>
<tr><td>거래시간(시카고)</td><td>일~금 오후 4~6시</td></tr>
<tr><td>계약월</td><td>3월(H), 6월(M), 9월(U), 12월(Z)</td></tr>
<tr><td>계약단위</td><td>10만 달러</td></tr>
<tr><td>최소거래단위</td><td>0.5/32 = 31.25달러</td></tr>
<tr><td>결제방식</td><td>실물인수도</td></tr>
<tr><td>최종거래일</td><td>만기월 전월 마지막 영업일</td></tr>
</table>

<table>
<tr><td colspan="2" align="center">미국 10년채 선물</td></tr>
<tr><td align="center">항목</td><td align="center">내용</td></tr>
<tr><td>상품개요</td><td>T-노트는 미 재무부가 발행하고 만기가 1년 이상 10년 이하인 양도 가능한 중기채이며, 미 10년채 선물은 만기가 10년인 미 재무부 채권이 대상이다.</td></tr>
<tr><td>종목 명</td><td>미국 10년채 선물</td></tr>
<tr><td>거래소</td><td>CBOT</td></tr>
<tr><td>종목코드</td><td>ZN</td></tr>
<tr><td>거래시간(시카고)</td><td>일~금 오후 4~6시</td></tr>
<tr><td>계약월</td><td>3월(H), 6월(M), 9월(U), 12월(Z)</td></tr>
<tr><td>계약단위</td><td>10만 달러</td></tr>
<tr><td>최소거래단위</td><td>1/64 = 15.625달러</td></tr>
<tr><td>결제방식</td><td>실물인수도</td></tr>
<tr><td>최종거래일</td><td>만기월 전월 마지막 영업일</td></tr>
</table>

미국 5년채 선물	
항목	내용
상품개요	T-노트는 미 재무부가 발행하고 만기가 1년 이상 10년 이하인 양도 가능한 장기채이며, 미 5년채 선물은 만기가 5년인 미 재무부 채권이 대상이다.
종목 명	미국 5년채 선물
거래소	CBOT
종목코드	ZF
거래시간(시카고)	일~금 오후 4~6시
계약월	3월(H), 6월(M), 9월(U), 12월(Z)
계약단위	10만 달러
최소거래단위	0.25/32 = 15.625달러
결제방식	실물인수도
최종거래일	만기월 전월 마지막 영업일

미국 2년채 선물	
항목	내용
상품개요	T-노트는 미 재무부가 발행하고 만기가 1년 이상 10년 이하인 양도 가능한 중기채이며, 미 2년채 선물은 만기가 2년인 미 재무부 채권이 대상이다.
종목 명	미국 2년채 선물
거래소	CBOT
종목코드	ZT
거래시간(시카고)	일~금 오후 4~6시
계약월	3월(H), 6월(M), 9월(U), 12월(Z)
계약단위	20만 달러
최소거래단위	1/128 = 15.625달러
결제방식	실물인수도
최종거래일	만기월 전월 마지막 영업일

표 5-14 미국 30 · 10 · 5 · 2년채 상품 명세서

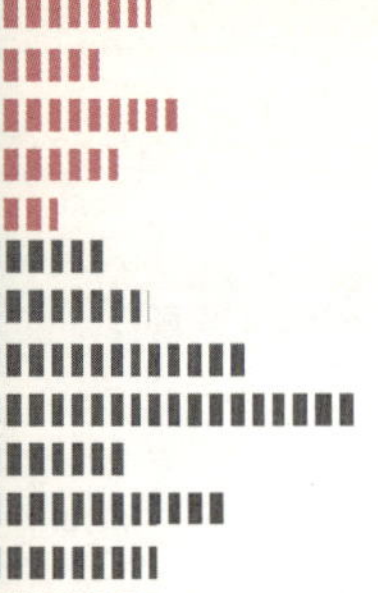

먹기 좋은 와인이 투자에도 좋다

한국의 와인시장은 1988년 서울올림픽을 기점으로 시작되었다고 할 수 있다. 그 이전의 와인 수입은 정부가 지정한 곳에서 극히 일부만 수입하여 외국인들이 방문하는 곳에만 소량 판매되었다. 1988년 이후 와인 수입이 자율화되면서 많은 수입원들이 생기고 한국에 와인시장이 형성되기 시작했다

1997년 11월 외환위기 전 와인은 매출은 꾸준히 성정하였으나, 양주의 일종으로 취급받으면서 시장에서의 자리매김은 하지 못했다. 어느 정도 성장했다고는 하지만 그 시장규모는 전체 주류시장에서 볼 때 아주 미미한 상태였다.

외환위기 이후에는 인터넷의 발달과 더불어 와인 동호회가 결성이 되기 시작하였다. 또한 건강에 대한 급격한 관심으로 고알코올 주류보다는 저알코올 주류를 선호하게 되면서 알칼리성 주류인 와인에 대한 관심이 커졌다. 1998년 초 잠시 주춤하던 와인시장이 다시 성장을 시

작하여 1999년 중반에는 이미 외환위기 이전 상태로 복구되며 2000
년을 기점으로 급속도로 성장하였다. 지금은 와인 동호회뿐만 아니라
각종 드라마에 많은 와인들이 등장하면서 생활 속 일부분이 되어 가고
있다.

그러나 예전에 비해 와인에 대해 인지하는 사람들이 많이 늘어났을
뿐, 실제 와인을 즐기는 층의 증가 속도는 그다지 빠르지 않았다. 다른
주류를 즐기던 사람들 중 일부가 종류를 바꾸어 와인을 접하게 된 것으
로, 아직도 대부분의 신세대들은 소주와 맥주를 즐긴다.

2007년까지 급격한 성장을 보이던 와인시장은 2008년 1/4분기를 거
치면서 경기침체와 주식시장의 하락으로 점차 감소하기 시작하였다.
또한 고가의 와인을 마시던 사람들이 보통 와인을 마시게 되고, 보통
와인을 마시던 사람들은 저렴한 와인으로 지출 규모를 줄였다. 그래서
실제 시장에서 소비되는 와인 섭취량은 그리 줄지 않았지만, 매출액 규
모는 20% 이상 축소되었다.

이러한 와인시장의 축소는 비단 한국뿐만 아니라 미국 발 금융위기
로 시작된 경제 문제를 안고 있는 모든 나라에 공통적으로 발생하는 현
상이다. 생산 및 수출을 하는 와인회사도 전 세계에 많은 프로모션을
내걸었지만 그 수요는 극히 미미했다. 수입을 하는 회사 역시 가지고
있는 재고 문제로 어려움을 겪고 있는 실정이다. 한국의 경우 급격한

환율의 상승으로 수입 원가가 증가해 와인가격을 올려야 했지만, 시장 불안으로 가격 인상이 어려워지며 매출감소와 원가상승으로 인한 이중고를 겪어야 하는 현상이 발생하였다.

이러한 어려운 상황에도 불구하고 꾸준히 가격이 상승하는 와인이 있으니, 그것이 특화와인들이다. 특화와인은 주로 프랑스의 그랑크뤼 와인Grand Cru Wines들과 이태리의 수퍼 투스칸 와인Super Tuscan Wines 들 중 일부, 그리고 미국의 컬트 와인Cult Wines들이 그 대상이다.

와인의 투자가치는 다른 상품의 투자가치, 예를 들어 보석이나 부동산과는 다르다. 와인에는 각기 생산연도를 뜻하는 빈티지Vintage가 표기되기 때문에 그 희소성이 높다.

또한 보석처럼 눈으로 보고 만지고 하는 것이 아니라 마셔 없어지는 것이기 때문에 시간이 지날수록 그 가치는 점점 더 높아진다. 어느 때부터인가 자기가 태어난 해의 와인을 소장하기 시작하면서 그 가치는 점점 더 높아지고 있다. 와인은 다른 식품으로 생산되는 제품과는 달리 풍년이 들면 가격이 상승한다. 대다수의 농산물들은 풍년이 들면 공급이 많아져 가격이 내려가지만, 와인은 한정된 공급보다 수요가 훨씬 높아져서 가격이 상승하게 된다. 풍년이었던 해에 생산된 와인들은 보관할 수 있는 기간도 길지만 소장 가치가 높기 때문에 수요가 더욱 올라간다.

이런 해의 와인들은 매해 소량씩 소비되면서 그 수량이 점차 줄어들어 이제는 찾아보기도 어렵게 되었다. 출시 당시 1만 원(2009년 현재 화폐

와인 병 크기에 따른 명칭

375ml(하프바틀, 스플릿), 750ml(바틀, 스탠다드), 1.5L(매그넘), 3L(더블매그넘), 4.5L제로보암), 6L(임페리얼) 등이 있다. 용량에 따른 와인 병의 명칭은 지역에 따라 조금씩 다르게 불리며, 우리나라는 일반적으로 보르도 지방에서 쓰는 명칭으로 사용하고 있다.

가치로 100만 원 선) 하던 1945년산 샤또 무똥 로쉴드Ch. Mouton Rothschild/Grand Cru, 1er, Pauillac, Bordeaux는 2005년산 크리스티 경매장에서 한화로 2,500만 원 정도에 거래되었다. 같은 와인인 2000년 빈티지 5L짜리는 2003년 출시 당시 700~800만 원 하던 것이 2006년에는 2,500만 원에 판매되었다. 3년 만에 무려 4배나 가까이 오른 셈이다.

와인투자는 영국과 스위스에서는 이미 오래 전부터 진행되어왔다. 한국에서도 얼마 전부터 와인투자에 대한 관심이 높아지며, 실제 와인투자펀드가 조성되기도 하였다. 물론 '한 병에 수천만 원이나 하는 와인을 누가 살 것인가' 하는 의문이 생길 수 있다. 그런데 아이러니하게도 그런 구매자들이 꽤 많이 있을 뿐만 아니라 마시는 사람들도 있다. 보통 직장 초년생의 1년치 연봉을 단 몇 분 만에 마셔 없애버리는 사람들이 있다는 것이다.

2007년 초 삼성그룹의 이건희 회장이 전국경제인연합회 회장 자격으로 개최한 모임에서 1982년산 샤또 라뚜르Ch. Latour/Pauillac, Bordeaxu, France를 선보여 세간에 말이 많이 나왔었다. 당시 시중가격이 750ml 한 병 기준으로 300만 원 정도 하는 와인이었으나, 1985년 출시될 당시 5만 원도 안 되던 와인이었다. 아무리 재벌 총수에다 와인을 좋아한다고는 하지만 '이건희 회장이 그 와인을 300만 원이나 주고 샀을까' 라는 의문이 생긴다. 물론 답은 '아니다' 이다.

와인에 대해 일찍이 눈을 뜬 이건희 회장은 젊은 시절부터 와인을 사서 모아온 것으로 유명하다. 와인에 대한 해박한 지식뿐만 아니라 좋은 와인을 선별하는 능력도 가지고 있다. 돈벌이를 위한 수집은 당연히 아니었겠지만, 이것이 세간에 이목을 끄는 결과를 가져오게 됐다. '향후 10~20년 후에 100배 남는 장사'를 안 할 사람은 거의 없을 것이다.

와인 수집광으로 유명한 사람이 또 있다. 영화배우 배용준 씨다. 배용준 씨 역시 세계 각국을 다니며 여러 문화를 접하다가 와인의 매력에 빠져서 수집을 하기 시작했다. 지금도 수많은 특이한 와인들을 구매하여 마시기도 하고 수집도 하고 있다. 또한 배용준 씨는 일본의 유명한 와인 만화인 《신의 물방울》 속 등장인물의 모델이 되기도 하였다.

'부자가 투자하는 것에는 따라 투자해도 된다'라는 말이 있다. 그만큼 와인의 투자가치는 충분함을 넘어서고 있다.

와인은 '사람을 아름답게 만드는 신의 선물'이라는 말이 있다. 일반적으로 호프집이나 포장마차에서 볼 수 있는 시끄러움과 산만함을 와인 바에서는 찾아보기 힘들다. 좋은 와인 바에 들어서면 웃으며 반기는 소믈리에가 있고 향긋한 와인의 향과 구수한 치즈냄새가 코를 자극한다.

필자는 처음 달콤한 맛이 좋아 와인을 마시기 시작했지만, 어느덧 무거운 맛과 떫은맛을 거쳐 이제는 부드럽고 상큼한 맛에 매료되어가고 있다. 와인을 마시기 시작한 지 몇 해 되지 않아 와인에 대한 지식을 떠들고 다니며 무엇인가 남들보다 나은 삶을 살고 있다는 착각에 빠져 자만하기도 했었다. 그러나 시간이 더 지나 지금은 와인에서 삶을 느끼며 그러한 와인에 대한 기존 지식을 다 버리기로 했다.

와인에서 어떤 꽃향기가 나든지, 어떤 나무향기가 나든지 그런 것은 이제는 중요하지 않다. 그저 좋은 사람과 좋은 와인을 마실 수 있는 공간이 있으면 그것으로 만족할 뿐.

와인은 사람의 인생을 잘 표현해주는 음료인 듯하다. 단맛, 쓴맛, 신맛, 깊은 맛, 가벼운 맛 등 모두를 지니고 있다. 어릴 적 어른들이 하던 말들 중에 '인생이란 때로는 달콤하고 때로는 쓰다' 라는 말이 있듯, 와인 속에도 인생 그 자체가 표현되고 있다고 할 수 있지 않을까?

롱 오일Long Oil

원유가격이 200달러를 갈 것이라는 한 외국계 대형 투자은행의 보고서가 무색하게도 유가는 고점 대비 1/3 수준으로 내려와 있다. 과거 유가 평균과 비교해보면 많이 빠진 것은 아니지만, 고점과 비교를 했을 때는 급락 수준에 가깝게 가치가 폭락해 있다.

2008년 말부터 유가관련 로우 데이터를 이리저리 꿰맞춘 결과 일단 확실한 것은, 1973년부터 유가는 재무성 채권의 수익률과 같은 방향으로 움직인다는 근거를 찾게 되었다. 또 달러화가 향후 약세로 가게 된다면 달러로 표시되는 대표적인 실물 자산인 금과 원유 중에 어떤 것이 더 먼저 움직일 것인가에 대한 고민을 해볼 수 있을 것이다.

다른 측면에서 보자. [표 5-15]에서 보듯, 금과 원유의 비율을 통해서 오일가격의 추이를 판단할 수도 있다는 근거도 찾았다. 만약 금이 온스당 800달러이고 유가가 배럴당 80달러면 비율은 10이다. 같은 맥락으로 금이 800달러이고 유가가 40달러면 20이 된다. 이 비율이 10 아래로 떨어지면 금은 원유에 비해 상대적으로 싸다고 볼 수 있고, 향후 몇 년 동안 아웃퍼폼Outperform할 것이라는 데 배팅하는 것은 안전할 것이다. 반면 이것이 20보다 위로 올라갔다면 그 반대가 된다. 원

표 5-15 금과 서부텍사스중질유(WTI)의 최근 3년간 가격 비율

금과 원유의 비율 역시 오일가격의 저평가 또는 고평가 여부를 알 수 있는 참고할 만한 지표 중 하나다. 실제로 원유가 고평가되었다는 신호가 나왔을 때에 유가는 폭락을 했었고, 원유가 저평가되었다는 신호가 나왔을 때에는 원유는 빅 랠리를 펼치게 된다.

유가격이 싸다는 의미다. 2008년 7월 바닥이었던 6.5일 때, 금은 싸고 원유는 비싸다고 울부짖고 있었다. 유가는 140달러, 금은 925달러에 거래되고 있었고 실제로 이후 6개월 동안 70퍼센트 이상 하락하면서 조정을 받았다. 이는 1994년, 1999년, 2002년, 2007년에도 비슷했다. 그때마다 유가는 어김없이 빅 랠리를 보여 주었다.

위기 이후의 부동산투자

정부가 부동산시장의 대표성을 띠고 있는 강남3구에 대한 투기지역·투기과열지구 해제를
추진하고 있다는 것 또한 부동산투자자들이 기대감을 갖게 하는 요인이 되고 있다.
불과 몇 달 전까지만 해도 혹독한 겨울과 같은 부동산시장이 정부의 부동산 규제완화에
대한 기대감과 금융시장의 변동성 감소로 인하여 서울 시내의 부동산 중개업소들에는
'집값이 더 이상 하락하기는 어렵지 않느냐' 라는 문의가
빈번하다고 한다.

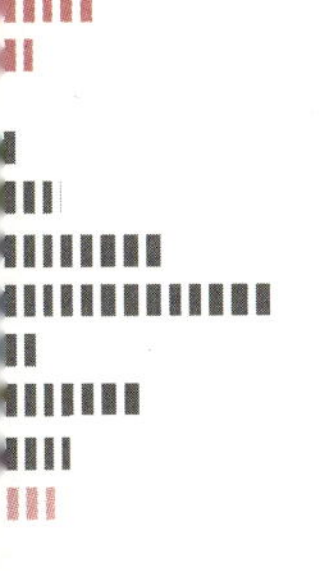

부동산 불패신화가 고개를 든다

최근 부동산 경기가 심상치 않다. 버블 세븐 지역으로 지정되어 노무현 정권 시절에 부동산 거품의 주범으로 지목되었던 지역들이 오름세를 보이고 있다. 또한 그동안 급매물이니 급급매물이니 하면서 나왔던 공급 물량들이 언제 그랬냐는 듯이 빠르게 소화되고 있다.

정부가 부동산시장의 대표성을 띠고 있는 강남3구에 대한 투기지역·투기과열지구 해제를 추진하고 있다는 것 또한 부동산투자자들이 기대감을 갖게 하는 요인이 되고 있다. 불과 몇 달 전까지만 해도 혹독한 겨울과 같은 부동산시장이 정부의 부동산 규제완화에 대한 기대감과 금융시장의 변동성 감소로 인하여 서울 시내의 부동산 중개업소들에는 '집값이 더 이상 하락하기는 어렵지 않느냐'라는 문의가 빈번하다고 한다.

이에 따라 2008년 말부터 MMF 등의 단기 상품에 몰린 자금들이 투자를 시작하면 주식시장이나 부동산시장으로 갈 수밖에 없는데, 과거

선례를 보았을 때 부동산시장이 움직일 가능성이 높다고 예상하는 사람들이 늘고 있다. 모 부동산 정부업체에 따르면 2009년 2월 실시된 주택매매지수 설문 조사에서 2009년 1분기 주택매수지수가 122를 기록했다고 한다. 2008년 3분기에 95.6, 2008년 4분기에 77.6을 기록했다는 것을 보면 부동산시장을 바라보는 시장참여자들의 시각이 변했다는 것을 체감할 수 있는 부분이다.

하지만 중요한 건 심리나 기대 혹은 추측이 아니다. 실제로 시장이 어떻게 움직이느냐의 문제다.

우리나라에서는 유독 '부동산 불패신화'가 강하게 작용하고 있다. '우리나라는 땅이 좁고, 과거부터 농경사회가 기반이 되어왔다'는 등의 이유들이 이런 부동산 불패신화를 뒷받침해왔다. 옆 나라 일본에서도 한때 전국적으로 돌았던 부동산 불패신화 가운데에는 '인구에 비해서 땅이 적다'는 이유가 뒷받침하고 있었다.

일본은 섬나라에 언제 화산이 터질지, 언제 물에 잠길지 모르는 국가다. 그래서 일본인들의 의식 속에는 국가의 토지 크기에 비해서 살 수 있는 땅은 한정되어 있다는 의식이 팽배해 있었다. 또한 식민지 국가들이 자의·타의에 의해서 독립하는 과정을 보아왔기 때문에 이들의 토지에 대한 열정은 대한민국보다 더하면 더했지 결코 덜하지 않았다.

실제로 1980년대 일본 엔화가 고평가되었을 당시 하와이 땅의 대부분을 일본 사람들이 소유하고 있었다. 일본 땅을 팔면 그 돈으로 미국 땅을 몇 번이나 살 수 있다는 식의 이야기들은 당시 일본의 부동산 투기 열풍을 짐작할 수 있게끔 해준다.

그렇다면 지금의 한국은 어떨까? 그동안 혹독한 시기를 겪고 나서 다시 한 번 부동산 불패신화를 이어나가는 진통의 과정일까, 아니면 불패신화를 접고 이제는 새로운 필패신화를 창조하는 시기일까?

우선 대한민국의 부동산시장이 당면하고 있는 문제를 점검해보자. 부동산 담보대출 문제를 살펴보자. 2000년대에 생긴 버블은 통상 '자산버블'로 불린다. 전 세계적으로 유례없는 통화 유동성과 저금리 기조 등이 자산버블의 씨앗이 되었다. 저금리라는 것은 투자자 입장에서 레버리지투자(자기자본뿐 아니라 부채를 활용한 투자)를 가능하게 하는 매우 군침 도는 조건 중 하나다.

자본 규모가 크지 않은 개인투자자들이 주식에 투자하는 경우에는 금리의 높낮이는 그리 중요하지 않다. 레버리지를 극히 싫어하는 투자자들에게는 아예 영향이 없다고도 볼 수 있다. 하지만 부동산투자자라면 이야기가 다르다.

부동산은 투자에 있어서 일정 수준 이상의 자금 규모가 수반되어야 투자가 가능한 자산 중 하나다. 물론 적은 금액으로 투자를 할 수 있다는 경·공매가 있긴 하다. 그러나 전체적으로 놓고 보면 상당 규모의 자금이 필요한 것은 사실이다. 그러다 보니 저금리 시대에 레버리지투자로 가장 각광받는 것 중 하나가 부동산투자가 된 것이다.

하지만 부동산시장이 상승할 때 이러한 것은 큰 문제가 되질 않는다. 부동산가격의 상승이 이자상승률이나 이자에 대한 부담보다 더 크기 때문에 버틸 수 있는 것이다. 하지만 금리 측에 충격이 올 때는 이야기가 달라진다. 금리 상승분은 몇 배의 이자 부담 고통으로 돌아오기 때문이다.

금리가 조금만 상승을 해도 소득의 상당부분을 대출금리로 지출해야 한다. 많은 사람들이 경험해봤겠지만, 금리 상승 시기에는 물가 역시 상승하게 된다. 교육비와 각종 생활비, 그리고 전기 및 가스비 등이 급격히 오르는 것이다. 이들은 모두 일상생활에서 기본적으로 필요한 항목들인데(줄이기 쉽지 않다는 의미), 이들 비용이 증가하게 되면 대출 비용의 고통은 더욱 커지게 되는 셈이다.

그런데 최근 들어서는 CD금리가 추락하듯 하락했다. 그렇다고 해서 금리 부담이 과연 줄었을까? 물론 체감적으로 조금 줄긴 했다. 하지만 표면적으로 금리하락 폭은 CD금리의 하락폭을 절대 따라가질 못했다. 은행들의 고시 금리(대출)와 실제로 본인이 은행에 가서 받을 수 있는 금리 차이가 적게는 1~2%에서 많게는 2~3% 이상 차이가 나

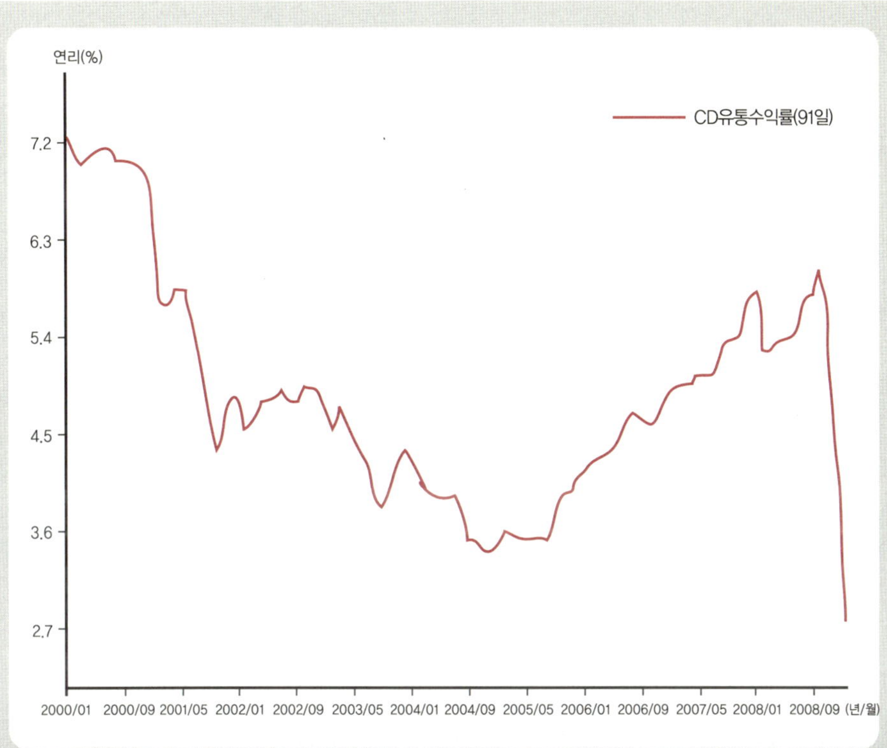

자료: 한국은행

표 6-1 CD 91일물 금리 추이(2000년 1월~2009년 2월)

CD금리는 대출금리를 결정하는 중요한 금리 중에 하나다. 일반적으로 대출금리는 CD 금리에 가산금리를 더해서 결정되는데, 가산금리에는 은행의 마진뿐 아니라 대출자의 신용리스크 프리미엄 등이 더해진다. 표에서 보는 바와 같이 2000년대 이후 CD금리는 지속적인 하락을 거듭한다. 이 기간 동안 국내의 부동산 담보 대출은 급격하게 증가하였다. 최근 들어 다시 한 번 금리가 하락을 하고 있다. 그것도 아주 빠르게. 그렇다면 다시 한 번 자산버블이 형성될 수 있는 걸까?

구분	주택담보대출(십억 원)	금융부채/처분가능소득(배)
2005년	190,236.7	1.35
2006년	217,116.3	1.43
2007년	221,640.0	1.48
2008년	237,361.3	1.50(2008년 6월 예상)

자료: 한국은행, 기획재정부 등

표 6-2 주택담보대출 잔액과 처분가능소득 대비 금융부채 비율

주택담보대출은 3년이 되기도 전에 400조 원이 넘게 증가하였고 동 기간에 처분가능소득 대비 금융부채의 비율은 1.5배를 넘어섰다. 1.5배라는 수치도 2008년 6월 예상 수치고, 2009년은 더 증가하였다. 가처분소득이란 쉽게 말해 개인소비에 개인저축을 더한 금액이다. 지금 대한민국은 자신의 가처분소득을 다 쓰고도 50%나 많은 금융부채를 가지고 있다. 금리 상승 앞에서는 나약해질 수밖에 없는 구조다.

고 있다.

왜 그럴까? 바로 은행의 수익성 때문이다. 특히나 연말부터 은행에서 신경 써서 준비하고 있는 국제결제은행BIS 자기자본비율의 영향이 있어 더욱 그랬다. 국내의 대형 은행들의 경우 2008년 초까지만 하더라도 BIS비율이 10%를 넘어섰다. 이런 BIS비율이 3분기 들어서면서 10% 밑으로 떨어지는 은행들이 발생하기 시작했고, 다급해진 은행에서는 BIS비율을 맞추기 위해서 각고의 노력을 펼치게 된다.

은행 측에서 보면 쉽게 BIS비율을 높일 수 있는 방법은 두 가지다. 대출을 줄이거나 후순위채 발행을 하는 방법이다. 실제로는 어땠을까? 너무나 교과서적으로 시중 대형 은행들은 앞다투어 후순위채를 발행했고, 일부의 우려와는 달리 조기 판매종료가 되기도 하였다. 대출의 경우에는 다급해진 모 은행에서는 한동안 특정 점포에 대한 대출 금지까지 내렸다는 소문이 돌기도 했었다. 급해진 은행이 돈줄을 갑자기 막아버린 셈이다.

이뿐 아니다. 2000년대 이후 부동산시장이 커지면서 부동산관련 대출이 급증하게 되자 국내 은행들은 외국 금융기관을 통해서 자금을 조달하고, CD 발행과 은행채 발행을 통해서 나머지 부족한 자금들을 계속 발행했다.

물론 2008년 말에는 높은 금리를 제시하며 예금을 유치하기도 하였다. 하지만 기준금리가 급격하게 떨어지면서 은행 입장에서는 수익성 측면에서 문제가 생기기 시작하였고, 대출금리는 쉽사리 내릴 수 없고, 예금금리는 낮게 해야 하는 상황에 처한 것이다.

금리의 반등이 나온다면 대출금리의 동반 상승은 예견된 일이다. 또한 앞에서 언급한 대로 부동산가격의 상승이 수반되지 않는다면 높은 수준의 금리로 대출을 받아서 부동산투자를 한다는 것은 평범한 중산층에서는 쉽지 않은 일이 될 것이다.

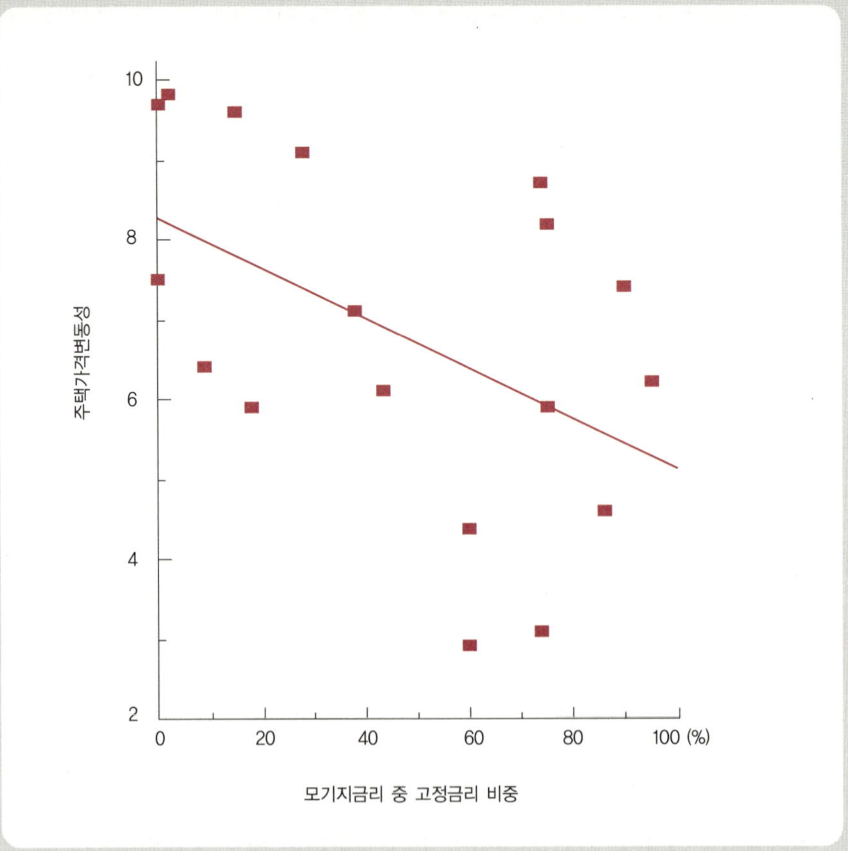

자료: 유럽중앙은행

표 6-3 모기지금리 중 고정금리 차지 비중에 따른 주택가격 변동성(1971~2003년)

전체 주택 대출금리 중에서 고정금리가 차지하는 비중이 클수록 주택가격의 변동성은 줄어드는 것으로 나타나고 있다. 반대로 말하자면 주택 대출금리 형태 중에 변동금리의 비중이 클수록 주택가격의 변동성이 커진다는 것을 의미하는데, 한국은 전체 주택 대출금리 중에 90% 이상이 변동금리 상품들이다.

다음은 수요 측면의 문제다. 간단히 말해서 언제 인구가 줄어들 것인가의 문제다. 이 부분은 아직까지도 의견이 팽팽하게 맞서고 있는 부분이다. 자산 가치와 인구의 상관관계는 장황하게 설명하지 않아도 너무도 잘 알 것이라 판단된다. 미국, 일본, 한국 모두 베이비 부머Baby Boomer와 에코 부머Echo Boomer들에 의해서 노동생산성, 주가, 부동산 가격, 산업생산 등 전반적인 경제 변수에 큰 영향을 미치는 것을 확인할 수 있다. 그렇다면 언제 인구가 줄어들어 부동산 수요에도 영향을 미칠 것인가?

우선 통계청 자료를 살펴보기로 하자. 통계청의 최신 자료에 따르면 출산율은 1983년 2.1명 이하로 하락한 이래 저출산 현상이 지속되고 있다고 한다. 그 결과로 총인구는 2018년을 정점(4,934만 명)으로 감소할 것으로 전망하고 있다. 총인구의 감소는 내수 위축을 의미하며 노동력 측면에서 볼 때는 질 좋은 노동력이 부족해진다는 것을 의미한다. 더불어 소비 측면의 변화가 클 것으로 예상되는데, 주택 수요 역시 둔화될 것으로 전망하는 것이 일반적이다. 실제로 일본의 경우에도 급락한 부동산시장의 회복이 어려웠던 이유 중에 하나로 주택 수요가 줄었던 것이 한몫했다.

부동산 전문가들의 예측은 이와는 조금 다르다. 부동산 전문가들도 인구와 부동산가격과의 밀접한 상관성은 인정한다. 하지만 시기를 조금 늦게 보고 있다. 부동산 약세론자들이 부동산 수요가 감소될 것이라고 보는 시기가 2015~2020년경인 데 반해서 부동산 강세논자들은 부동산 수요는 2020년이 한참 지난 후의 일이라고 보고 있다. 2009년 현재 시점에서 10년 이상 넘게 남은 먼 이야기로 보고 있는 것이다.

따라서 시기의 문제일 뿐 대한민국의 인구가 감소한다는 것에는 양측 모두 동의를 하는 것이다. 인구 감소는 수요 감소로 이어지고 수요

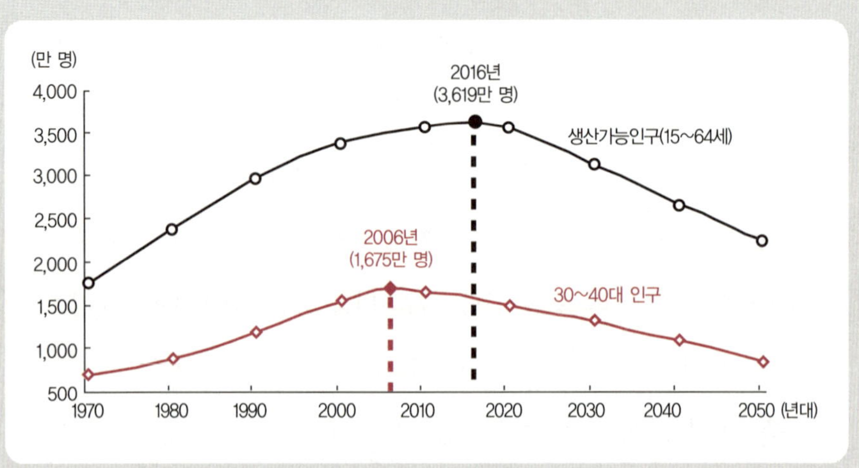

자료: 통계청

표 6-4 ▶ 생산가능 인구 감소 추이

통계청에 따르면 2016년을 정점으로 생산가능 인구(15~64세)는 감소할 것으로 예상하고 있다. 이런 인구의 감소는 단순히 생산 측면에만 영향을 미치는 것이 아니라, 학령인구, 군 입대 자원 인구 등의 감소로도 이어진다. 특히 65세 인구가 유소년 인구(0~14세)를 넘어서는 시기는 2016년으로 보고 있는데, 2018년부터는 고령사회(전체인구 중에서 65세 이상 인구 비율이 14% 이상)에 본격적으로 진입할 것으로 예상하고 있다.

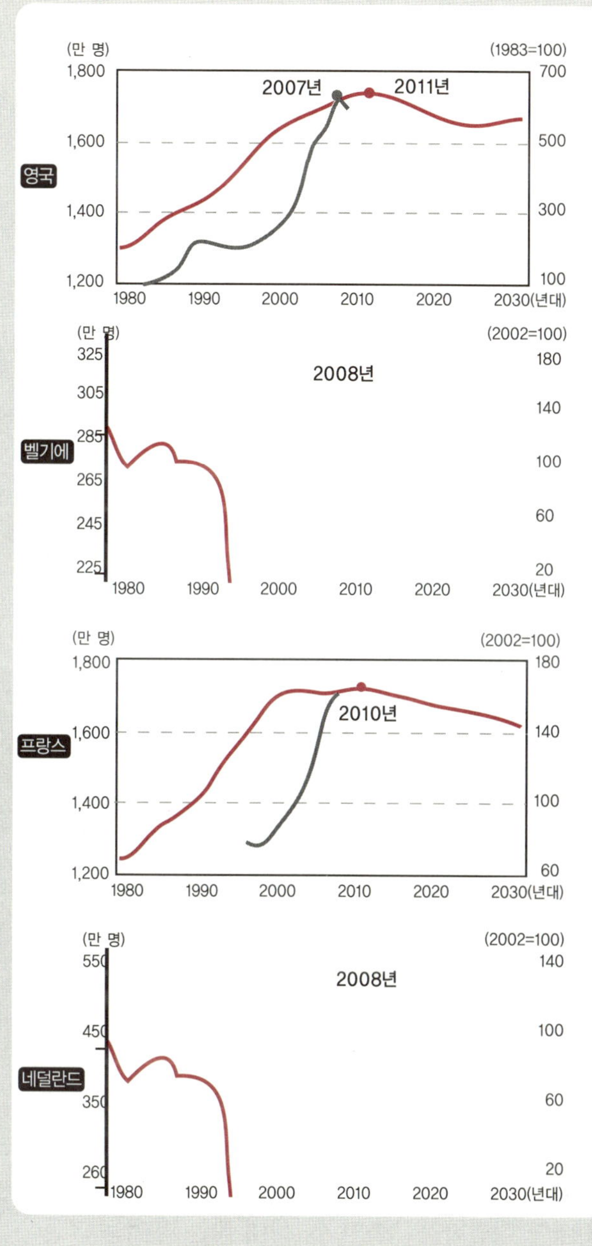

표 6-5 ▶ 35~54세 인구와 각국의 주택가격 지수

일본의 경우에는 35~54세 인구가 정점 시기였던 1990년과 동경의 주택가격 지수의 고점 시기와 비슷하다. 이후 35~54세 인구도 감소를 하였고, 동경 주택가격 지수도 동반적인 하락을 하게 된다. 한국의 경우에도 이와 관련된 면밀한 관찰이 필요하다.

자료: 통계청

감소로 인해서 주택가격이 하락한다는 것도 양측 모두 동의하고 있다고 볼 수 있다.

마지막으로는 소득의 문제다. 부동산을 구입하기 위해서는 그에 상응하는 소득이 뒤따라야 한다. 하지만 한국의 경우에는 현재 경제성장률과 지니계수가 수렴하고 있는 단계다. 지니계수는 소득 분포의 불평등도를 측정하는 계수로, 0에 가까울수록 소득 분포가 평등하다고 판단하는데, 한국의 경우 1990년대 0.24 정도였던 지니계수가 지속적으로 상승하여 현재 0.30을 넘어섰다.

이런 양극화의 원인 중에 하나로 자영업자의 공급과잉이 꼽히고 있다. 한국의 음식점 1개당 인구 수(2007년 기준)는 85명으로 일본의 177명(2006년 기준)과 비교하여 보았을 때 자영업자의 공급과잉을 확인할 수 있다. 자영업자는 경제불황기에 직접적인 영향을 받을 수 있는데, 향후 경제성장률이 뒷받침되지 않는 한 증가한 자영업자들은 자체적인 구조조정을 받을 수밖에 없는 상태다.

비정규직의 임금은 정규직과 비교했을 때 시간이 지날수록 더 격차가 벌어지고 있으며, 임금근로자 대비 비정규직의 비중은 줄어들지 않고 있다. 신규 취업예정자들의 체감 실업률은 정부의 발표와 최대 2~3배 차이가 나고 있는 상황이고, 최근의 경기 악화는 취업포기자를 양산하고 있는 형태다. 20대를 대변하는 '88만 원 세대'라는 용어는 그들이 한 푼도 쓰지 않고 20년을 모아도 서울에 있는 아파트 한 채를 사기 힘든 아픈 현실을 대변해주고 있다.

부동산이라는 자산은 팔려고 하는 사람이 있으면 사려고 하는 사람이 있어야 하는데, 이와 같은 대한민국 현실은 부동산을 사고 싶어도 살 수 없는 상황을 만들고 있다.

이번에도 다시 한 번 부동산이 폭등한다면, 다음에 부동산시장이 꼭지에 올랐을 때 부동산 보유자는 그 비싼 부동산을 도대체 누구에게 팔 것인가? 일본의 사회 문제로까지 대두되었던 '세대 간에 부가 이전되지 않는 현상(장년 및 노인 세대들의 자산을 젊은 세대들에게 이전되지 않는 것)'이 한국에서도 충분히 일어날 수 있는 일이라 할 수 있다.

인구의 감소 대신에 1인 가구 수가 증가하여 부동산에 튼튼한 수요층으로 자리 잡을 것이라는 부동산 전문가들의 이야기도 결국은 소득 문제로 귀결된다. 이들 1인 가구의 실체를 알아보면 실소를 금할 수 없을 것이다.

1인 가구에 대해 젊은 세대들은 오피스텔이나 중소형 아파트에서 '골드 미스, 골드 미스터' 처럼 사는 것으로 착각할 수 있지만, 여기에는 젊은 세대뿐 아니라 노령 인구까지 포함되고 있다. 1인 가구 중에 절반이 조금 넘는 수준만이 취업했을 뿐, 이들의 평균소득은 2인 이상 가구의 월 평균 소득인 320만 원의 절반에도 훨씬 못 미치는 수준이다.

이들 역시 한 푼도 안 쓰고 20년 돈을 모아도 서울에 있는 아파트를 살 수 없다.

다음으로 이어지는 일본의 사례를 통해 부동산에 대한 현실을 이야기하고자 한다. 부동산 강세론자·약세론자를 떠나서 현실을 알리느냐의 문제에 초점을 둔다는 이야기다. 물론 필자 개인적으로도 부동산이 당장 대폭락을 한다고 보지는 않는다. 하지만 지금 대한민국의 부동산과 그를 둘러싼 환경이 어떤 식으로 흘러가고 있는지를 얕은 지식으로 알리고자 한다.

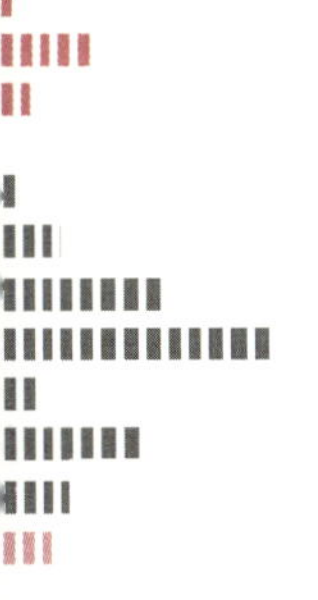
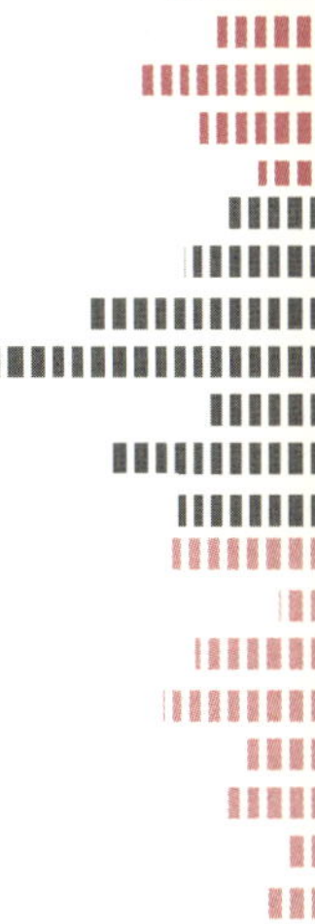

일본의 부동산 필패신화

1985년 9월 22일 뉴욕의 프라자 호텔에 미국, 영국, 서독, 일본, 프랑스의 중앙은행 총재들이 모였다. 회담이 끝난 후 '환율에 관한 합의문'을 발표했는데, 역사에 오랫동안 회자될 이 합의문을 흔히 '프라자 합의' 라고 이야기한다.

당시의 일본인들은 이 합의문이 한 편의 대사건의 시작이었음을 아무도 알지 못했던 것이다. 당시 일본 신문 기사에도 이 프라자 합의에 대해서는 비중 있게 다루질 않았다. 국민들이 이 회담의 중요성과 이후 발생하는 사건들에 대해서 짐작할 수 있었다면 이 회담은 어쩌면 큰 진통이 있었을지도 모른다.

프라자 합의문이 발표된 다음날부터 일본은 1달러에 250엔을 기록하던 환율이 하락하기 시작하여, 1년 후에는 1달러에 120엔까지 하락하게 된다. '엔화 고평가' 가 본격화된 것이다. 프라자 합의 당시의 미국은 자신들의 무역적자를 해소하기 위한 탈출구가 필요했고, 그 상대가 일본이 된 것이었다. 당시 엔고 현상은 일본의 수출 기업들에게는 큰 타격을 주게 되었다. 최근의 엔고 현상으로 인해서 일본 수출 기업들의 실적이 망가지는 것과 같은 맥락이다.

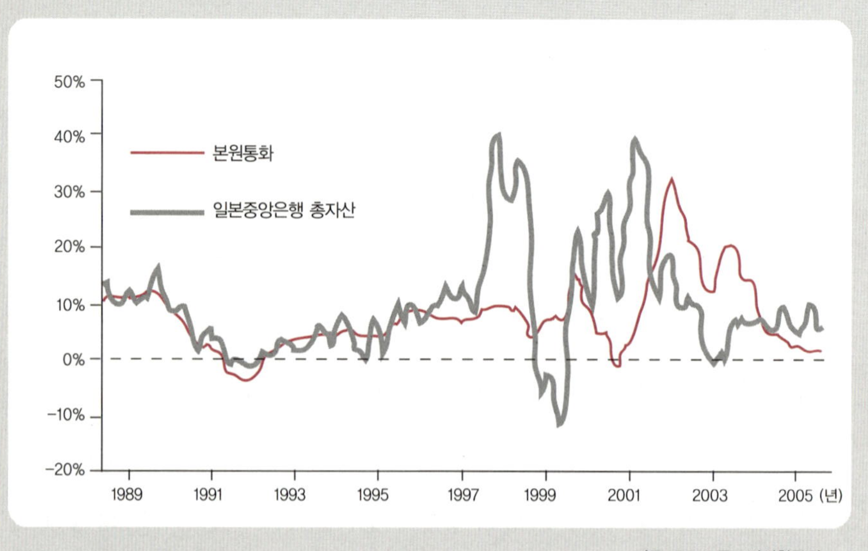

자료: BOJ, 굿모닝신한증권

표 6-6 ▶ 일본의 양적 통화 팽창 정책

일본은 수출 타격으로 인한 경제침체를 우려한 나머지 저금리 정책과 통화 공급 정책을 사용한다. 1980년대 중반부터 시작한 통화 공급(이 당시의 통화증가율은 3%대)은 시중에 막대한 자금을 공급한 효과를 내게 되어 투자처를 찾아 이리저리 몰려 다녔다. 그 과정에서 자국 내의 부동산뿐 아니라, 외국의 부동산까지 '사재기' 수준으로 사들이게 된다.

기업들을 살리기 위해 일본 정부는 금융완화정책을 취하게 되는데, 이 중 하나가 '저금리' 카드였다. 당시 5%대였던 공정금리를 2.5%까지 인하하는 동시에 엄청난 양의 통화를 시중에 공급했다. 이에 따라 부동산 대출 증가율이 급증하게 되고, 대출받은 돈으로 부동산을 사고, 다시 오른 부동산을 담보로 대출해서 부동산을 사는 '투기' 수준의 부동산투자가 이루어진다. 더 나아가 '엔고 현상'으로 인해 해외로 진출하여 해외 부동산까지 사들이게 된다.

이렇게 부동산가격이 상승하게 되자 일본 정부는 토지거래 신고를 의무화하고 부동산 대출의 총량 규제를 택한다. 그러나 이미 시작된 부동산버블은 걷잡을 수 없었다. 제도만으로는 부동산을 잡을 수 없다고 깨달은 정부가 금융 규제를 취한다고 한 것이 대출을 제한하는 것과 금리를 다시 인상한 것이었다. 하지만 이는 꺼져가는 부동산버블을 가속시키게 된다.

1990년에서 1993년 사이에 500조 엔이 넘는 토지자산 총액이 감소했고, 가계 부문은 150조 엔 가까이가 몇 년 사이에 공중 분해된 셈이다. 1991년 이후 집값은 60% 수준, 상업지는 80%가 넘게 폭락했다. 이러한 사실로 봤을 때 일본 부동산 붕괴가 얼마나 지울 수 없는 상처로 다가왔는지 알 수 있을 것이다.

몇 년 전 모 방송에서 다큐멘터리 형식으로 일본의 부동산버블 붕괴 이후 부동산 투자자들의 현재 모습을 보여줬다. 인상적인 부분은 어느 정도 나이가 있는 사람이 젊은 시절 부동산가격이 한창 오를 때 무리한 대출을 받아서 부동산을 매입했지만, 부동산가격 폭락 이후 현재까지 대출금을 갚고 있다고 인터뷰를 한 내용이었다.

왜 부동산을 팔아서 대출금을 상환할 생각을 하지 않느냐는 질문에 "팔아도 대출금을 상환할 수 없기 때문"이라고 답했다. 이것이 일본 부동산버블 붕괴 이후 실제 단면인 것이다. 일본에서는 더 이상 재테크를 위해 부동산투자를 하겠다는 사람이 존재하지 않는다고 할 정도로 소수만이 존재할 뿐이다.

일본의 경우 2005년부터 총인구가 감소했는데, 한국의 경우 통계청 자료에 의하면 2018년부터 총인구가 감소한다고 한다. 이제 일본 부동산은 15~64세 생산 인구가 감소 추세로 돌아선 지 10년이 넘었기 때문에 과거와 같은 버블을 생성하기에는 수요 측면에서 힘이 달리게 되었다.

실제로 일본의 경우 부동산 임대 수입이 예금금리보다 높게 나오고 있다. 집값은 과거 고점 대비해서 반도 안 되는 가격에 살 수 있는 실정이다. 그런데도 일본인들이 부동산투자를 꺼리는 이유는 부동산이 과거의 '불패신화'에서 현재의 '필패신화'라는 개념으로 자리 잡았기 때문이다.

잘 알려져 있지는 않지만, 일본 부동산이 한 번의 버블에 무너진 것은 아니다. 1960년대부터 여러 차례 버블이 있었고, 그중에서 가장 심

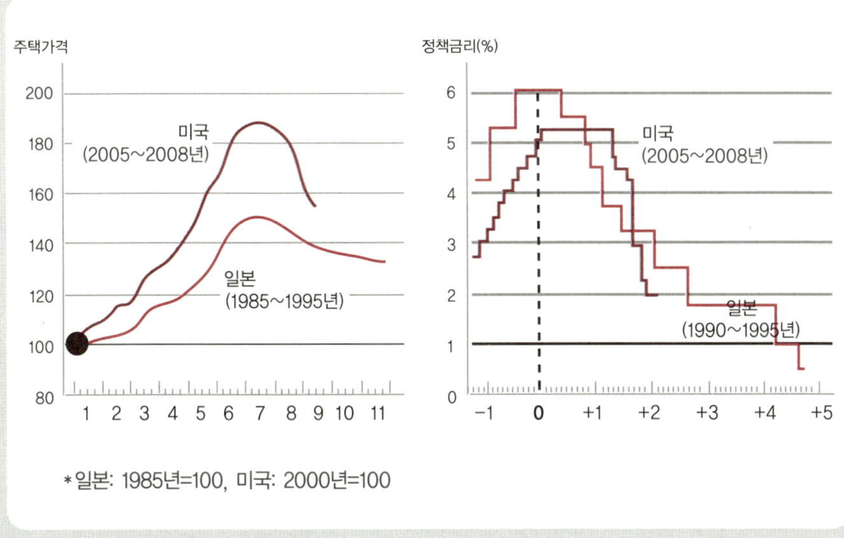

자료: 〈이코노미스트〉

표 6-7 일본과 미국의 주택가격 비교

왼쪽은 일본은 1985년을 100으로, 미국은 2000년을 100으로 하였을 때, 주택가격을 비교한 차트다. 그리고 오른쪽 차트는 미국과 일본의 기준금리를 비교하고 있는 것인데, 미국의 경우 2006년 2분기, 일본의 경우 1991년 1분기를 기준으로 하여 비교를 한 것이다. 일본은 지속적인 저금리 정책으로 인해 유동성 함정에 빠지게 된다. 일반적으로 금리를 낮추게 되면 투자와 소비가 늘어나야 하는데, 한계 금리 이하로 낮추게 될 경우 투자와 소비가 늘어나지 않는 현상을 유동성 함정이라고 한다. 한국의 경우 최근 기준금리를 2.0%까지 낮추면서 유동성 함정에 대한 이야기들이 나오고 있긴 하나, 아직은 사례도 없고 유동성 함정에 대한 수준이 명확하지 않기 때문에 의견들이 엇갈린 상태다. 미국의 경우 1920년대 경제학자 케인즈에 의해 유동성 함정이 제기되었었다.

각했던 버블이 최근에 있었던 버블이었다. 매번 버블이 생겼다가 꺼질 때마다 다시 버블을 일으킬 수 있었던 원동력은 종교적 믿음에 가까운 일본인들의 토지에 대한 집착이었고, 고도의 경제 성장이 이를 뒷받침하였다.

하지만 정부의 정책 실패, 인구의 고령화, 산업 시스템의 변화, 개인의 재정적 어려움, 저출산 등이 복합적으로 작용하면서 부동산가격의 하락을 가속시킨다.

한국과 일본의 부동산은 경우가 다르다는 말들을 많이 한다. 일본은 기업들의 상업용 부동산이, 한국은 아파트가 가격 상승을 주도한 바 있다. 실제로 일본에서 부동산가격 하락이 심화되었던 이유는 경기침체로 기업들의 재정이 악화되자 상업용 부동산의 급매물이 나오기 시작했기 때문이다. 굳이 비교를 하자면 일본은 단독주택 위주의 개인 부동산시장이 형성되어 있었다고 보는 게 맞을 것이다.

한국의 경우 부동산 대출에 있어서 주택담보인정비율, 총부채상환비율의 대출기준 강화 제도가 잘 되어 있고, 총대출에서 부동산관련 대출

Tip

주택담보인정비율LTV: 집의 자산가치를 얼마나 인정을 해주는지 나타내는 비율

총부채상환비율DTI: 집의 자산가치만으로 평가하면 대출상환 여력에 대한 판단이 어려우므로 보조 지표로 연간 총소득을 고려한 개념, 즉 연간 원리금상환액과 기타 부채의 연간 이자 상환액을 합한 총액이 연간 총소득에서 차지하는 비율

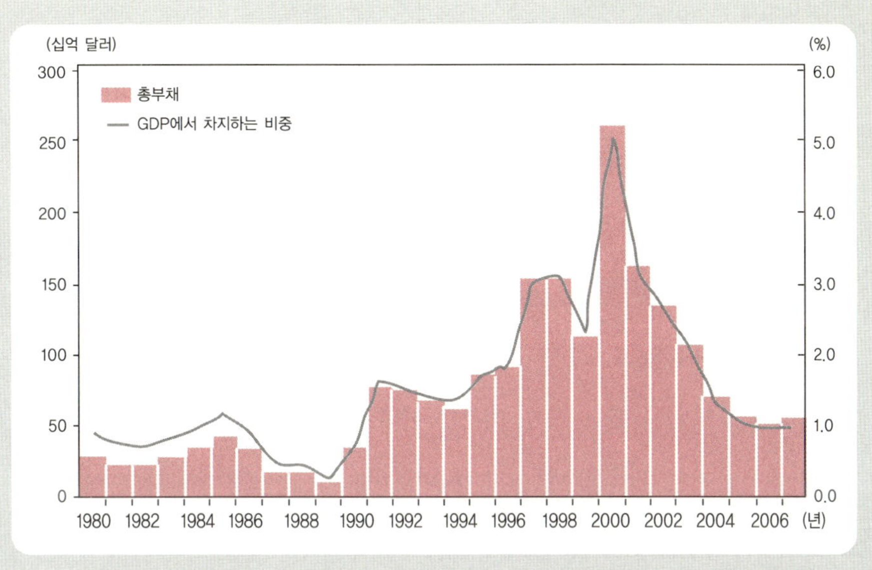

자료: 핌코

표 6-8 일본 기업들의 부도 추이

일본의 버블 붕괴는 자산가치 하락뿐 아니라 기업과 개인들에게도 큰 영향을 미쳤다. 기업의 경우 부도 기업이 속출하기 시작하였고, 개인들의 파산건수도 급격히 늘기 시작한다. 재미있는 사실은 부동산 대출로 인한 파산자는 버블 붕괴가 이뤄지고 난 후 한참 뒤에 일어났다는 것이다.

비중이 높지 않다는 것, 그리고 경제성장률과 국내총생산 등을 고려했을 때 아직은 버블이 아니라는 논리도 있다.

하지만 일본과 미국도 버블 붕괴 이전까지는 부동산시장에 대한 낙관론이 만연했었다. 미국의 경우 대공황 이후 지속적인 부동산 상승이 이루어졌고, 일본의 경우 전통적으로 땅에 대한 집착이 심했으며, 두 국가 모두 세계 경제에 있어서 1·2위를 나란히 할 정도로 경제적으로 탄탄했던 국가들이다.

2008년 경제위기를 맞아, 정부에서도 부동산가격 하락에 대해서는 상당한 우려를 해왔다. 아니 정부에서 부동산투자자들보다 앞서서 하락 분위기를 체감했다는 표현이 맞을 것이다. 그래서 부동산에 관련된 정책들을 내놓았고, 각종 규제들을 완화했고, 살릴 수 있는 건설사를 살리려고 노력을 했고, 또한 미분양 아파트 문제를 해결하기 위해 펀드를 조성하기도 했다(겉으로 보기에는 펀드지만, 사실상 건설사에 대출을 해주었다고 보는 게 맞는 것 같다).

일본에 비추어 한국 역시 그럴 것이라는 섣부른 추측은 금물이다. 하지만 일본의 부동산버블과 그 붕괴에 이르기까지 일련의 사건들을 돌이켜 보면 한국에서도 유사점을 찾을 수 있는 부분들이 많다.

한국의 경우도 하락하든 상승하든 간에 이제는 부동산이 정부의 주요 정책이자, 선거의 단골 공약으로 나오기 시작했다. 부동산이 투자나 거주의 대상이 아닌 정치적인 영역으로까지 편입되었다는 것을 의미한다. 어떤 자산이든 간에 영속적으로 가치가 상승하는 자산은 있을 수 없다. 조정기라는 것을 거치기도 하고, 때로는 헤어나기 힘든 가격 하락 현상을 겪기도 한다. 또한 조정기나 폭락기를 앞두고는 이상하리만큼 투자자들의 이성을 마비시키고, 국가 전체의 이슈가 된다는 공통점이 있다.

　지금의 부동산시장을 보면 그런 느낌을 많이 받는다. 아무리 펀드나 주식이 인기를 끌어도 결국에는 이들에 투자해 모은 돈으로 사는 자산은 부동산이다. 모든 국민들이 대한민국에 '내 집', '내 땅'을 갖기 위해 혈안이 되어 있다. 살기 위한 부동산이라면 관계없겠지만, 투자를 위한 부동산이라면 한 번쯤 고민해봐야 한다.

　최근의 글로벌 금융위기에서 드러난 사실은 세계가 너무나 가까워졌다는 것이다. 미국의 증시가 하락하면 한국의 증시도 영향을 받고, 유럽의 증시도 영향을 받는다. 미국의 부동산가격이 하락하면 유럽의 부동산가격도 하락한다. 한국이라고 예외일 수는 없다.

뜨는 부동산, 지는 부동산

오늘날 강남이라 통틀어 불리는 강남과 서초 부근의 인구 수는 1925년 약 2만 명 수준이었다. 당시의 평범한 농촌지역과 크게 다를 바가 없던 지역이었다.

1963년 서울시의 행정구역이 크게 확대되면서 현재의 강남 대부분 지역이 서울시로 편입되었다. 당시 종로를 중심으로 한 사대문 안쪽 지역들의 인구 분산을 위해서 정부에서는 인위적인 개발 정책을 쓰게 되는데, 이 가운데 하나가 강남지역의 개발이었다. 학원, 학교, 예식장 등 사람이 몰리는 시설물을 사대문 밖으로 옮기고, 강남 지역으로의 인구 유입을 적극적으로 권장했다.

어떻게 보면 신도시의 형태로 개발된 것이 아니냐는 의견도 있지만, 이미 1960년대 충정도의 의정부, 논산, 대전 등을 중심으로 하여 행정 기능 배분과 제도 운영에 의해 신도시는 탄생하고 있었다. 이후 1970년대 공업화와 본격적인 경제개발정책이 이루어지면서 현대적 의미의 신도시가 최초 건설되었고, 당시에 건설된 도시들이 우리가 잘 알고 있는 울산·포항과 같은 도시들이다. 1980년대에는 목동과 개포동을, 그리고 1990년대에는 분당과 일산 등을 신도시로 개발하면서 과거의 경제적·행정적 목적이 아닌 부동산 투기 억제와 인구 분산, 그리고 주택 공급 확대 등의 목적으로 신도시들이 들어서게 된다.

신도시가 들어서게 되면 경제학 교과서 식으로 생각할 때 주택가격이 하락하는 것이 정답일 것이다. 수요가 일정하거나 크게 변하지 않을 경우 공급 곡선이 이동(공급 초과)하게 되면 가격이 떨어지는 것이 경제학의 기본인 수요–공급이론이기 때문이다. 하지만 신도시는 대한민국 부동산투자자들 사이에서 경제학적 논리가 철저히 무시된 '로또'라 불리는 인생 역전의 기회로 생각되기도 했었다.

물론 이러한 현상은 대한민국에서만 일어난 일은 아니다. 프랑스 파리의 경우 제2차 세계대전을 거치면서 파리를 중심으로 급격한 인구집중 현상이 발생했다. 이런 인구집중 현상은 주택가격 상승과 주택난을 불러왔으며, 시민들의 삶의 질은 낙후되기 시작했다. 이에 프랑스는 1960~1970년대에 걸쳐서 파리 외곽에 수도권 5개 신도시 계획안을 세웠다. 세르지 퐁트와즈Cergy-Pontoise와 에브리Evry, 마르네 라 발레 Marne-La-Vallee 등이 당시에 세워진 대표적인 신도시들이다.

이웃나라 일본도 한때 신도시 개발 붐이 불었다. 일본도 제2차 세계대전 이후인 1950년대 말부터 대도시의 인구 문제와 주택 문제 등을 해결하기 위해 신도시 개발이 시작되었다. 센리千里뉴타운을 시작으로 타마多摩뉴타운 등이 들어서기 시작했는데, 당시에 일본인들의 관심과 기대를 한몸에 받았다. 조금 더 과장하자면 뉴타운 열풍이 일본 열도를 뒤흔들 정도였다.

하지만 일본의 현 세대들이 생각하는 신도시에 대한 평가는 참으로 안타깝다. 부동산버블기에 신도시에 들어선 사람들은 버블 붕괴로 인해 신도시를 떠나지 못하고 노령화되었다. 이들 신도시들을 일본에서는 베드타운Bed Town이라고 부르기도 한다. 신도시 개발 단계에서 인구의 고령화 문제는 전혀 고려하지 않은 채 지어졌기 때문에, 인구 문제가 본격화되자 신도시가 젊은이들과 노인들의 비율이 현저히 차이 나는 불균형의 도시로 전락을 해버린 것이다.

신도시의 넓은 녹지 공간은 휑한 초원이 되어 버렸고, 빈 상가들이 눈에 띄게 생겨났으며, 너무나 길어진 동선은 노인들이 이동하기에 거추장스럽기만 했다. 오히려 현재의 일본은 수도권에서 도시로의 인구 유입은 늘어난 반면 지방도시에서 신도시로의 인구 유입은 늘지 않고 있는 상황이다. 신도시라고 해서 모든 것이 새롭고 좋을 것이라 생각하는 것은 오판일 수도 있다는 말이다.

사실 신도시 개발은 정부의 입장에서 볼 때 주택 공급을 목적으로 추진하기에는 상대적으로 쉽고 편한 정책 중에 하나다. 도심 재개발이나 재건축 등의 정책을 추진하기 위해서는 주민과의 이해타산 문제도 해결해야 하고, 복잡한 과정과 많은 시간이 걸리는 등 과정에 있어서의 진통이 있다. 또한 이 과정을 거친다 하더라도 결과적으로 공급되는 주택의 양은 한정되어 있다.

하지만 신도시의 경우에는 이런 과정도 상대적으로 쉬울 뿐더러 결과물인 공급량 측면에서는 비교할 수 없을 정도의 효과를 누릴 수 있는 것이다. 이를 조금 과장해서 표현하자면 신도시는 공급 물량을 비교적 쉽게 쏟아낼 수 있는 재화이며, 공급량이 많다는 것은 곧 가격하락을 의미할 수도 있다는 것을 기억하자.

신도시에 이어 전원주택도 한 번 생각해 보도록 하자. 전원주택의 콘셉트는 생각만 해도 너무나 아름답다. 힘든 도시 생활을 마치고 물 좋고 공기 맑은 곳으로 떠나서 자연과 함께 더불어 사는 삶. 주말에 장성한 자녀들이 아이들과 함께 내려오면 직접 재배한 유기농 식사로 행복한 노후를 보내는 삶. 하지만 정말로 그럴까?

우선 다음의 문제부터 생각해 보아야 한다. 과연 대부분의 일생을 도시에서 보낸 사람들이 인적이 드물고 산으로 둘러싸인 곳에서 즐거운 생활을 할 수 있을까. 일반적으로 나이가 들게 되면 사람들과의 커뮤니케이션이 더 중요하다고 한다. 그게 직접적이든 간적접이든 간에 노인 세대들이 사람들 간의 커뮤니케이션을 지속하는 문제는 매우 중요하다고 할 수 있다. 또한 잦은 병치레와 질병을 가지고 있는 노인들의 경우 적어도 30분 이내에는 병원·의료시설을 이용할 수 있어야 한다. 언제 어떻게 될지 모르기 때문이다.

이와 비슷한 콘셉트로 실버타운이 있다. 국내에서 실버타운이 처음 등장한 것은 고령화 문제가 제기되기 시작한 1990년대 중반이다. 65세 이상 인구 비율이 10년 만에 두 배로 증가했을 시기였다.

물론 사회 여론이 그리 곱지만은 않았다. '현대판 고려장'이라는 말이 나오기도 했다. 하지만 최근의 실버타운은 그 모습이 많이 바뀌었다. 그동안 실패한 실버타운의 사례를 거울 삼아 초기 실버타운과 달라진 모습으로 설립되고 있기 때문이다. 대부분 산 좋고 물 좋거나 서울에서 몇 시간 거리에 있던 것들이 이제는 도심으로 돌아오고 있다. 실제로 최근에 지어지고 있거나 지어진 실버타운들은 상당수 도심권에 위치하고 있다.

이제는 분위기를 바꿔서 도심의 이야기를 해보자.

'고층빌딩의 저주Skyscrapers Curse'라는 말이 있다. 초고층빌딩이 솟아오르게 되면 그 나라 경제가 거품이고 조만간 위기가 올 것이라는 의미라고 한다. 1929년 크라이슬러빌딩, 1930년 엠파이어스테이트빌딩이 들어서고 미국에는 대공황이 왔다. 1997년 말레이시아 쿠알라룸프, 1970년대 시카고와 뉴욕 등에 초고층빌딩이 들어서고 이들 국가는 특

지역	명칭	지역	명칭
등촌동	서울 시니어스타워(가양)	평창동	신성 아너스밸리
등촌동	서울 시니어스타워(강서)	신당동	서울 시니어스타워
등촌동	SK 그레이스 힐	구미동	서울 시니어스타워(분당)
상암동	상암 카이즈 팰리스	종암동	노블레스타워
평창동	풍림 아이원	중계동	중앙하이츠 아쿠아

표 6-9 도심형 실버타운 사례

실버타운은 도심에 지어진 만큼 노인세대들이 지출해야 할 비용이 만만치 않다. 특히 최근에 지어진 실버타운의 경우 최신식 시설로 지어져 추가로 들어가는 거주비용이 커졌다. 하지만 교통이 편리하고 자식들과의 왕래도 쉬우며 편리하다는 점 때문에 도심형 실버타운에 대한 관심은 큰 편이다.

이하게도 경제위기를 겪게 된다.

진실 여부는 아직 검증되지 않았지만, 우연의 일치처럼 맞아떨어지는 부분이 있다는 것은 눈여겨 볼 만하다. 실제로 최근의 중동의 대규모 건설붐 이후 중동에는 심각한 경제난에 처했다. 일부에서는 공사대금을 받지도 못하고 건축이 중단된 건물들이 늘어나고 있고, 빈 택시가 즐비하다고 한다. 불과 1~2년 전의 중동의 모습에서는 상상도 할 수 일이었다.

최근 들어 초고층 신축계획 이야기가 뜨겁다. 부산의 롯데월드를 시작으로 해서 서울 용산, 인천의 드림타워 등 '초고층 뉴딜'이라는 신조어를 발생시킬 정도로 적극적으로 진행되고 있다. 하지만 이들 지역뿐 아니라 강남지역에 대해서도 주목할 만하다.

얼마 전 지방에 내려갔다가 한 젊은 직장인이 본인도 강남에서 한번 일해보고 싶다는 이야기를 들었다. 속으로 '강남이 뭐 대단한가'라는 생각을 했는데, 언론에 포장되어 나타나는 강남의 모습은 그럴 만도 하겠다는 생각이 들었다. 최첨단 트렌드를 선도하는 강남의 모습이 언론에서 나오는 강남의 모습이었던 것 같다.

강남은 교육 인프라와 상업 인프라가 매우 뛰어나다. 과천에는 행정 신도시가 있고, 양재동에는 대규모 벤처단지, 그리고 테헤란로 주변에는 우리나라 IT기업들과 코스닥 기업들이 즐비하게 들어서 있다. 최근에는 삼성마저도 강남역에 들어서면서 GS, LG, 포스코, 동부, 현대 · 기아차 등 우리나라의 대표급 기업들이 상당수 이전하거나 추진 중에 있다. 사실상 우리나라의 모든 인적 · 물적 인프라들이 몰려 있다고 해도 과언이 아니다.

과거에 교육과 들썩거리는 땅값이 강남의 대표적인 상징이었다면 앞으로는 비즈니스와 최첨단 기술이 융합된 곳으로 새롭게 조명받을 것으로 예상된다. 더군다나 '한강 르네상스'의 중심 역할을 하는 압구정

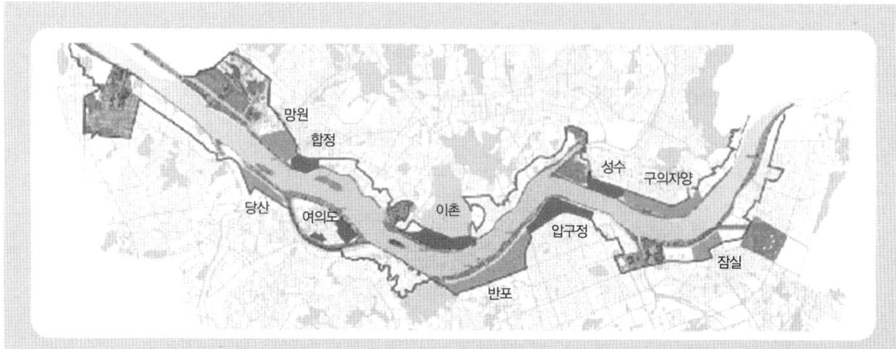

자료: 서울시청

한강변 재개발 및 재건축 구역도

서울시는 총사업부지의 25% 이상을 기부체납할 경우 줄어든 건축 면적만큼 용적률을 높여줄 계획을 내놓았다. 기부체납 공간에는 녹지공원과 문화시설 등이 들어서고, 이들 지역에는 최고 50층 내외의 재건축이 허용된다고 한다. 서울시에서 '한강 르네상스'라는 마스터 플랜 하에 도시공간 구조를 재편하고 한강변 경관을 개선하는 등의 움직임을 보이고 있다.

에서 반포에 이르는 라인도 강남에 포함되게 된다면 비즈니스와 상업, 문화, 그리고 주거 인프라가 최고 수준으로 갖추어진 지역으로 거듭날 수 있다는 것이다. 어쩌면 서울을 대표하는 랜드마크 지역으로서의 강남의 모습이 시작되고 있다는 생각도 든다.

부동산투자 시 한 가지 더 염두에 둘 것이 있다. 패러다임으로까지 말하기는 거창할 수 있지만, 부동산시장의 손바꿈이 일어날 가능성이 있다는 것이다. 손바뀜이란, 기존의 개인 위주의 부동산시장이 기관 위주의 부동산시장으로 바뀔 수 있다는 의미다. 주식시장에서도 매매 동향을 파악할 때, 개인, 외국인, 기관 등으로 나눠서 파악하고, 기관의 경우는 증권, 보험, 투신, 사모펀드, 은행, 종금신금, 기금공제 등으로 세분화한다. 부동산의 경우 그 정도는 아니겠지만, 공적 시장Public Market으로 될 가능성은 충분히 있다. 물론 지금 당장의 이야기는 아니다.

미국이나 일본 등과 같은 선진국들의 경우에도 최근의 눈에 띄는 트렌드 중에 하나가 부동산의 증권화였다. 우리가 한 번쯤은 들어본 리츠REITs나 SPC, 프로젝트금융투자회사PFV, ABS 등이 그런 사례다.

일본의 경우 금리 수준이 워낙 낮기 때문에 은행에 예금하거나 국채를 사는 것보다 부동산 펀드에 돈을 넣는 것이 수익률 측면에서 절대적으로 유리한 시장 상황이 이어져 왔었다. 특히 이들 부동산 증권화 상품들 가운데 리츠의 경우 2005년 글로벌 리츠 펀드를 시작으로 국내에 들어와서 2006년 아시아 리츠 등에 이르기까지 다양한 상품들을 내놓으면서 투자자들의 큰 관심을 받았다.

선진국의 경우 부동산 증권들의 규모가 커져서 이미 부동산시장에서는 큰손 역할을 하고 있고, 특히 상업용 부동산의 경우 상당수가 이들 부동산 펀드들에 의해서 운영되고 있다. 우리나라의 경우에도 건설사의 후분양제 확산과 향후 건설사가 임대분양을 본격적으로 실시할 경

표 6-10 ▶ 2006년 말 고점을 경신한 리츠REITs

해외 부동산 펀드의 대표적인 상품이었던 리츠의 경우 판매 이후 큰 인기를 끌었다. 모은행의 경우에는 리츠 펀드의 운용사에게 다른 은행이나 증권사에서 특정 리츠 펀드 상품을 판매하지 못하도록 은근한 압력을 넣기도 했었다고 한다. 하지만 우리나라에 리츠펀드가 들어온 시기는 늦은 감이 있었다. 리츠의 수익률과 국채의 수익률을 비교해 보면 우리나라에서 리츠 펀드가 대중적인 인기를 끌었을 때는 리츠보다는 국채의 수익률이 더 매력적인 시기였다. 즉, 리츠가 가격적으로 비싼 시기에 국내에서는 인기가 하늘을 치솟았던 셈이다.

우 투자 사업비의 회수가 지연되는 경우가 발생하는데, 이를 극복할 수 있는 대안 중에 하나가 리츠와 같은 부동산 증권화 상품들이다.

하지만 현재 국내의 부동산 증권관련 상품은 상대적으로 많이 위축되어 있다. 국내에 도입된 지도 얼마 되지 않았지만, 그 꽃을 피우기도 전에 모진 시련을 겪었기 때문이다. 따라서 이런 부분들을 고려해본다면 우리나라는 선진국들의 사례와 다르게 진행될 가능성은 충분히 있다고 볼 수 있다. 하지만 앞으로의 트렌드를 예측했을 때 기관 위주 부동산의 증권화는 충분히 일어날 수 있는 일임에는 틀림없다.

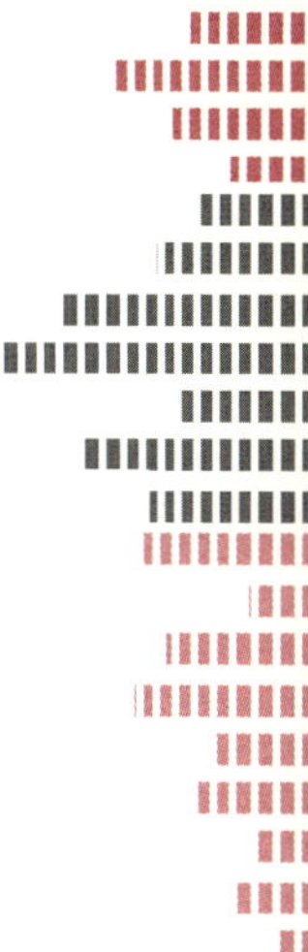

부동산도 대안투자가 가능한가

2009년 2월 열린 모 운용사의 부동산 펀드 만기 1년 연장 안건을 논의한 수익자 총회에 참석한 투자자들은 펀드 만기가 돌아왔지만 돈을 찾지 못했다.

2007년 8월 설정된 이 펀드는 자산 전액인 3,900억 원을 서울 양재동에 위치한 복합유통센터에 투자해 연 8.6% 수익률을 지급하고 2009년 2월 14일 만기가 되는 펀드였다. 하지만 사업은 일정에서 차질을 빚게 되었다. 투자한 부동산 감정평가액이 3,300억 원으로 투자금에도 못 미치는 상황이기 때문에 환매보다는 1년을 연장하여 사업을 정상화시킨 후에 원금을 분배하는 방식이 나을 것이라 판단, 만기를 연장하게 된 것이다.

최근 경기침체가 지속되자 경기활황 시기에 설정되었던 부동산 상품들의 문제점들이 나타나기 시작했다. 부동산시장만 보더라도 지방 아파트 미분양 사태, 부동산 PF의 건전성 문제, 그리고 건설사들의 구조조정

분류 등의 이슈들이 나오면서 분위기가 급속도로 안 좋아지기 시작하였다. 이 중 상당수의 부동산 펀드들의 만기가 2009년에 몰려 있기 때문에 일부 펀드들의 경우는 아예 상환 여부가 불투명하게 되어버린 것이다.

부동산 상품들이란 도대체 어떤 것일까? 그리고 이런 상품들에 투자를 하게 되면 부동산에 직접 투자하는 것과 비슷할까?

펀드 명	만기	내용
하나UBS 클래스원 특별자산3	2009.02.16	대출금 정상 상환 여부 불투명
하나UBS 클래스원 특별자산1	2010.03.20	워크아웃 판정받은 건설사에 PF 대출
KB 웰리안부동산8	2009.03.28	편법운용으로 판매사와 운용사 간 소송 제기
PAM 부동산3	2009.02.20	워크아웃 판정받은 건설사에 PF 대출
골든브릿지 특별자산8	2009.06.24	대출금 정상 상환 여부 불투명
KB웰리안 부동산6	만기경과	환매대금 만기에 지급 못함
KB웰리안 부동산7	만기경과	환매대금 만기에 지급 못함
현대부동산 경매1	만기경과	환매대금 만기에 지급 못함

표 6-11 문제가 된 부동산 펀드들

부동산 경기가 좋았던 당시에 설정된 펀드들은 당시에만 하더라도 은행금리보다 높은 수준의 금리를 지급하고 안정성이 확보되어 있는 것처럼 보여 '고수익 저위험' 상품으로서 큰 인기를 끌게 된다. 하지만 만기가 다가오고, 부동산 경기가 좋지 않게 되자 이자지급 중지, 만기 연장, 상환 여부 불투명 등 문제점이 생기는 펀드들이 나타나고 있다.

부동산 펀드의 대표적인 특징이라면 폐쇄형이고 단위형이며 만기가 길다는 것이다. 폐쇄형·단위형이라는 것은 펀드에 투자된 원리금의 입금 및 출금이 자유롭지 못하다는 것을 의미한다. 만기는 1~5년이 대부분이며 펀드에 따라서는 이보다 더 길어질 수도 있다. 이는 부동산 펀드의 특성이 실물 부동산을 운용하거나 대출 형태를 통해 자금을 운용하는 것이기 때문이다. 가장 많이 설정되어 있는 공모형 부동산 펀드는 대출채권PF형과 임대형, 그리고 해외임대·개발형 펀드가 있다.

부동산 펀드의 위험 리스크는 일반적으로 주식형과 채권형 펀드의 중간에 위치한다고 보고 있다. 또한 부동산은 주식과의 상관관계가 적으며 인플레이션 방어 기능(실물자산의 측면에서 볼 때)이 있기 때문에 분산투자의 효과가 있다고 본다. 또한 상대적으로 투자 규모가 큰 부동산 직접 투자에 비해 부동산 펀드는 소액의 투자 금액으로도 부동산에 투자한 것과 유사한 효과를 내기 때문에 부동산의 대체 투자상품으로서 인기를 끌었다.

대출채권PF형 부동산 상품의 예를 한번 들어보자.

대출채권형 부동산의 경우 아파트나 상가, 오피스텔 등을 개발하는 사업에 대출해주고 이자를 받아서 이를 다시 펀드투자자들에게 배분해준다. 즉, 시행회사에 부지 매입비 등 자금을 빌려주고 이자를 받는 구조다. 여기에 분양율이 일정 수준 이상으로 올라가거나 시행 수익이 좋을 경우에 추가적인 수익을 발생할 수 있게끔 한 구조가 많다. 이런 성과 옵션이 첨부된 부동산 펀드의 경우 일반 부동산 펀드들의 수익률보다 3~4배 이상 높은 성과를 내기도 했다.

하지만 부동산 경기가 나빠지자 자금 상환에 문제가 생겼다. 완공을 해도 분양이 잘 되지 않거나, 아예 완공 전에 건설사 자체에서 자금 사

유형	내용
대출채권형(PF형)	프로젝트 파이낸싱 대출채권에 투자(대출이자 등)
공·경매형	공·경매관련 부동산을 취득하여 운용(임대수입, 매매차익 등)
임대형	실물 부동산을 매입하여 운용(임대수익, 매매차익 등)
개발형	국내 부동산의 개발(임대수익, 개발차익 등)
해외부동산	해외부동산의 운용(임대수익, 개발차익, 매매차익 등)

표 6-12 부동산 펀드의 유형 분류

부동산 펀드는 어떤 기준에 따르냐에 따라서 다양하게 분류할 수 있지만, 여기서는 펀드의 운용 형태에 따라서 크게 5가지로 구분할 수 있다. 대부분의 펀드가 실물 부동산을 직·간접적으로 운용한다는 특징이 있으며, PF형과 같이 대출이자가 펀드의 현금흐름이 되는 펀드도 있다. 공모형 펀드의 경우 PF형 부동산 펀드가 가장 많다.

하지만 최근에 몇몇 건설사들이 워크아웃(기업개선작업) 명단에 포함되면서 그들의 채무 상환이 유예되어 이들 건설사들에 PF대출을 해준 부동산 펀드는 문제 소지가 발생한 것이다.

정에 문제가 생기기도 하였다. 이럴 경우 부동산 펀드는 대부분 건물 부지를 담보로 잡고 있고, 분양대금에 대해 선순위 채권을 확보한 경우가 많기 때문에 펀드의 원금이 100% 없어질 가능성은 낮다. 하지만 원금에 대한 손실이나 원금 지급이 늦어지게 되는 위험은 막을 수 없게 된다.

임대형 부동산의 경우도 비슷하다. 임대형 부동산 상품의 경우에는 사무용 빌딩을 펀드 자금으로 매입한 다음에 리모델링을 통해서 건물을 새롭게 꾸며 임대 수입을 발생시키고, 이 수입을 펀드 투자자들에게 배분하는 구조의 상품이다. 상품 구조상 사무용 빌딩의 공실률이 매우 중요한 관건이 된다. 그래서 임대형 부동산을 운용하는 측에서는 당연히 공실률을 줄이기 위해 최고의 전문가들을 동원한다.

하지만 부동산가격 하락이나 경기침체에서는 타격을 입을 수밖에 없다. 즉, 부동산관련 상품들의 경우 아무리 주식시장과의 상관관계가 적다고 하더라도 경제 측면에서 위기가 오게 되면 그런 위험으로부터 자유로울 수는 없다. 모든 자산들이 조정과 하락 양상을 보이면, 이와 동행할 가능성이 높다는 것이다.

이런 일련의 상품 속성들을 고려해 보았을 때 경제위기나 외부 충격으로부터 오는 자산가치 하락기에는 부동산 상품도 부동산 직접 투자의 대안상품이 될 수 없음을 알 수 있다.

그럼에도 불구하고 상품으로서의 매력은 충분히 있다고 볼 수 있다.

2009년 현재의 경기침체 국면을 탈피하고 부동산시장이 다시금 정상화로 돌아온다면, 부동산관련 상품들은 다시 한 번 주목을 받을 가능성이 높기 때문이다. 투자상품이라는 것은 경기 국면과 금리, 주식시장의 환경에 따라서 명암이 갈리는 것이 많기 때문에 부동산관련 상품들을 무시할 수만은 없다.

예를 들어 장기임대 오피스 사업이나 주택 분양사업, 주택 임대사업, 호텔 및 백화점 등의 체인사업, 창고 임대사업 등의 굵직한 사업들의 경우 부동산 상품들이 모두 다를 수 있는 영역이다. 그러나 이때 개인 투자자들이 이런 사업에 참여하려고 해도 적은 돈으로는 현실상 불가능하다.

개인 자산이 주식과 주식형 펀드 등 주식관련 상품들과 단순 예금상품들에만 집중되어 있다면 자본시장통합법 시행 이후 출시되는 부동산 펀드들에 관심을 가져서 자산 포트폴리오를 분산하는 효과를 누려 보는 것도 좋은 시도라고 볼 수 있다. 적게는 MBS, ABS, ABCP 등의 직·간접적 상품부터 시작해서 도로 중심이나 교통 여건이 뛰어난 지역에 창고 임대를 전문으로 하는 부동산 상품, 도심과 부도심 및 공항 등의 호텔 사업, 선진국에서는 보편화되었지만 국내에는 아직 활성화가 안 된 주택 임대사업 등에 투자하는 부동산 펀드는 침체기를 극복하고 나면 유망해 보이는 부동산관련 상품들이다.

Tip

부동산 펀드의 유형(한국금융투자협회 기준)

1. **임대형 부동산 펀드**: 업무용 부동산(오피스 빌딩 등) 또는 상업용 부동산(상가 등) 등을 매입하여 임대하는 것을 주된 운용방법으로 하고, 이를 통해 안정적인 임대소득과 향후의 부동산 가치 증가에 따른 자본소득의 확보를 운용목적으로 한다.

2. **경·공매형 부동산 펀드**: 법원이 실시하는 경매 또는 자산관리공사나 은행이 실시하는 공매를 통해 주로 업무용·상업용 부동산을 저가에 매입한 후 임대하거나 또는 매각함으로써 임대수익 또는 시세차익을 노리는 것을 주된 운용목적으로 한다.

3. **파생상품형 부동산 펀드**: 부동산을 기초자산으로 한 파생상품에 주로 투자한다.

4. **대출형 부동산 펀드**: 부동산 개발사업을 영위하는 법인(시행사는 디벨로퍼) 등에 대한 대출을 주된 운용방법으로 하고, 해당 시행사 등으로부터 안정적인 대출이자를 지급받는 것을 운용목적으로 하는 '프로젝트 파이낸싱Project Financing방식' 부동산 펀드다.

5. **개발형 부동산 펀드**: 부동산 펀드가 시행사의 역할을 수행함으로써 직접 부동산 개발사업을 추진하여 분양이나 임대를 통해 개발이익을 얻는 '개발Development 방식' 부동산 펀드다.

6. **분양권에 투자하는 권리형 부동산 펀드**: 시행사 등에서 아파트 등의 분양승인을 받은 후 아파트 등을 공개경쟁 형태로 일반에 선분양하는데, 투자자들은 이러한 분양아파트 등에 청약·당첨됨으로써 해당 부동산을 사용·수익할 권리 등을 소유하게 된다. 따라서 분양권은 신축되는 부동산에 입주 및 사용·수익할 수 있는 권리를 의미한다.

7. **부동산관련 신탁수익권에 투자하는 권리형 부동산 펀드**: 시행사 또는 시공자가 소유하고 있거나 개발하고 있는 미분양 아파트 중 일정한 요건을 갖춘 미분양

아파트를 부동산신탁사에 관리·처분 신탁받은 신탁수익권을 분양가 대비 일정 수준 할인된 가격에 취득하는 구조의 준부동산 펀드 성격의 특별자산 펀드도 개발된 바 있다. 이 펀드는 아파트라는 실물이 아닌 신탁수익권에 투자하는 것이기 때문에 취득세, 등록세나 양도소득세 등 세금 부담이 없는 것이 특징이다.

8. **부동산 담보부 금전채권에 투자하는 권리형 부동산 펀드**: 간접투자법 하에서 특정한 사업을 영위하는 자를 대상으로 이미 발생된 금융기관의 금전채권에 투자하는 다양한 형태의 특별자산펀드가 개발되었으며, 그중 부동산개발사업을 영위하는 시행사에 대한 금융기관의 금전채권에 투자하는 준부동산펀드 성격의 특별자산 펀드도 다수 개발되었다. 향후 금융기관이 보유 중인 부동산담보부금전채권에 투자하는 다양한 형태의 부동산 펀드가 개발될 수 있을 것으로 보이며, 더 나아가 금융기관이 보유중인 부실화된 부동산담보부금전채권, 즉 일종의 무수익대출채권Non Performing Loan에 투자하는 부동산 펀드의 개발도 모색될 수 있을 것이다.

9. **다른 부동산 펀드의 집합투자증권에 투자하는 증권형 부동산 펀드**: 부동산 펀드에서 직접 부동산, 지상권 등 부동산 관련 권리, 부동산담보부금전채권 등에 투자하기 곤란한 경우에 이들 자산에 전문적으로 투자하는 다른 부동산 펀드를 통해 간접적으로 투자할 목적으로 개발될 수 있다. 또한 이미 우수한 성과를 실현하고 있는 다른 부동산 펀드에 투자하여 양호한 수익률을 달성하기 위한 목적으로 개발될 수도 있을 것이다.

10. **부동산투자회사REITs 발행주식에 투자하는 증권형 부동산 펀드**: 간접투자법에서는 부동산 펀드가 주로 부동산투자회사법에 따른 부동산투자회사의 발행주식에 투자하는 경우, 그 투자대상이 주식임에도 불구하고 부동산 투자회사가 펀드의 속성을 가지고 있는 것으로 보아 해당 펀드를 재간접펀드FOFs에 속하는 것으로 인정하였다. 이에 반해 자본시장법은 부동산투자회사법에 따른 부동산 투자회사의 발행주식을 부동산과 관련된 증권으로서의 부동산으로 간주하고, 이 주식에 투자하는 펀드를 부동산 펀드로 인정하고 있다.

11. **부동산 개발회사 발행증권에 투자하는 증권형 부동산 펀드:** 자본시장법은 '특정한 부동산을 개발하기 위하여 존속기간을 정하여 설립된 회사(부동산개발회사)가 발행한 증권'을 부동산과 관련된 증권으로서의 부동산으로 간주하고, 이에 투자하는 펀드를 부동산 펀드로 인정하고 있다. 여기서 말하는 부동산 개발회사에 해당하는 대표적인 예로 법인세법에 의해 설립되는 프로젝트 투자회사 PFV, Project Financing Vehicle를 들 수 있다.

12. **부동산투자목적회사 발행지분증권에 투자하는 증권형 부동산 펀드:** 자본시장법은 '부동산 또는 다른 부동산투자목적회사의 투자증권에 투자하는 것을 목적으로 설립되고 또한 부동산 투자목적회사와 그 종속회사가 소유하고 있는 자산을 합한 금액 중 부동산 또는 지상권, 지역권, 전세권, 임차권, 분양권 등 부동산관련 권리를 합한 금액이 100분의 90을 초과하는 회사(부동산투자목적회사)가 발행한 지분증권'을 부동산과 관련된 증권으로서의 부동산으로 간주하고, 이러한 부동산 투자목적회사가 발행한 지분증권에 투자하는 펀드를 부동산 펀드로 인정하고 있다.

13. **준부동산 펀드:** 자본시장법에서 규정하는 형식적인 투자대상자산을 기준으로 한 펀드의 종류에는 5가지가 있으며 증권 펀드, 부동산 펀드, 특별자산 펀드, 혼합자산 펀드, 단기금융 펀드가 이에 해당된다. 자본시장법상 형식적인 투자대상을 기준으로 할 때에는 자본시장법상의 '부동산'에 투자하지 않고 '증권'에 투자하기 때문에 증권 펀드에 해당되지만, 그 증권 펀드의 실질적인 투자내용 및 경제적인 효과 측면에서 볼 때 부동산 펀드의 범주에 속하는 것으로 간주될 수 있는 증권 펀드를 일종의 '준부동산 펀드'라 할 수 있다.

가죽투자인가, 가죽투기인가

중개인이면서 투자자였던 한 사람이 그의 오랜 친구를 발견하고는 떠나갈 듯이 소리쳤다.

"드디어 찾았군! 내가 몇 주 전부터 자네를 얼마나 애타게 찾아 헤맸는지 모를 거야. 내가 세기적으로 히트를 칠 투자 종목을 발견했어. 이건 아주 특별한 경우야."

"지금 가죽을 사야 해. 이건 확실한 투자야. 시세는 이미 상승세이고 앞으로 더욱 엄청나게 상승할 테니까. 러시아인들도 구할 수 있는 데까지 모두 살 거야. 아르헨티나, 캐나다 등 모든 시장에 지금 그들 대리인들이 나가 있어. 시장에선 물건이 곧 바닥이 날 것이고. 독일의 신발 공장 역시도 가죽 물량 부족으로 휴업을 해야 할 거야."

"가죽의 가격 상승은 다른 생산물과 관련이 없어. 가죽은 부차생산물이기 때문이지. 가죽 때문에 소를 잡아 죽이지는 않는다는 말이야. 보통 원자재는 가격이 오르면 생산이 증가되지만 가죽은 그렇지 않아. 구리를 보라고. 몇 년 전부터 가격이 오르니까 구리 광산이 다시 활성화되지 않았나. 껌이나 위스키도 마찬가지야. 또 누가 알겠나. 니켈도 그렇게 가격이 오를지. 그러나 가죽은 달라. 가죽가격은 아마 엄청 뛸 거야. 그러나 가죽가격이 아무리 올라도 도살꾼들은 육류 소비량이 늘어나지 않는 한 더 이상 소를 죽이지 않을 거야. 육류 소비량은 어쩌면 더 줄어들 수도 있어. 요즘은 송아지 고기도 많이 먹고, 미국에서는 야채와 돼지고기, 조류, 어류를 더 많이 먹으니까. 따라서 가죽 생산량이 점점 더 감소하리라는 것은 삼척동자라도 다 알 수 있지.”

“그럼 무슨 일이 일어날까? 그렇지. 바로 엄청난 수요 증대야. 러시아인들이 상어 알, 캄차카 반도의 게 등을 수출하면서 받는 외화로 무엇을 할 것 같은가? 가죽을 살 거야. 예를 들어 군인을 생각해 보라고. 군화, 군용 가방, 이 모든 것이 가죽이야. 군화는 또 여름용, 겨울용이 따로 있어. 이 세상에 얼마나 많은 군인이 있는지 한번 생각해 봐. 그리고 신발이 부족한 저개발 국가가 얼마나 되는지 생각해 봐. 자, 이래도 내 생각이 틀렸다고 말할 수 있겠나?”

“지금과 같은 국제적 긴장 상태에서는 바로 이 가죽에 투자를 해야 한단 말이야. 어디든 화약 냄새가 나는 곳이면 가죽이 필요할 테니까.”

중개인의 번호를 눌렀다.

“뉴욕 증권시장에서 X주의 가죽을 선물로 사시오.”

그럼 가죽은 어떻게 되었을까?

아이젠하워가 후르시초프를 미국으로 초대하면서 상황은 급반전의 물살을 탔다. 긴장완화의 진일보였던 것이다. 평화 공존과 무기 감축이 보장되었고, 군화와 군용 가방 수요증가는 물 건너갔다. 결국 가죽가격은 폭락했다. 이로 인해 그는 전 재산을 잃었다. 세계 평화가 그를 벌한 것이다.

투기의 고전으로 17세기 네덜란드를 중심으로 전 유럽을 휩쓸었던 '튤립투기'가 있다. 세상에 인간이 나고부터 투기는 존재했고 지금도 존재하고 있다. 앞의 '가죽투기' 사례도 전 세계 네트워크를 갖고 있는 중개인이 그 당시로는 '고급 정보'와 정교한 논리를 내세워 친구를 설득했으나, 중개인과 친구는 함께 공멸하고 말았다.

개인적인 생각으로는 위의 중개인의 정보와 논리는 결코 틀린 것이 아니었다. 따라서 이것을 '투기'라고 할 수는 없다고 생각한다. 그러나 본인이 소유한 전 재산과 신용으로 빌린 돈을 모두 걸었기 때문에 결국 이것이 '투기'가 된 것이다. 주식도 마찬가지다. 정보와 분석을 통해 매매하는 것은 투자지만, 그것을 맹신하고 모든 것을 올인해 투자하는 것은 '투기'인 것이다.

경제 토크

만약 신한은행을 매우 좋게 보는 투자자가 있다면, 그 투자자는 신한은행의 CDS를 팔 것이고,
반대로 신한은행을 나쁘게 보는 투자자가 있다면 그 투자자는 신한은행의 CDS를 살 것(수수료를
지급하더라도 부도가 나게 되면 더 큰 수익이 생기기 때문)이다. 기초자산이 없기 때문에
이런 투기적 거래가 가능하다. CDS 규모에 대한 정확한 파악이 어려운 이유도 바로
이런 투기적 거래의 비중이 크기 때문이다. 참고로 CDS에서 1bp(0.01%)의 의미는
'1,000만 달러 규모의 채권을 보호하는 데 1,000달러의 비용이
드는 것'을 의미한다.

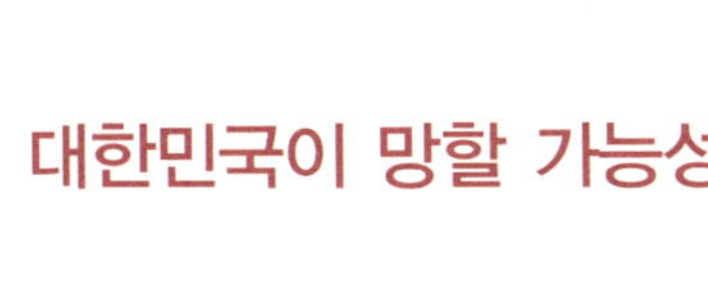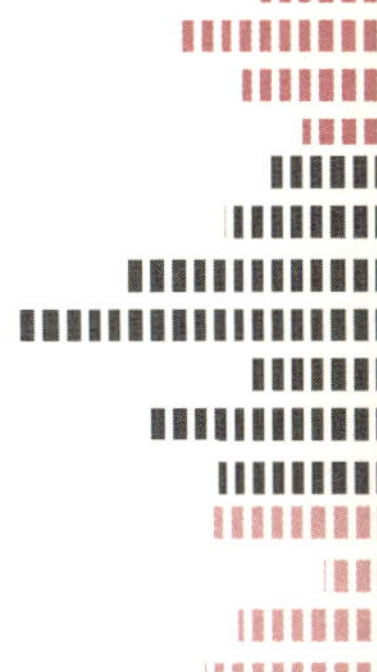

대한민국이 망할 가능성은?

'우리나라의 투자위험도를 나타내는 크레디트디폴트스와프CDS 프리미엄이 급등하고 있는 점과 동유럽 금융위기로 서유럽 은행들이 아시아시장에서 자금을 대거 빼내갈 수 있다는 우려도 외화 조달 장애요인으로 작용하고 있다. 한·미 통화스와프 여유자금도 96억 5,000만 달러로 줄어들었다('은행들 달러를 달라며 외화조달 비상', 〈문화일보〉, 2009년 2월 25일 중에서).'

CDS는 1997년 한 여성에 의해 개발되어 JP 모건에 의해 처음 도입되었다. CDS라는 것은 쉽게 말해서 신용위험Credit Risk이나 부도위험Default Risk을 피하기 위해 남에게 위험을 전가하는 형태의 파생상품이다. 일종의 보험상품으로 생각하면 이해가 더 쉬울 것이다.

예를 들어 A라는 투자자가 한국에서 발행한 5년 만기 채권을 샀다고 가정해보자. A라는 투자자에게 있어서 가장 큰 위험은 향후 5년 이내에 한국에 재정적인 문제가 발생하여 보유 중인 채권에 대한 원리금이 지급되지 않는 것이다. 이에 전전긍긍하는 모습을 본 B라는 트레이더가 A에게 제안을 하나 한다.

"5년 이내에 한국 채권의 원리금 지급에 문제가 생길 경우 내가(트레이더 B) 그 원리금을 대신 주겠다. 대신에 당신(투자자 A)은 나에게 일종의 수수료Protection Fee를 주기적으로 달라."

이것이 CDS라는 파생상품의 거래 형태다.

여기서 투자자 A는 CDS 매입자Buyer라 하고 트레이더 B는 CDS 매도자Seller라고 부른다. 즉, 계약기간(위의 사례에서는 5년) 동안 아무런 신용위험이나 부도위험이 발생하지 않을 경우 트레이더 B는 수수료 수입이 생기지만, 한국 5년 채권이 문제가 생길 경우 투자자 A에게 손실에 대한 보상을 해주어야 한다.

CDS는 크게 두 가지 목적으로 거래된다. 하나는 앞에서 언급한 대로 위험 회피Hedging 목적이다. 신용위험이나 부도위험에 노출된 투자자(개인 또는 법인)가 다른 개인이나 법인에게 위험을 전가시키기 위하여 거래된다. 다른 하나는 투기Speculation 목적이다. CDS가 보험과 다른 이유 중에 하나는 CDS 매수자는 기초자산을 보유하지 않아도 된다는 점이다.

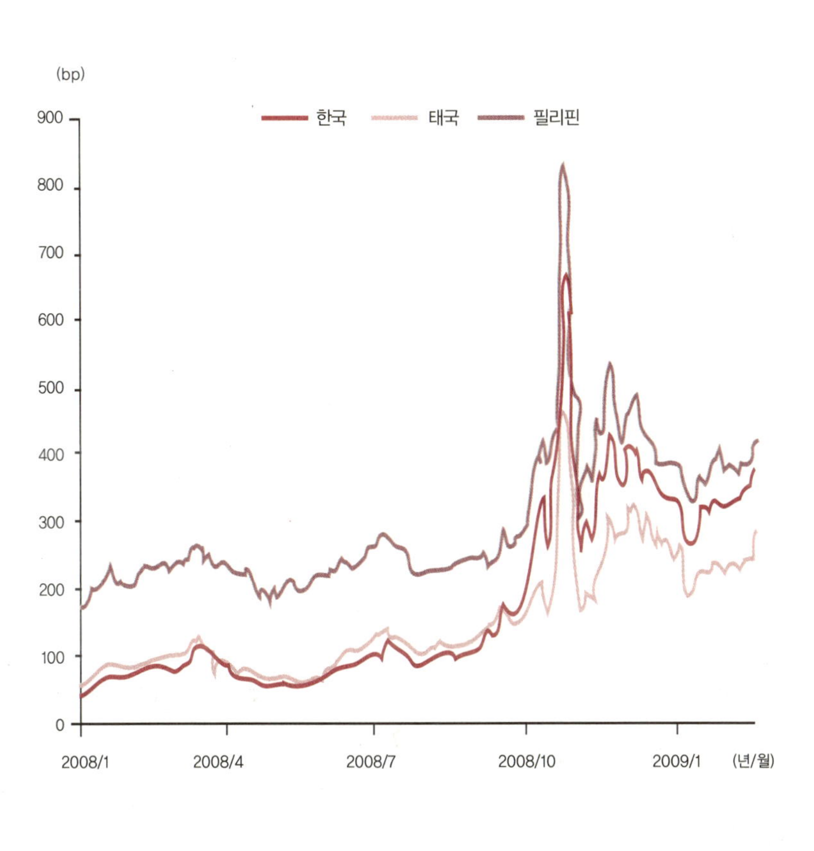

표 7-1 한국, 태국, 필리핀의 2008년 이후 CDS 추이

CDS가 상승하면 신용위험이나 부도위험이 증가한다는 것을 의미한다. 신용위험이나 부도위험이 증가하면 CDS 프리미엄의 가격이 상승한다. 따라서 CDS는 외국인투자자들이나 국제기관들과의 거래에서 신용도를 나타내는 수치로 이해하면 된다.

은행의 CDS를 팔 것이고, 반대로 신한은행을 나쁘게 보는 투자자가 있다면 그 투자자는 신한은행의 CDS를 살 것(수수료를 지급하더라도 부도가 나게 되면 더 큰 수익이 생기기 때문)이다.

기초자산이 없기 때문에 이런 투기적 거래가 가능하다. CDS 규모에 대한 정확한 파악이 어려운 이유도 바로 이런 투기적 거래의 비중이 크기 때문이다. 참고로 CDS에서 1bp(0.01%)의 의미는 '1,000만 달러 규모의 채권을 보호하는 데 1,000달러의 비용이 드는 것'을 의미한다.

CDS는 국가에 대해서도 수치가 부여되기도 하지만, 개별 기업에 대해서도 수치가 부여된다. CDS 수치의 상승은 국가나 기업의 채무불이행 위험이 높아지는 것으로 보기 때문에, 흔히들 '부도 지수'라고 부르기도 한다. 이는 틀린 말은 아니지만 CDS 수치 자체가 높다고 해서 부

Tip

CDS를 볼 수 있는 곳

1. 도이치뱅크리서치(www.dbresearch.com): HOME 〉 Research 〉 Financial Market Monitoring 〉 CDS spreads
2. 국제금융센터(www.kcif.or.kr): 화면 우측 MARKET INDEX 〉 금리 〉 CDS 한국 5Y

도가 나는 것은 아니다(같은 수치라고 하더라도 다시 CDS 수치가 내려가는 기업이 있는 반면에 부도 나는 기업들도 있다). 단지 위험 수위가 높아지고 있다고 해석하는 게 좋을 것 같다.

참치의 경제학

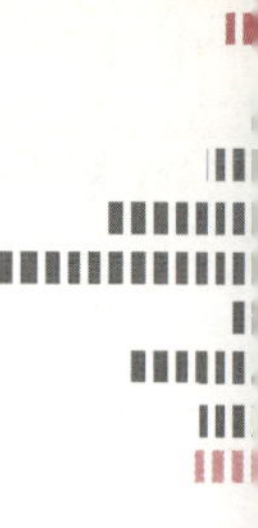

한국은행이 2009년 2월 한국의 수출입 물가를 발표했다. 환율 상승의 영향으로 수입 물가가 4개월 만에 오름세를 보였고, 수출 물가 역시 원화 약세의 영향을 받아서 상승세를 기록했다. 그런데 이 중에서 눈에 띄는 것이 하나 있었다. 수출 품목 가운데서 참치의 가격이 전월 대비 3.8%, 전년 동월 대비 19.8%의 상승을 보인 것이다. 한국은행 측의 보도자료에서는 어획량 부족이 원인이라고 한다.

그러면 가격은 과연 어땠을까? 실제로 최근의 참치가격은 가파르게 상승하고 있다. 유엔에서도 밝혔듯이 참치에 대한 어획량이 증가하면서 일부 개체들의 경우 멸종 위기에 처한 어류들도 상당하며 태평양 연안의 국가들은 생선이 주식인 국가들이 있으니, 참치로 인한 식량난의 가능성을 배제할 수 없는 상황이다.

참치캔가격의 동향도 함께 살펴 보자.

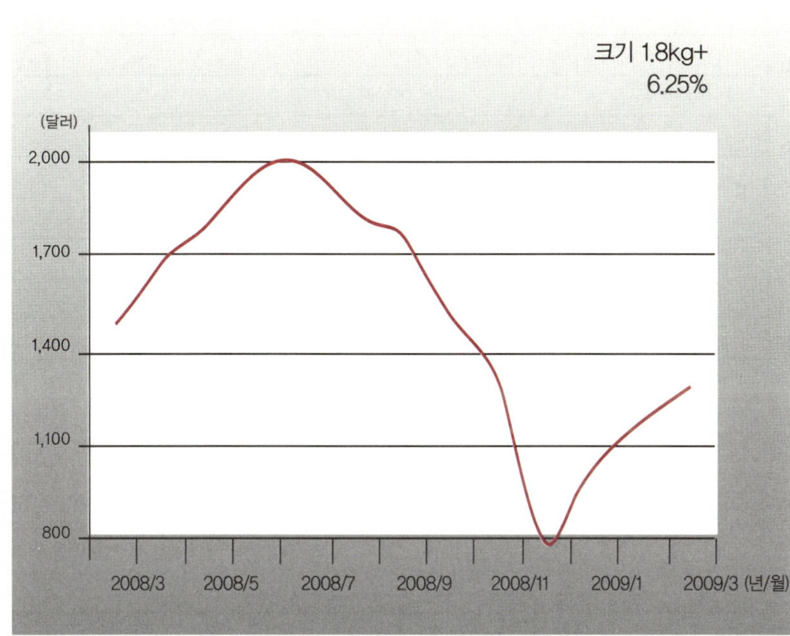

*방콕은 국내 참치 관련 기업들의 주 수출대상국

표 7-2 방콕에서의 참치가격 최근 동향

메트릭톤당 2,000달러 가까이 상승했던 참치가격이 800달러까지 하락한 이후에 50% 이상 상승하고 있다. 메트릭톤은 무역 거래에서 사용하는 용어인데, 참치의 경우로 예를 들자면, 참치를 잡아서 피와 내장을 뺀 후의 무게라고 보면 된다. 따라서 실제 1톤보다 는 참치의 수가 더 많게 나온다.

자료: FAO(국제식량기구)

표 7-3 참치캔가격 추이(유럽)

참치를 상품Commodity으로 본다면, 글로벌 금융위기에서 타격을 크게 입지 않은 상품으로 볼 수 있을 것이다. 참치캔의 경우 가공식품이라는 점에서 상품 영역에 넣기 어려울 수 있다. 그러나 참치 가공식품에 대한 수요 증가와 가격 상승이 시사하는 바는 향후 이들 산업이 경제에 미치는 영향을 생각해 볼 만하다.

유럽의 참치캔가격을 보면, 2~3년 사이에 2배 가까이 증가한 것을 확인할 수 있다. 국제식량기구의 최근 참치 관련 보고서를 보게 되면, 참치가격은 점진적인 회복 중에 있고, 참치 가공식품들에 대한 수요는 지속적으로 증가하기 때문에 향후 참치가격의 상승이 가능할 것이라는 이야기가 있다.

참치를 수산물로 놓고 보았을 때 농축산물과 비교하면 대체재일까, 보완재일까? 주식시장을 예로 들면, 대체재일 수 있다. 이제는 연례행사로 나타나는 조류독감이나 가축 관련 질병이 발생하였을 때 수산 관련 주식들의 주가는 급등을 하게 된다. 하지만 보완재로 볼 수도 있다. 2007~2008년에 걸쳐서 농산물가격이 급등할 때 참치가격도 동반 상승한 것을 보면 농축산물과 상당히 밀접한 관계가 있다는 것을 생각할 수 있다.

최근에 참치가격이 이렇게 문제가 된 것은 수요와 공급의 불균형이 진행 중이기 때문이다. 참치에 대한 수요는 지속적으로 증가하고 있으며, 최근 인구 대국인 중국까지 합세하면서 수입량을 급격히 증가시키고 있는 상황이다.

공급 측면에서 보면 국제기구에서 참치의 생산량을 지속적으로 누르고 있어 가격에 영향을 준다. 우리가 잘 알고 있는 그린피스의 경우 '고래'와 관련된 활동을 많이 하고 있는 단체 중에 하나인데, 최근 들어서는 그린피스에서 '참치'의 보호에 대해 급격히 관심을 보이고 있다. 이러한 일련의 상황을 감안하면 참치에 대한 공급 측면의 불안정 요소가 우리가 느끼는 것보다 더 크다는 것을 느낄 수 있을 것이다.

참치가격이 상승하게 되면 관련 산업이나 기업들에 주목할 필요가 있다. 왜냐하면 참치 산업의 경우 진입장벽이 높은 산업이기 때문이다. 중서부 태평양 수산위원회WCPFC에서는 중서부 태평양에서 조업 가능한 선박의 대수를 제한하고 있다.

한국의 경우 20대가 넘는 수준에서 이를 유지하고 있는데, 이 선박이 참치 선망선이라 불리는 그물로 잡는 배를 말한다. 참치를 잡는 방법은 크게 그물로 잡는 방법(선망선)과 낚시로 잡는 방법(연승선)이 있다. 생산량은 우리가 짐작하듯이 선망선이 더 크며, 연승선의 경우 투입 비용 대비 생산량이 적어 수익성이 낮다. 따라서 참치가격이 상승하게 되면 관련 기업들의 수익은 직접적으로 영향을 받게 된다.

우리나라의 경우에는 선망선 보유 중인 회사는 동원산업-신라교역-사조산업-오양수산 등의 순이며, 연승선의 경우 사조산업-동원산업 등의 순이다. 중국 장시성의 돼지고기가격이 오르면 전 세계적인 인플레이션 위협에 시달렸듯이, 참치가격의 상승이 향후 산업과 기업들에 미치는 경제적 파급 효과를 한번 그려보는 것도 좋을 것 같다.

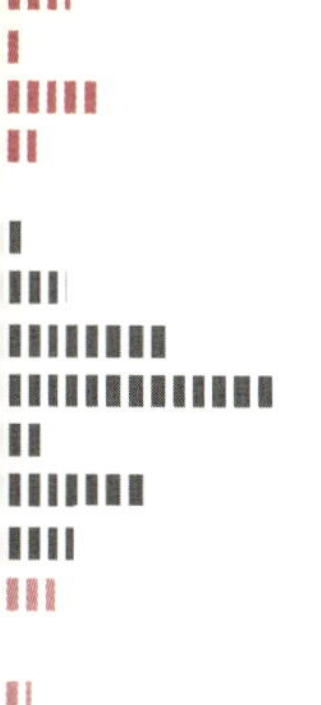
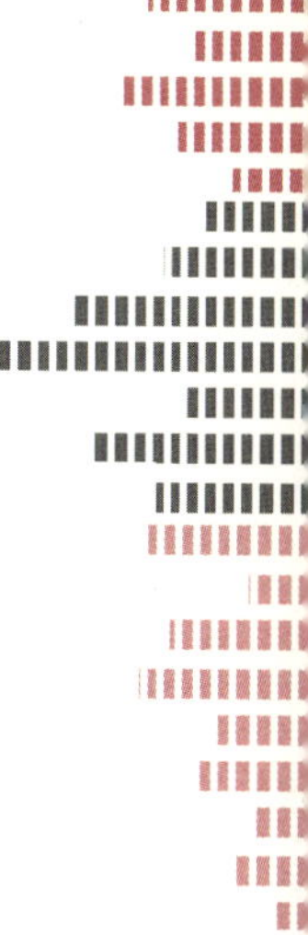

양키, 사무라이, 김치가 뭘까

'주요 기업이 해외 채권 발행에 잇따라 성공하고 있다. 이에 따라 국내 외환시장의 달러 수급에 어느 정도 숨통이 트이게 됐다. 투자자금 확보를 위해 해외 채권 발행을 추진 중인 기업에는 청신호가 켜졌다('해외 채권 발행 릴레이, 달러 숨통 트인다', 〈중앙일보〉, 2009년 3월 23일 중에서).'

외화표시채권은 외화자금 조달 목적으로 국내 기업들이 해외시장을 통해서 발행한 채권을 의미한다. 주로 기관(헤지펀드나 투자은행 등)을 대상으로 발행에 초점을 맞추었기 때문에 일반투자자들에게 잘 알려지지 않았지만, 최근에 개인투자자들이나 국내 법인들을 중심으로 이런 외화 표시 채권들에 대한 수요가 증가하고 있다.

이런 수요 증가의 원인을 살펴보면, 우선 기업들의 해외 채권 발행이 높아지고 있고, 국내외의 달러 수급 불균형 때문에 해외에서의 발행 금리가 높아져서 동일한 기업이라 하더라도 해외에 발행했을 때 투자 수

채권유형	발행주체	발행지역	표시통화
사무라이 본드	외국인	일본	JPY
쇼군 본드	외국인	일본	JPY 이외 통화
양키 본드	외국인	미국	USD
타이거 · 아리랑 본드	외국인	한국	KRW
김치 본드	외국인	한국	KRW 이외 통화

표 7-4 ▶ 외화표시채권의 유형

외화표시채권은 발행주체와 발행지역, 그리고 표시통화가 어떤 것이냐에 따라서 명칭이 달라진다. 예를 들어서 한국기업인 현대캐피탈이 일본에서 엔화JPY로 채권을 발행하게 되면, 외국인이 일본에서 JPY으로 채권을 발행한 셈이 되므로 사무라이 본드라고 부른다. 채권의 명칭은 공식화되었기보다는 거래당사자들 사이에서 사용되는 용어가 널리 알려지면서 이제는 외화표시채권이라는 용어보다 사무라이 본드, 양키 본드라는 용어가 더 친숙하게 통용되고 있는 상황이다.

발행사	통화	쿠폰	만기	콜 날짜	YTM	콜 YTM
수출입은행	USD	8.125%	2014.01.21		7.357%	
현대캐피탈	JPY	2.340%	2010.01.28		13.501%	
신세계	USD	6.125%	2011.06.27		9.852%	
하나은행	USD	5.875%	2016.09.14	2011.09.14	11.231%	18.230%
기업은행	USD	4.000%	2014.05.19	2009.05.19	4.338%	14.857%
신한은행	USD	5.125%	2015.07.15	2010.07.15	8.560%	17.234%
SK에너지	USD	7.000%	2013.06.19		11.044%	

표 7-5 ▶ 외화표시채권 예시(2009년 3월 5일 싱가포르 기준)

익률은 더 높아지게 된다는 것이다. 국내 국채의 경우 안전자산 선호 현상 등으로 인해서 현재 수익률이 많이 낮아진 상태고, 회사채는 아직까지는 AA급 위주로 거래가 되고 있다. 이들 우량 기업들이 해외에서 발행한 채권에 투자하게 될 경우에는 높은 투자 수익을 거둘 수 있다는 점이 많이 부각되고 있다.

또한 전년도 금융위기 이후 글로벌 투자은행들이 보유 중이던 외화표시채권을 시장에 매각하면서 가격이 하락하게 되었고, 한국의 CDS가 증가하게 되면서 가산금리가 붙게 되어 외화표시채권의 기대수익률이 높아진 것도 최근 수요 증가의 한 원인이라 볼 수 있다.

현대캐피탈의 경우 3월 기준으로 2010년 3월 4일 만기가 4%대에 거래되고 있는 데 반해서 사무라이 본드의 경우 환헤지를 감안하더라도 이보다 높은 수준인 7~9% 정도 수준의 수익률을 기대할 수 있다. 일부 외화표시채권은 콜Call 조항(채권 발행자가 채권에 대한 상환 요청을 할 수 있는 권리)이 있는 경우가 있다. 콜이 행사될 경우 기대 수익률은 더 높아진다.

외화표시채권도 주의할 점이 있다. 외화표시채권이기 때문에 환율 변동 위험에 노출되어 있으며, 헤지를 하게 될 경우에는 추가적인 비용이 발생하여 기대수익률이 낮아지게 된다. 또한 특정 채권에 대한 수요가 증가할 경우 채권가격이 상승해 여러 가지 제반 비용을 차감하면 동일한 발행사가 국내에서 발행한 채권의 수익률과 별로 차이가 나지 않는 경우도 생길 수 있다.

게다가 외화표시채권이 아무리 우량한 기업들 위주로 해외에서 발행된다고 하지만, 국내 채권투자와 마찬가지로 기업 고유의 위험에 노출될 수 있다는 단점도 있다.

아직은 상품이 일반적인 투자자들이 접근하기에는 진입장벽이 있다. 그러나 자금시장을 이해하고 투자에 대한 지식을 얻는다는 측면에서 볼 때는 한번쯤 알아두면 좋을 것이라 생각된다.

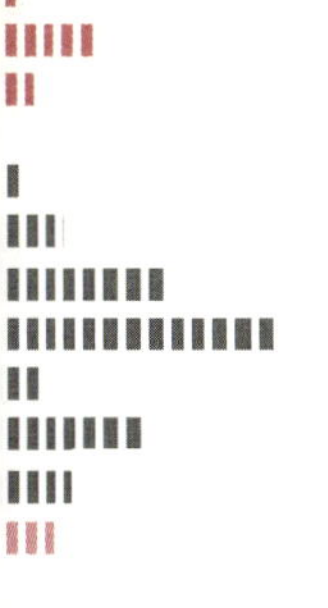
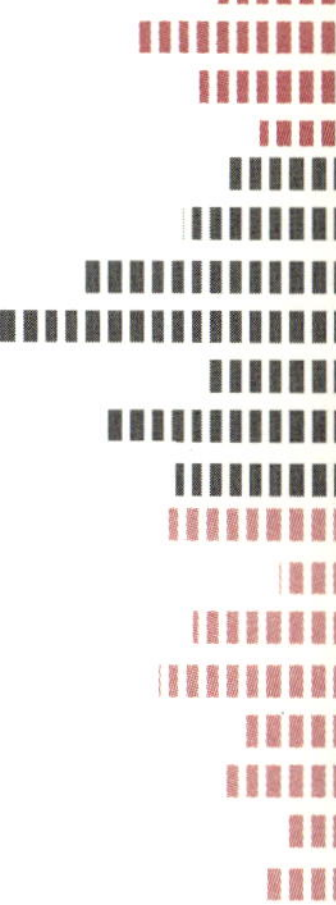

서커스 놀이와 같이 움직이는 환율

'며칠간 급락이 이어지면서 기술적으로도 달러 과매도 현상이 나타 난 시점이고 CRS금리가 마이너스권에 머물고 있어 또다시 달러 매수 세가 형성될 가능성이 높다는 지적이다('환율, 하향 안정화 기대감 아직 일 러', 〈서울파이낸스〉 2009년 3월 18일 중에서).'

CRS는 현금흐름통화스와프Cross Currency Swap로 잘 알려져 있는데, 크로스쿠폰스와프Cross Coupon Swap 혹은 서커스스와프Circus Swap로 불리기도 한다. 외국 기관의 보고서를 읽다 보면 CCS로 자주 사용되기 도 한다. 한국에서 CRS는 주로 USD(미국달러)와 KRW(한국환)의 교환 Swap을 의미한다. 따라서 위의 기사에서 언급한 CRS 금리라고 하는 것 은 KRW의 고정금리를 의미한다.

CRS의 거래 구조에 대해서 잠깐 정리해보고 넘어가도록 하자. CRS 거래를 하기 위해서는 2개의 기관과 2개의 시장Market이 필요하다. 은행 A는 외환시장 B에서 리보의 이자율로 USD(미국달러)를 차입해 온다. 은행 A는 빌려온 USD를 은행 C에 빌려주고 KRW을 빌려온다(여기서 CRS금리는 은행 A가 은행 C에게 원화를 빌려왔기 때문에 원화로 지급해야 할 고정금리를 말하며, 은행 A는 달러를 은행 C에게 빌려준 대가로 리보이자를 받는다). 은행 A는 은행 C에 달러를 빌려주고 리보금리를 받기 때문에, 이 리보금리를 외환시장 B에 갚는 것으로 무손익을 실현한다.

은행 A는 다시 은행 B에서 받은 KRW로 국채시장에서 국채를 매입하고 국채에서 나오는 이자로 은행 B에게 고정금리(CRS이자)를 지불한다. 따라서 CRS로 재정 거래를 하기 위해서는 국채수익률이 CRS금리보다 높아야 한다. 만기가 되면 은행 B가 은행 A에게 USD를 갚고, 은행 A는 다시 외환시장 B에 USD를 갚는다. 은행 A는 채권시장에서 국채를 매각한 대금으로 은행 B에게 KRW를 갚으면서 거래는 종결된다.

2008년 말에 달러가 부족했던 국내 기관들(은행 B)이 달러를 펀딩하면서 CRS 거래가 증가하게 된다. 그러다 보니 달러를 빌려주는 입장(은행 A)에서는 달러를 주고 리보이자도 받고, 수요가 별로 없는 KRW를 받고, 또 여기에 고정금리 이자까지 받게 된 것이다.

이런 상황이 지속되면서 CRS금리는 지속적으로 마이너스를 기록하게 된다. CRS금리가 계속 마이너스라는 것은 USD에 대한 수요가 계속

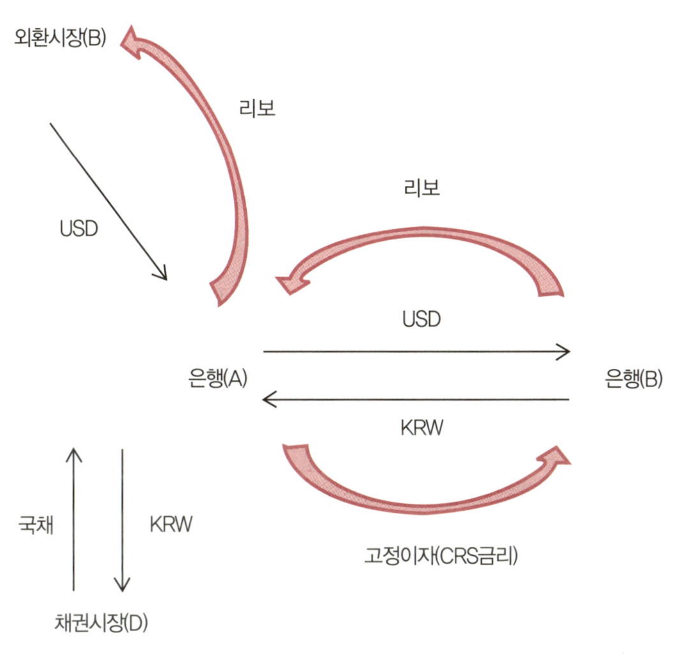

표 7-6 CRS 거래 구조

CRS로 재정거래 이익(Arbitrage)을 내기 위해서는 두 가지 전제가 필요하다. 리보(LIBOR, London Inter-Bank Offered Rates, 런던은행 간 금리)보다 낮은 이자로 돈을 빌릴 수 있어야 하며, CRS금리가 국채금리보다 낮아야 한다. 위의 표에서 '고정이자'가 CRS금리인데, 최근 환율이 상승하면서 CRS금리가 마이너스가 되었다는 것은 B 은행이 A 은행에 원화를 주고 원화에 대한 고정이자를 받아야 함에도 불구하고, 반대로 이자를 줘야 하는 웃긴 상황이 생겼다는 것이다. 그만큼 시장에서 원화보다는 달러에 대해 수요가 증가한 것이다.

해서 증가하고 있다는 것을 의미한다(반대로 이야기하면 KRW를 가지고 USD로 바꾸려는 사람들이 많아지므로, KRW은 상대적으로 가치가 하락하고, USD는 상대적으로 가치가 상승한다는 의미다).

CRS에 대한 이해가 필요한 이유는, CRS 거래를 통해 국제시장에서 USD와 KRW에 대한 가치를 알아볼 수 있기 때문이다. 달러 가치가 지속적으로 상승(달러에 대한 수요 증가)하고 원화에 대한 가치가 회복되지 않는 한 CRS는 마이너스에서 벗어나지 못할 것이다. 또한 한국은행에서 달러스와프 등을 통해서 외화를 조달하고 있지만, 근본적인 문제들이 해결되지 않으면 환율의 변동성은 쉽게 사그라지지 못할 것이라 예상된다.

개들의 악순환Barking Dogs

개들은 충동이나 좌절의 표시로 의성어적 표현을 한다고 한다. 크르렁Snarling에서 으르렁Growling, 그리고 여기서 더 공격적인 상태로 넘어가게 되면 짖는 소리Barking로 넘어가게 된다.

개들이 짖는 소리를 들은 적이 있는가? 우리 집 개가 짖으면 옆집 개가 짖고, 그 옆집 개가 또 따라 짖는 현상이 연달아 발생한다. 도둑이 들지도 않았는데, 개들은 옆집 개가 짖는 소리를 듣고 함께 짖게 된다. 이것을 투매의 하나의 과정으로 볼 수 있다.

강아지의 출랑거리는 모습과 같이 주식시장의 움직임이 심해질 때가 있다. 이는 약세장의 진입 신호일 가능성이 높다. 미국의 경우 VIX라는 큰 개를 통해서 알 수 있다. VIXVolatility Index는 CBOE(시카고옵션거래소)의 약자다. 미국의 S&P 500이 기초자산인 옵션의 내재 변동성을 측정하는 지표로서 향후 30일 동안 S&P 500 지수 변동에 대한 시장의 기대를 측정하는 지표라고 보면 된다.

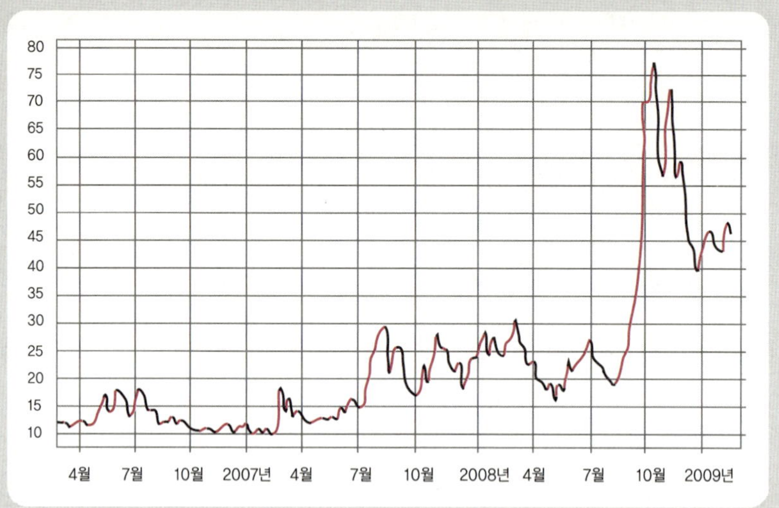

자료: stockcharts.com

표 7-7 ▶ VIX의 최근 3년간 추이

VIX는 1993년 처음 도입된 이후 평균값이 20 정도 수준에 불과했다. VIX의 값이 크다는 것은 그만큼 시장의 변동성이 커질 확률이 높다는 것이고, 이는 꼭 하락을 의미하는 것은 아니다. 상승이든 하락이든 간에 변동성 자체가 커질 수 있다는 것을 의미한다.

VIX의 지표 값의 해석 방법은 간단하다. 예를 들어 2008년에는 VIX 값이 매우 큰 폭으로 뛰었는데, VIX가 70이라고 하면 이 70을 3.46 정도의 값(Root 12)으로 나누면 1개월간의 S&P 500의 변동성(이 경우 20%가 나옴)을 알 수 있다. 개인적으로 VIX의 경우 시장의 과열을 알려주는 좋은 지표 중에 하나로 생각하고 있다. 큰 개들의 짖는 소리가 커지면 경계를 높이듯이 말이다.

재테크 리스타트

초판 1쇄 2009년 5월 25일

지은이 전병국 · 이승호
펴낸이 김석규 **담당 PD** 성영은 **펴낸곳** 매경출판(주)
등록 2003년 4월 24일(NO. 2-3759)
주소 우)100-728 서울 중구 필동 1가 30번지 매경미디어센터 9층
전화 02)2000-2610(출판팀) 02)2000-2636(영업팀)
팩스 02)2000-2609 **이메일** publish@mk.co.kr
인쇄 · 제본 (주)M-print 031)8071-0961

ISBN 978-89-7442-579-1
값 12,000원